大成陶书

以评促建
教育提升之路

何蔚 杨元彰 ◎ 主编

YIPING CUJIAN
JIAOYU TISHENG ZHILU

四川大学出版社
SICHUAN UNIVERSITY PRESS

图书在版编目（CIP）数据

以评促建：教育提升之路 / 何蔚，杨元彰主编． -- 成都：四川大学出版社，2024.9
（大成陶书 / 姚文忠主编）
ISBN 978-7-5690-6363-9

Ⅰ．①以… Ⅱ．①何… ②杨… Ⅲ．①地方教育－教育评估－研究－大邑县 Ⅳ．① G527.714

中国国家版本馆 CIP 数据核字（2023）第 183477 号

书　　名：	以评促建：教育提升之路
	Yi Ping Cu Jian: Jiaoyu Tisheng zhi Lu
主　　编：	何　蔚　杨元彰
丛 书 名：	大成陶书
丛书主编：	姚文忠

选题策划：	曾　鑫
责任编辑：	曾　鑫
责任校对：	吴　丹
装帧设计：	墨创文化
责任印制：	王　炜

出版发行：	四川大学出版社有限责任公司
地　　址：	成都市一环路南一段 24 号（610065）
电　　话：	（028）85408311（发行部）、85400276（总编室）
电子邮箱：	scupress@vip.163.com
网　　址：	https://press.scu.edu.cn
印前制作：	四川胜翔数码印务设计有限公司
印刷装订：	四川省平轩印务有限公司

成品尺寸：	170mm×240mm
印　　张：	14.75
字　　数：	278 千字
版　　次：	2024 年 9 月 第 1 版
印　　次：	2024 年 9 月 第 1 次印刷
定　　价：	98.00 元

本社图书如有印装质量问题，请联系发行部调换

版权所有　◆　侵权必究

序
给我一个支点

阿基米德曾说:"给我一个支点,就能够撬动地球。"也曾经有人这样讲,中国教育,局地再落后,只要没有意外阻力,适当支持,一年内保证办好。要素不缺,只需要一个支点,就可四两拨千斤。教育能够作为基础,因为具有全局性、基础性和先导性,容易形成通体的理性特征,成为局地灿色。对此,大邑教育是一个有力注脚,这里抓教育抓支点。这支点也是全部工作的支点。

大邑县教育并不落后,校园功能不差且不俗,但先前却调不动充分的积极性,于内无显著劲头,于外缺乏声量,读书者朝县外跑……陶行知说,"学校是办来给人看的",看了却不能发生声量,犹如不看,教育生机"窝"住了,支点时隐时现。

在大邑学校流连,与老师学生聊天,感觉不是这样。聊友竟能抓住话头议论,所形成的题目带出去答辩,会呈现满堂彩盛况。这偶然藏着必然,不然怎能成为望县?到大邑的边缘学校,常能感到惊喜。校长桌面摆着歌谱《我站在铁索桥上》,天上的白云,脚下的浪花,歌声缭绕,生机盎然,是孩子们的学堂。举望红霞满天,这气韵,这场景都在,发展提升教育只是需要一个支点。

教育的共济与活力,来自共识和灵犀。机会为有心人准备。只要启示被激发,以大邑县的锐气,就能点燃一所学校,且立即提升、推广。于是,从一个题目"以评促建"拓展为思想指引,又经几度酝酿,把评建结合起来,得到单设小学的全面响应。评建结合，这是一个牢靠的支点。在县内召开研讨会，参加者来自国内外；消息登上各级报刊，一年内接待来访者超过两千人次；接待参观者的场景特别，教室门都是打开的，室内室外任参观者的兴趣出入。参观者评论，"边远县的农村学校，如此有底气，让人刮目相看！"

"以评促建"之所以有如此吸引力，一是应天时，对应了全国抓评的倾向，拨开了教育人的心扉。二是接地气，方法与师情谐和，能够行远。三是有温度，大邑县抓评的做法，无吓人的面孔，无烦琐的规定，无须准备，随到随评，可以申辩，学校不惧。这是"人民至上、健康至上"在管理上的反映。四是可操作，无硬造的花拳绣腿，做啥评啥，实做实评，旨在扫除形式主义。大邑县以评促建，不是为评而评，不是以评唬人；而是要评出思想，评出情感，评出分析研究，评出新愿望、新思维，添加主意和干劲，吃透办教育的"为什么"和"怎么办"。这是一种有思想深度和操作力度的格局，脱离了形式主义窠臼，把人文主义与科学主义融通结合在一起。

思想政策在先，准绳标准透彻；评建双方团结一致，和衷共济；实事求是，因教育之需而评；合情合理，以教育的真况而评；坚持接地气、有温度、可操作。这使大邑县教育的以评促建和风吹拂、春意盎然。如此评建，怎能不生出热气腾腾的景象？怎能不造就美丽而有温度的教育环境、气韵、生态和形象？

美哉大邑教育！它为小学、幼儿教育的发展树立了标杆，拓宽了格局。

姚文忠
2022 年 5 月

目录

第一编　谋 ■ 以评促建

第一章　教育评价思考　/002
　　第一节　办学评价存在的问题　/002
　　第二节　推进教育评价改革的政策利好　/003
　　第三节　解决问题的有效经验　/003
　　第四节　深化改革的现实需求　/005

第二章　评估方案　/007
　　第一节　大邑县人民政府教育督导室《关于在单设小学开展"以评促建，创建卓越学校"办学质量评估工作的通知》（小学组第一阶段）　/007
　　第二节　大邑县"美丽而有温度的乡村教育"以评促建工作方案（中学组）　/010
　　第三节　关于对"美丽而有温度的乡村教育"项目幼儿园实施办园质量评估的通知　/015

第三章　实践、感悟与反思　/019

第二编 评·变化

第一章 自 评 /024
第一节 用思想办学 用文化理校
——大邑县北街小学自评报告 /024
第二节 创生态教育品牌 建美丽乡村名校
——大邑县韩场镇学校自评报告 /036
第三节 建设美丽而有温度的乡村教育
——大邑县安仁镇元兴幼儿园自评报告 /045

第二章 重 构 /050
第一节 理念引领内涵发展
——大邑县潘家街小学理念体系构建的思考与实践 /050
第二节 仁爱责任育新人 办学理念促发展
——大邑县子龙街小学办学理念体系阐释 /053
第三节 百年传承铸校魂 与时共进创未来
——大邑县安仁镇学校办学思想发展历程 /057
第四节 文化理校 内涵发展
——大邑县新场镇学校荷园文化特色品牌建设之路 /061
第五节 建自活学 华于稚趣
——大邑县建华幼儿园稚趣教育实践 /067
第六节 于细节处探寻质量管理之路
——泡桐树小学大邑分校教学常规管理思考 /071
第七节 资源共享、文化共建、特色融合
——邑新教育集团"一体化"管理的思与行 /075

第三章 成 长 /080
第一节 激流勇进破寒冰 创新机制夺先机
——大邑县实验中学队伍建设案例 /080

第二节 "小微"学校的教师成长与专业发展
　　——大邑县金星学校的师培策略 /086
第三节 关注心理建设　把好入职第一关
　　——大邑县王泗镇中心幼儿园教职工队伍建设的实践与思考 /089
第四节 队伍建设扬帆起　乘风破浪万里航
　　——大邑县晋原初级中学教师队伍建设实践 /092

第三编　建■探索

第一章　课　堂 /098

第一节 以健学课堂建设点亮课堂改革之灯
　　——大邑县南街小学"双向四环"教学模式实践案例 /098

第二节 低起点・小步子・分层次・快反馈
　　——大邑县三岔初级中学课堂教学改革实践 /102

第三节 基于预学的精讲、精练课堂
　　——大邑县花水湾镇学校教学模式实践 /105

第四节 提升农村小规模学校教学质量的实践探索
　　——大邑县唐场小学"小班化"教学的认识和实践 /107

第五节 快乐六年　幸福一生
　　——大邑县斜源小学的小班教学实践 /109

第六节 相信儿童　自主探究
　　——大邑县潘家街幼儿园幼儿"探究课程"实施案例与反思 /111

第七节 书香滋养心灵　阅读成就人生
　　——大邑县东街小学课改案例 /115

第二章　课　程　/119

第一节　"玩美安幼　健善真慧"
——大邑县安仁镇幼儿园游戏课程建设的实施与探究　/119

第二节　不同的我们　同样的精彩
——大邑县高山小学特色课程建设探索　/124

第三节　根植乡土的"新六艺"课程
——大邑县蔡场小学校本课程建设探索　/127

第四节　走进二十四节气　根植内心的精神家园
——大邑县青霞小学二十四节气课程建设实施案例　/131

第三章　学生发展　/135

第一节　"绳"采飞扬　律动人生
——大邑县元兴小学特色跳绳课程探索　/135

第二节　为童心筑就红色梦想
——大邑县三岔小学红色教育　/138

第三节　一体两翼　从心出发
——大邑县银都小学学生身心健康发展策略　/142

第四节　"混"出快乐"玩"出精彩
——大邑县蜀望路幼儿园户外混龄游戏实践　/145

第五节　"全收获"理念下幼儿种植活动的实践探索
——大邑县邮江幼儿园种植课程案例　/149

第六节　从冷冰冰的分到活生生的人
——大邑县龙凤小学学生评价改革实践　/151

第四章　家校社共育　/156

第一节　共建、共创、共融
——大邑县南街幼儿园家、园、社深度合作　/156

第二节　家校社合力　共育鹤小好少年
——大邑县鹤鸣小学家校社共育案例　/160

第三节　校企合作　共育共享
——大邑县王泗镇学校校企合作课程的开发与实践　/165

第四编 效■成果

第一章 理想与愿景 /170
- 第一节 办美丽而有温度的乡村教育 促进城乡教育优质均衡发展 /170
- 第二节 以评促建 办有质量的乡村温馨学校 /178
- 第三节 一场突围式的乡村教育改革行动
——美丽而有温度的乡村教育大邑实践 /180
- 第四节 为什么是大邑？ /186

第二章 行动方案 /188
- 第一节 关于创建美丽乡村学校实施方案 /188
- 第二节 关于创建"美丽乡村学校"的实施方案 /192
- 第三节 推进"美丽而有温度的乡村教育"实施方案 /196
- 第四节 推进"美丽而有温度的乡村教育"品牌建设实施方案 /202
- 第五节 推进"美丽而有温度的大邑教育"品牌建设实施方案 /207

第三章 建设标准 /212
- 第一节 大邑"美丽而有温度的大邑教育"学校建设标准（试行） /212
- 第二节 大邑"美丽而有温度的大邑教育"幼儿园建设标准（试行） /218

第一编

谋 ■ 以评促建

第一章 教育评价思考

第一节 办学评价存在的问题

学校办学水平评价是一种综合性的教育评价。它是指教育行政部门或专门的评价机构，根据国家和社会赋予学校的教育目标和任务，运用科学的评价理论和技术，对学校的核心要素，包括办学方向、办学条件、管理工作、办学效益等进行的总体的或单项的价值评判。学校办学水平评价是教育评价的重要组成部分，也是教育管理的重要手段。

在学校办学水平评估方面，全国某些地区通过积极探索，学到了一些很好的经验和做法。例如，深圳在全市实施的义务教育阶段办学水平评估中，注重定性评价与定量评价相结合、过程评价与终结评价相结合，注重评价主体多元化与评价方式多样化，以此来保证实施过程和评价结论的科学性和公正性；温州市义务教育阶段学校办学水平评估则采用统一量表、分级达标的形式实施；上海市以"为了每一个学生的终身发展"为基本理念，把"为了每一个孩子的健康快乐成长"作为学校一切工作的出发点和落脚点，提出了"绿色指标体系"，用"绿色指标"对学校教学质量进行评估，等等。这些有益的探索与改革措施，对学校办学水平的提升起到了积极的作用。

当然，在各地改革中也不可避免地存在着这样那样的问题。比如模式化倾向，大都采用大同小异的指标体系和近似的方法体系，试图用一条思路、一种模式来解决所有问题，而且体系烦琐，过分追求量化，致使评价效果不佳。这也造成了学校办学质量评价呈现出了几种不正常状态：一是理念高度认同，但实施却举步维艰；二是局部地区有突破，某些环节有进展，但整体上全局难推动，整体不平衡；三是素质教育的政策措施和规定出台不少，但真正落到实处的不多，达到预期效果的不多。究其根本原因，归结起来大同小异：在评价理念上以分数论英雄,以升学率论成败;在评价对象上被评价者处于消极被动地位,忽视了学校自身的价值追求;三是在评价内容上追求大而全,抓不住核心和根本;四是在评价标准上过多强调学校发展共性和一般趋势,忽视学校"个体差异"和特色发展;五是在评价实施上重考核结论,缺诊断咨询,"评"与"建"分离。如果这些问题不能得到有效解决,学校办学水平评价就难以得到预期效果。

第二节 推进教育评价改革的政策利好

党的十八届三中全会《中共中央关于全面深化改革若干重大问题的决定》对深化教育领域综合改革进行了全面部署:深入推进"管办评分离",扩大省级政府教育统筹权和学校办学自主权,完善学校内部治理结构,强化国家教育督导,委托社会组织开展教育评估监测。党的十八届四中全会《中共中央关于全面推进依法治国若干重大问题的决定》强调,要加快形成科学有效的社会治理体制,创新行政管理方式,建设服务型政府,推进基本公共服务均等化,深化教育领域综合改革。《国家中长期教育改革和发展规划纲要(2010—2020年)》指出:"明确各级政府责任,规范学校办学行为,促进管办评分离,形成政事分开、权责明确、统筹协调、规范有序的教育管理体制。"教育评价改革势在必行。

第三节 解决问题的有效经验

教育评价改革,关键在于要解决体制机制问题,于是"管办评分离"成了教育体制改革的重中之重。而其中关于"谁来评"和"如何评"的问题,更成为教育综合评价改革的热门话题。全国的主要改革试验区进行积极的改革实践,获得了许多成功的经验。

上海经验:一是制定并开始施行《上海市教育督导条例》,完善教育督导与评价工作机制。二是改革现有教育评估机构运行方式,增加"市场化"成分。三是多部门协作,培育和推动独立的第三方专业教育机构参与教育评估和监督。全上海市共有专业教育评估机构24家。

浦东新区在促进社会组织健康发展上,采用购买市场服务的方式。例如,尝试扩大政府购买教育服务范围，涵盖教育行政管理事务、专业教育评估、教育内涵发展研究、社会组织专业培训以及针对重度残疾或智障儿童的特殊服务，如购买浦东新区学前教育协会的服务，委托其对新区所有民办幼儿园的日常事务进行管理；购买专业教育评估事务所的服务，对历年新区教育内涵项目的执行情况进行专业评估；购买浦东教育学会的专业服务，对委托管理学校的项目进行中期或总结性评估等。

山东经验：山东潍坊已经在建立第三方参与的专业评价制度。对校长职级评价、学业质量监测、高中星级评估、机关重点工作项目等专业性强和关注度高的领域，全部采用购买服务的方式，引入社会第三方评价，确保用专家引领专业，用规则促进公平。

青岛市在评价改革上强调多方参与，强化监督，探索构建多元共治教育格局。在减少对学校的直接干预的同时，做到监督评估同步跟进。建立挂牌督学和督学责任区制度，选派经验丰富的在职教研员和退休校长等专家进入学校，对教育教学和管理开展全面指导和服务；同时，探索社会参与评价教育机制，建成教育系统群众满意度网络测评平台，充分听取市民的意见和建议，改进教育教学和管理，依托中国海洋大学成立青岛市教育评估与质量监测中心，对学生的体质健康、读写能力等综合素质进行监测，依托市社情民意调查中心，对中小学生课业负担情况进行监测，确保评价结果真实、客观，改变了教育行政部门既当运动员又当裁判员的局面。

浙江经验：浙江省在教育"管办评分离"机制建设上进行积极探索，将教育评估从相对单一的行政性评估转向多元参与的社会化评估，于2013年成立了浙江省教育评估院，主要职责包括：组织实施省教育厅委托的教育评估项目；接受地方教育行政部门、学校及相关单位委托组织实施相关教育评估项目；组织开展教育评估理论研究和国内外交流活动，参与教育评估政策的调研制定；指导基层教育评估业务；开展浙江省普通话培训与测试管理指导工作等。为了确保各项评估工作顺利开展，教育评估院积极筹建各类教育评估的专家库，遴选建设了一支权威性强、涵盖面广、学科门类齐全的省内外一流评估专家队伍。

2014年开始，浙江省德清县引入第三方独立评价，开展全县教育满意度调查评估，主要包括两方面内容：名师名校长考核和各学校发展性评价考核。第三方评价单位由德清县政府采购中心公开招标诞生。

重庆经验：积极提高教育评价综合效能，组建区督导委员会、区教育评估与质量监测中心，强化教育督导和质量监测；成立第三方教育评价机构"重庆市鼎正教育评估与监测事务所",发挥诊断和导向功能,促进学校办学水平的提高。

江苏经验:无锡市已经制定并实施了《无锡市教育督导条例》,完善教育督导与评价工作机制,成立无锡市教育评估院,发挥相关职能作用。探索第三方参与中小学学业质量综合评估、教育和学校满意度调查等。一方面强调发挥好教育评估院的职能,构建专家网络。另一方面强调多部门协作,培育和推动独立的第三方专业教育机构参与教育评估和监督。无锡市建立了定期的学校年度满意度调查制度,及时向社会公示办学成绩。

湖北经验:成立教育质量评估中心,建立起了教育质量监测评估平台,即"一站五库"资源平台,开通了教育督导评估网站,初步建立了评估标准库、专家库、数据库、工具库、样本库;"一纵五横"结构平台,以教育质量监测评价为经,以义务教育、学前教育、普通高中教育、职业教育、特殊教育为纬,建立覆盖全面的教育质量监测评价体系。初步建立了一批样本监测点,在学校安全、规范办学、教育质量、办学特色、校园文化等方面加强评估监测;通过发布平台,统一使用评测结果,分级、分项发布测评信息,供行政决策参考和相关人群解读,接受社会监督。

第四节 深化改革的现实需求

上述各地教育评价改革经验,立足于全面推进基础教育"管办评分离",已有了一定的实践成绩。采用这些措施,是期望通过协调,达成政府、学校、家庭、社会对办学成效的预期,共同构成生态化和谐互动的教育公共治理格局。在改革行动中,立足各地社会经济发展水平和教育实际,在具体做法上各有千秋,但对各种教育主体在教育公共服务领域的职能边界界定上还不够清晰。在第三方专业机构(组织)的建设培育管理上,以及教育公共服务平台建设等方面也还有很长的路要走。与此同时,各地评价改革更多关注的是"评什么""由谁评",而对于"如何评"以及"为何评"则着力不多。

大邑县作为成都市教育体制改革中"建立现代学校制度"改革试点区县,在《成都市教育体制改革试点方案》中承担了"探索管办评分离的管理体制,建立现代学校制度"的改革试验任务,因此进一步深度研究、深化改革势在必行。通过前期的调查研究,大家认为,在学校办学评价方面,办学者办好学校的强烈愿望决定着办学成效的高低,被评价者参与评价的积极意愿决定着评的最终意义。只有将"评"与"建"有机融合，在评价与建设之间架设一条关键通道，才能更好地发挥评价的反馈、激励、导向功能。大邑县实施"以评促建，创建卓越学校"行动，目的就是期望在学校评价改革方面找到更加有效的策略和方法。

行动目标：通过研究与实践，改革学校办学水平的评价方式，争取不断完善评价体系，探索更有效、更科学的评价机制，打破传统评价方法和工具的局限，打造一批特色鲜明、质量一流的卓越学校，为深入推进区域性教育综合改革提供理论和实践参照。

行动内容：一是建立"管办评分离"的学校评价新机制，二是探索"评建结合""以评促建"学校评价新方法，三是编制以"创建卓越学校"为目标的学校评价新量表，四是全面推进全县卓越学校建设。

行动思路：始终以教育部《关于推进中小学教育质量综合评价改革的意见》为导向，结合区域实际，充分观照"管、评、建"三方的价值需求，从评价指标体系、评价方式、结果运用等方面入手，提高学校参与评价的积极性和主动性，着力评价改革，着眼学校发展，将"评"与"建"有机融合，创建卓越学校。

第二章 评估方案

第一节 大邑县人民政府教育督导室《关于在单设小学开展"以评促建,创建卓越学校"办学质量评估工作的通知》(小学组第一阶段)

为了全面了解、掌握学校办学水平,促进学校全面贯彻教育方针、全面实施素质教育,帮助学校进一步端正办学思想,深化教育改革,优化教育管理,提升办学质量,大邑县人民政府教育督导室引进四川省陶行知研究会作为大邑县教育发展咨询机构,研究制定大邑县"创建卓越学校"评价量表,对大邑县16所单设小学(含银都学校)"以评促建,创建卓越学校"相关工作进行专业引领,并以第三方测评的形式,对上述学校进行办学质量评估。现将有关事项通知如下。

一、领导小组

组　　长:且志伟

副组长:包　蕾　杨元彰

成　　员:郭文莉　王　林　王莹菊　丁世军　李明东

二、专家小组

陶研会专家组:每个专家小组由三人组成,一人任组长。

三、工作小组

总协调:丁世军　李明东

第一工作小组

组　　长:王莹菊

成　　员:卓适　庄敏　杨洁　李家川　李义

记　　录:杨洁

第二工作小组

组　长：李明东

成　员：蒋　艳　刘义琼　雷建君　李　义

记　录：蒋　艳

四、评估任务

（一）全面办学质量评估

（二）教育教学质量评估

（三）课堂教学质量评估

（四）发展规划编制指导

（五）规划实施专项评价

五、评估工具

引进四川省陶行知研究会专家资源，结合大邑县实际编制《"以评促建"工作方案》与"'以评促建，创建卓越学校'评价量表"。

六、评建工作阶段安排

第一阶段：2015年3月—2015年5月，学校办学质量评估

第二阶段：2015年6月—2015年12月，学校发展规划编制

第三阶段：2016年1月—2020年1月，学校发展评价

七、第一阶段工作安排

（一）办学质量评估方式

1. 校长自评报告、查看资料、师生座谈、家庭电话随访、听课、看活动。时间一天。

2. 分管校长报告、查看资料、听课、师生座谈。时间半天。

3. 听课、看备课资料、看学生作业、座谈。时间半天。

（二）办学质量评估程序

运用"'以评促建，创建卓越学校'评价量表"，先由学校自评并自定等级；再由专家组成的小组评估；专家小组与学校交换意见；由专家小组出具评估报告。报告原则上包括3~4个肯定意见，2~3个改进意见，1个特色描述，2~3个整改建议。对突出的学校给予整体描述。专家评估意见由教育局审定并公布。

具体安排如下：

1. 培训学习。

时间：2015年3月23日上午9点

地点：教育局会议室

参加人员：各单设小学（含银都学校）校长、工作组成员及特邀人员

特邀人员名单：

刘　宇（北小）　　陈　慧（北小）　　王崇碧（子龙）

付晓红（斜源）　　王炯焱（南小）　　杜月春（鹤鸣）

黄启玲（唐场）　　池　涛（蔡场）　　蔡培科（子龙）

刘春梅（银都）

备注：参会人员会前自学《大邑县人民政府教育督导室关于在单设小学开展"以评促建，创建卓越学校"办学质量评估工作的通知（含附件）》

2. 学校自评。

时间：2015年3月25日—4月15日。

阶段工作：按评价量表实施自我评价，完成自查报告。

3. 专家评估。

时间：2015年4月16日—5月15日。

阶段工作：专家组现场评估，形成评估报告。

（具体日程安排见表1—2—1）

（三）工作要求

1. 提高认识，加强领导。开展学校评估，目的是通过全体、全面、全员、全质评估，促进学校进一步注重发展内涵，进一步明确办学思想，进一步完善管理机制，凸显办学特色、提高办学质量，促进学生、教师和学校的和谐健康发展。大邑县为加强对评估工作的组织领导，成立"以评促建"工作领导小组，督导室、教育科、小学教研室负责办学质量评估工作相关事务。各学校充分认识开展这项工作的重要性，切实加强领导，充分听取各方面意见建议，注重评估实效，真正做到"以评促建"。

2. 明确内容，把握特点。本次评估采用四川省陶行知研究会"评建结合，自评与他评结合"的评价方案，由一级观察点、二级观察点、三级观察点三个维度组成，操作性强，是学校评估的一种创新性方式，在其他区（市）县取得了很好的"促建"效果。各校要掌握评估标准的体系、内容和特点，在认真开展自查自评的同时，积极配合专家组搞好"评建"工作。

3. 明确职责，落实任务。学校办学质量评估是一项系统工程，既要有科学的理念作指导，又要有具体的工作制度作保障。各学校要明确职责任务，严格按照相关要求，规范有序地进行。

表1-2-1　专家评估工作日程安排表

日期	评估学校	参加人员
4月16日	鹤鸣小学	专家组、第一工作组及责任督学
4月16日	斜源小学	专家组、第二工作组及责任督学
4月21日	龙凤小学	专家组、第一工作组及责任督学
4月21日	蔡场小学	专家组、第二工作组及责任督学
4月22日	高山小学	专家组、第一工作组及责任督学
4月22日	唐场小学	专家组、第二工作组及责任督学
4月23日	三岔小学	专家组、第一工作组及责任督学
4月23日	元兴小学	专家组、第二工作组及责任督学
4月28日	敦义小学	专家组、第一工作组及责任督学
4月28日	青霞小学	专家组、第二工作组及责任督学
4月29日	银都学校	专家组、第一工作组及责任督学
4月29日	城西小学	专家组、第二工作组及责任督学
5月12日	子龙街小学	专家组、第一工作组及责任督学
5月12日	南街小学	专家组、第二工作组及责任督学
5月13日	东街小学	专家组、第一工作组及责任督学
5月13日	北街小学	专家组、第二工作组及责任督学

第二节　大邑县"美丽而有温度的乡村教育"以评促建工作方案（中学组）

为了全面了解、掌握大邑县农村义务教育学校发展情况，帮助农村学校进一步端正办学思想，深化教育改革，优化教育管理，凸显文化特色，提升办学品质，加快推动农村学校教育现代化建设，打造"美丽而有温度"的乡村教育区域品牌，大邑县教育局引进第三方专业机构（成都市陶行知研究会），采用"以评促建"的形式，对大邑县部分义务教育学校开展"美丽而有温度的乡村教育"办学质量评估。

一、评估工作领导小组

组　　长：杨文学

副组长：顾剑波　杨元彰

成　员：李华清　王　林　牟　滟　王莹菊

二、评估工作专家小组

专家组由成都市陶行知研究会专家（以下简称"成陶专家"）与县内专家组成，分7个专家小组，每个小组3人（第三方1人任组长，县内2人），对应2~3所学校。首席专家顾问：姚文忠。

第一专家组

组　长：（成陶专家）陈浪

成　员：牟家允　罗洪康

评估学校：三岔中学　上安学校

第二专家组

组　长：（成陶专家）熊欣

成　员：李　林　胡　铜

评估学校：蔡场中学　韩场学校

第三专家组

组　长：（成陶专家）李其玉

成　员：胡文兵　陈鸣镝

评估学校：董场学校　沙渠学校

第四专家组

组　长：（成陶专家）彭俊海

成　员：郑俊红　牟　兵

评估学校：安仁学校　苏家学校　潘家街小学

第五专家组

组　长：（成陶专家）卓彦

成　员：桂毅钊　池　涛

评估学校：元兴小学　王泗学校　新场学校

第六专家组

组　长：（成陶专家）

成　员：肖　菊　曹敬文　曾经祥

评估学校：悦来学校　鹤鸣小学　金星学校

第七专家组

组　长：（成陶专家）费田春

成　员：曹劲松　陈士林

评估学校：花水湾学校　邮江学校　特殊教育学校

三、县教育局工作组

总协调：李华清　王莹菊

第一工作小组

组　　长：李明东

成　　员：郑秀玲　伍德伟

记　　录：郑秀玲

第二工作小组

组　　长：梁　琼

成　　员：蒋　艳　廖运松

记　　录：蒋　艳

第三工作小组

组　　长：牟　滟

成　　员：卓　适　王　成

记　　录：卓　适

第四工作小组

组　　长：王莹菊

成　　员：陈岐交　杨　洁

记　　录：杨　洁

第五工作小组

组　　长：邓子祥

成　　员：杨　建　杨明勇

记　　录：（略）

第六工作小组

组　　长：王　林

成　　员：吴元钊　李　义

记　　录：李　义

第七工作小组

组　　长：丁世军

成　　员：高　媛　刘小伦

记　　录：刘小伦

四、评估任务

（一）全面办学质量评估

（二）教育教学质量评估

（三）课堂教学质量评估

五、评估工具

大邑县"美丽而有温度的乡村教育"以评促建评估量表。

六、工作方式

1. 校长自评报告、查看资料、师生座谈、家庭电话随访、听课、看活动。
2. 专家组会商，现场反馈。

七、工作程序

运用"以评促建评估量表"，由学校自评，自定等级；再由专家组成的小组评估；专家小组与学校交换意见。由专家小组出具评估报告及办学咨询报告。报告原则上包括3~4个肯定意见，2~3个改进意见，1个特色描述，2~3个整改建议。特别突出的学校还可给予整体描述。专家评估意见由教育局审定并公布。

具体安排如下：

（一）学校自评

时间：2019年3月18日—3月31日。

阶段工作：按评价量表实施自我评价，完成自查报告。

（二）专家审议

时间：2019年4月1日—4月8日。

阶段工作：专家组审阅学校自查报告，了解学校基本情况。

（三）现场评估

时间：2019年4月10日—4月15日。

阶段工作：专家组现场评估。

（具体日程安排见表1—2—2，如有变化另行通知）

（四）形成报告

时间：2019年4月18日—4月30日。

阶段工作：专家组会商，出具学校发展咨询报告（评估结论及发展建议）。

（五）制订发展规划

时间：2019年5月10日—6月30日。

阶段工作：校长根据专家评估报告，形成学校中长期发展规划。（5月10日—6月10日，完成规划初稿；6月11日—6月30日，完成发展规划正式文稿）

八、工作要求

（一）提高认识，加强领导。开展学校评估，是大邑县推进"美丽而有温度的乡村教育"建设的重要内容，目的是通过全体、全面、全员、全质评估，促进学校进一步注重发展内涵，进一步明确办学思想，进一步完善管理机制，凸显办学特色、提高办学质量，促进学生、教师和学校的和谐健康发展。为加强对评估工作的组织领导，成立大邑县"以评促建"工作领导小组，督导室、教育科、中小学教研室、德艺体室负责协调和组织评估相关事务，具体由中小学教研室牵头。各学校要充分认识开展这项工作的重要性，切实加强领导，充分听取各方面意见建议，注重评估实效，真正做到"以评促建"。

（二）明确内容，把握特点。本次评估采用评估方案，由一级观察点、二级观察点、三级观察点三个维度组成，操作性强，是学校评估的一种创新性方式。各校要掌握评估标准的体系、内容和特点，在认真开展自查自评的同时，积极配合专家组做好办学评估工作。

（三）明确职责，落实任务。学校办学质量评估是一项系统工程，既要有科学的理念作指导，又要有具体的工作制度作保障。各学校要明确职责任务，严格按照相关要求，规范有序地进行。

表1—2—2　专家评估工作日程安排表

日期	评估学校	参加人员
4月10日	三岔中学	第1专家组、第1工作组
	蔡场中学	第2专家组、第2工作组
	董场学校	第3专家组、第3工作组
	安仁学校	第4专家组、第4工作组
	元兴小学	第5专家组、第5工作组
	悦来学校	第6专家组、第6工作组
	花水湾学校	第7专家组、第7工作组
4月11日	上安学校	第1专家组、第1工作组
	韩场学校	第2专家组、第2工作组
	沙渠学校	第3专家组、第3工作组
	苏家学校	第4专家组、第4工作组
	王泗学校	第5专家组、第5工作组
	鹤鸣小学	第6专家组、第6工作组
	邮江学校	第7专家组、第7工作组

续表

日期	评估学校	参加人员
4月12日	潘家街小学	第4专家组、第4工作组
	新场学校	第5专家组、第5工作组
	金星学校	第6专家组、第6工作组
	特殊教育学校	第7专家组、第7工作组

第三节　关于对"美丽而有温度的乡村教育"项目幼儿园实施办园质量评估的通知

为了全面了解、掌握大邑县农村幼儿园发展水平，科学编制下一步发展规划，促进乡村幼儿园进一步明确办园方向与目标，优化管理机制，改善办园条件，树立品牌意识，形成办园特色，提升办园质量，根据大邑县教育局《推进"美丽而有温度的乡村教育"品牌建设实施方案》（大教办〔2020〕16号）要求，大邑县教育局经研究决定于2020年7月上旬对20所项目幼儿园实施办园质量评估。现将有关事项通知如下。

一、领导小组

组　　长：杨文学

副组长：文　毅　杨元彰

成　　员：王　林　李华清　王莹菊　雷春梅　李明东

二、专家小组

聘请第三方专业机构组织幼教专家、市内知名幼儿园园长、专业媒体以及优秀校园长等组成评估专家组。具体人员如下。

三、工作小组

总协调：雷春梅　李明东

第一评估小组

组长：雷春梅

工作人员：卓　适

专家组成员：（略）

第二评估小组

组长：万　婷

工作人员：杨　洁

专家组成员：（略）

第三评估小组

组长：王莹菊

工作人员：蒋　燕

专家组成员：（略）

第四工作小组

组长：李明东

工作人员：郑秀玲

专家组成员：（略）

四、评估任务

对评估对象办园质量进行定性与定量评估并提出办园建议。

五、评估工具

《大邑美丽而有温度的乡村学校（幼儿园）建设标准（试行)》

六、工作方式

园长自评报告、查看资料、参观校园、听课、看活动。时间半天。

七、工作程序

依据《大邑美丽而有温度的乡村学校（幼儿园）建设标准（试行)》，由学校自评。专家现场评估。由专家小组出具评估报告；报告原则上包括3～4个肯定意见，2～3个改进意见，1个特色描述，2～3个整改建议。特别突出的幼儿园还可给予整体描述。专家评估意见由教育局审定并公布。

（一）幼儿园自评

完成时间：2020年6月20日。

具体工作：按评价量表实施自我评价，完成自查报告。

（二）专家评估

完成时间：2020年7月15日。

具体工作：专家组现场评估，形成评估报告。

（具体日程安排见表1—2—3）

（三）编修发展规划

完成时间：2020年7月30日。

具体工作：园长根据专家评估报告，形成幼儿园发展规划（2021—2025年）。2020年7月15日前，完成规划初稿；2020年7月30日前，完成发展规划正式文稿。

八、工作要求

（一）提高认识，加强领导。开展幼儿园发展评估，目的是通过全体、全面、全员、全质评估，促进幼儿园进一步注重发展内涵，进一步明确办园思想，进一步完善管理机制，凸显办园特色、提高办园质量。为加强对评估工作的组织领导，成立大邑县"以评促建"工作领导小组，教育科、小学教研室负责办学质量评估工作相关事务。各幼儿园充分认识开展这项工作的重要性，切实加强领导，充分听取各方面意见建议，注重评估实效。

（二）明确内容，把握特点。本次评估充分吸取大邑县乡村学校建设中取得的有效经验，以《大邑美丽而有温度的乡村学校（幼儿园）建设标准（试行）》作为评估依据，采用"评建结合，自评与他评结合"的评价方式，针对性强，注重实效，现场评估注重观察、讨论、分享，不需要刻意准备资料，是大邑县学校（幼儿园）发展评估的一种创新性方式，各园要掌握评估标准的体系、内容和特点，在认真开展自查自评的同时，积极配合专家组做好评估工作。

（三）明确职责，落实任务。幼儿园办学质量评估是一项系统工程，既要有科学的理念作指导，又要有具体的工作制度作保障。各园要明确职责任务，严格按照相关要求，规范有序地进行。

表1-2-3　专家评估工作日程安排表

日期	评估对象		参评人员
7月13日	9：00—12：00	董场中心幼儿园	第一工作组
	14：00—17：00	董场第二幼儿园	
	9：00—12：00	三岔中心幼儿园	第二工作组
	14：00—17：00	高山幼儿园	
	9：00—12：00	邮江中心幼儿园	第三工作组
	14：00—17：00	斜源中心幼儿园	
	9：00—12：00	安仁幼儿园	第四工作组
	14：00—17：00	安仁第二幼儿园	

续表

日期	评估对象		参评人员
7月14日	9:00—12:00	元兴幼儿园	第一工作组
	14:00—17:00	上安中心幼儿园	
	9:00—12:00	唐场百联爱心幼儿园	第二工作组
	14:00—17:00	唐场幼儿园	
	9:00—12:00	蔡场中心幼儿园	第三工作组
	14:00—17:00	蔡场新福幼儿园	
	9:00—12:00	王泗中心幼儿园	第四工作组
	14:00—17:00	王泗第二幼儿园	
7月15日	9:00—12:00	韩场中心幼儿园	第一工作组
	14:00—17:00	沙渠第三幼儿园	第二工作组
	9:00—12:00	悦来中心幼儿园	第三工作组
	14:00—17:00	新场蜀新幼儿园	第四工作组

第三章
实践、感悟与反思

  2015年3月，根据《大邑县人民政府教育督导室关于在单设小学开展"以评促建，创建卓越学校"办学质量评估工作的通知》（大府教督〔2015〕8号）精神，经过较长时间的酝酿、讨论及前期联络筹备，由四川省陶行知研究会作为第三方专业机构，姚文忠教授作为首席专家带领一批具有丰富办学经验、卓越办学成果的成都市知名校长专家团队，对大邑县16所单设小学开展办学质量评估，大邑县"以评促建，创建卓越学校"办学质量评估工作正式启动。

  3月25日—4月14日，各学校认真研读评价量表，积极梳理学校办学成果、总结工作，认真进行自我反思，科学实施自查自评，形成了学校办学质量情况自我总结报告。从4月16日到5月16日，专家团队通过对话、访谈、课堂观察、查阅资料等多种形式对各学校进行现场评估指导，取得了令人欣喜的阶段性成果。

  1. 各校梳理了自己的办学经验材料。

  在2015年4月15日前，各校在专家指导下，对学校多年的办学经验进行了系统梳理，并形成了规范的材料，从办学人自身角度对学校当下发展状况进行了详尽的盘点与检视，重新审视学校办学历程、办学行为、办学成果，为卓越学校创建奠定了坚实的认识基础。

  2. 工作组认真研读各校经验材料。

  大邑县评建工作组对自己指导学校的材料进行认真研读后，与学校沟通，提出材料的修改建议，帮助学校正确、客观评价已有办学策略和办学效果及存在的问题。

  3. 制定了具有大邑区域特色的《"以评促建，创建卓越学校"评估方案》和"'评建结合'评估量表"。

  专家组负责人姚文忠教授在对大邑小学教育充分考察了解的基础上，结合陶研会在其他地区的办学质量评估经验，提出了针对大邑教育实践基础的《"以评促建，创建卓越学校"评估方案》和"'评建结合'评估量表"。该方案和评估量表极具可操作性、科学性和先进性，不仅是本次"评建"工作的依据，还是各校创建卓越学校的办学标准和部门工作的指南。

4. 16 所样本学校完成了自我评估。

经专家培训，各单设小学深度理解了评估方案，尤其在专家指导下对评价量表中的一、二、三级指标进行了详尽解读，于 2015 年 4 月 15 日前完成了自我评价及总结。

5. 对 16 所样本学校进行了现场评估。

2015 年 4 月 16 日—5 月 16 日，组织专家组对 16 所样本学校进行了现场评估。专家组依据"评建结合"评估量表》对学校办学水平进行认真、细致的现场评估，对学校办学思想、办学行为、办学成果进行诊断把脉。

评估组不仅发现学校的亮点和闪光点，也给学校后续发展指明方向，给出策略和建议，简明而极具时效的评估深受学校的好评。

聆听了各位专家的指导，我们收获不浅，努力的方向更加明确。比如成都市人民北路小学的刘校长，他们学校在儿童阅读方面的做法，很值得我校学习，我们打算带领部分班子成员、一线教师去人北小学实地考察、学习。

——东街小学　云彬

本次活动，不仅让我的思想受到了洗礼，也引发了我对学校办学行为的再思考：学校办学理念的产生依据是真实的吗？我们的理念是什么？理念的理论依据、法理依据是什么？是大众的，还是校长的？理念系统内涵和外延是什么？它的主要构成是什么？如何实施？如何评价？这一系列问题在评建工作中都要找到相应的答案。

——鹤鸣小学　桂毅钊

与其他自上而下的创建评估不同，"以评促建"虽说也是教育行政部门对学校办学现状的考量与评估，使用的评建标准却是采用自下而上的方式产生的，这样的标准更加"接地气"，更符合办学发展的实际。细读"评建"标准，发现它不只是评价性指标，更是引导性指标。在带着城西小学管理人员学指标时，我特意告诉大家：其实管理是有规律可循的，当你想把工作做好但又缺乏方向，不妨把"评建"标准直接拿来对照所分管的工作，不求面面俱到，哪怕只是落实其中的一部分，坚持着做下去，你的管理就会收到实效，甚至做出特色。

——城西小学　刘宏智

经过这次评建，我认为"过程比结果更重要"，评是手段和方法，建才是目标和意义。校长办学既要站得高看得远，又要从细处着手，勤于实践，更要边实践边总结，在反思中前行，评建的过程就是我们静心思考、研究、总结我们的办学实践的成功与失败所在的过程，这个过程让我的思想又一次经历洗礼，受益颇丰。

——南街小学　牟晓琴

评价之前，在撰写办学实践报告过程中，学校领导、教师能静下心来客观地发掘学校真实的办学优势，剖析学校发展目前遇到的障碍、问题、困惑。在评价过程中，我们经过与专家组对话，进一步论证、厘清、确立了学校办学的优势及未来发展的方向。在参与其他学校评价活动时，我们不断学习他校办学的成功经验，结合我校实际借鉴可取之处……这些都使我们对学校的办学理念、办学思路和发展方向有了理性思考。

——斜源小学　吴德伟

经历了多次的各级各类评估工作后，对于此次的评建，不免存在着一些惯有的想法：要全面地展示我们学校的成绩、要完整地准备评估资料等。可是，在筹备会和观摩几所学校的评建工作后，我们打消了这样的念头，专家们需要的是真实工作的情景再现和学校工作现场的建立。"以评促建，创建卓越学校"，评是形式，建才是目的，促进学校发展是评建的宗旨。

——龙凤小学　陈科

第二编

评 ■ 变化

第一章 自 评

第一节 用思想办学 用文化理校
——大邑县北街小学自评报告

现代学校的发展需要用思想办学,用文化理校。这些年来,北街小学(以下简称北小)一直践行情趣教育,致力于创设洋溢着真情真趣,闪耀着智慧光芒,涌动着生命灵性的教育环境,建设让心灵栖居的教育家园。在这个过程中,不断尝试、反思、总结。至今,这些经验与方法已经成了北小在办学过程中坚守的办学思想,基本实现情趣文化理校。

一、接地的理论:情趣教育的坚守、传承和创新

北街小学始建于 1917 年,有教学班级 37 个,在校学生 1757 人。学校占地 10005 平方米,建筑面积 11515 平方米,绿化面积 2000 平方米,运动场面积 2000 平方米。学校有一支业务精良、爱岗敬业的教师队伍,在职教师 113 人,其中中学高级教师 5 人,小学高级教师 83 人,学校有成都市学科带头人 2 人,成都市优秀青年教师 2 人,大邑县学科带头人 21 人,大邑名师 2 人,四川省骨干教师 2 人,成都市级骨干教师 25 人,大邑县骨干教师 22 人。

经过近百年的办学历程,学校已经形成了情趣教育办学特色,其情趣教育办学经验在《人民教育》杂志获专题报道,2013 年 10 月 31 日—11 月 1 日,由人民教育编辑部、四川省陶行知研究会和成都市大邑县教育局主办,北街小学承办的"全国情趣教育研讨会"在大邑县举行,中外专家云集,会议开得非常成功。

情趣教育之所以产生很大的效果,使学校发生巨大变化,被越来越多的人

所接受和关注，最大的原因就在于它的理论接地气。这些年来，学校情趣教育每一个概念、每一条策略、每一项主张的提出，都是源自学校工作的现实问题，有了解决问题的原始冲动之后，经过慎重思考和研究才提出来的。

北街小学从建校之初，就一直坚持抓好艺术教育和学生兴趣活动工作。

2002年，素质教育改革的春风扑面而来。在时任校长杨元彰的带领下，学校选择了艺术教育和科创教育作为实践素质教育的突破口，学生的审美情感、审美雅趣以及科创的志趣得到了充分的培养。由此，学校提出了"师生发展为根本，科创艺术共育人"的办学理念，同时提出"办有特质的学校，育有情趣的学生"的办学目标，情趣教育办学特色在科创与艺术教育的蓬勃发展中嫩芽初露。

2006年，包蕾校长接任后，根据学校教师苦教累教而不乐教，学生苦学累学而不乐学的现状，想到了用情趣教育来解决教师职业倦怠和学生学习乏味的问题。在经过反复论证之后，学校正式提出以"情趣教育"作为办学特色，把"德能兼美、科艺双馨"作为学校校训。由此，学校开始了长达八年的情趣教育办学特色的实践探索，情趣教育绿意葱茏。

2010年，郑俊红接任北街小学校长。此时，随着社会的发展和人们认识水平的不断提高，无论是社会还是学生家长，对教育的预期都逐渐趋于理性：不仅要求学生健康快乐地成长，而且要培养各种能力以适应社会变化。这种理性诉求给教育者提出了一些不容忽视的问题：办什么样的教育？培养什么样的人？情趣教育能走进师生教育教学生活的全过程，能满足学生全面发展和个性发展的需求，实现素质教育的目标吗？情趣教育能真正成为北街小学师生自觉行为背后的观念与思想，成为一种能够反映学校面貌、影响学校未来的内在的精神，最终形成学校的情趣文化吗？

于是，学校深入实施"情理管理""情思课堂""情趣活动""情趣漂流"的实践策略，情趣教育开始花开烂漫，走进了师生教育教学生活的全过程，逐渐完善了情趣教育的理念体系。

1. 情趣和情趣教育

商务印书馆2016年出版的第7版《现代汉语词典》对情趣的解释是"性情志趣"和"情调趣味"。在北小人的理解中，情趣是一个广义的概念，情趣是一种有益的心理元素，是一个人对人生、对生活特定的持续的心理指向和感情倾向，它包括性情、感情、乐趣、兴趣、雅趣、理趣、志趣等内容，体现为对美好生活的追求、乐观的生活态度和健康的心理。一言以蔽之：情趣就是一个人兴味充沛的精神状态，是一种带有正面情绪情感的趣味。

教育的过程是培养人的过程，情趣教育就是以提升师生的生命质量与水平为目的，培养兴味充沛的人的教育过程。

2. 情趣教育的观点

教育观：一个幸福快乐并最终有所成功的人，无不得益于充满情趣和快乐的童年生活。

教师观：一个能够对生活充满激情，对工作充满热情，对学生充满感情的教师，就是一个有情趣的教师。

学生观：学生是成长中的人！是最具有真情真趣的人！是会拥有美好未来的人！

质量观：分数不是质量的全部！学校应该成为学生心灵成长，形成自主能力、发展个性特长的地方。

3. 情趣教育师生的发展目标

教师发展目标：热爱生活，不悲观；善于合作，不孤独；学养丰厚，不浅薄；爱好广泛，不单调；志向高远，不糊涂。

学生发展目标：

好品质　诚实、尊重、同情、坚韧、自律、负责、奉献

好习惯　学习、生活、阅读

好能力　实践能力、创新能力

好才艺　每个人至少有一种才艺

好体魄　幸福生活的基础

4. 情趣教育的实施意义

达成乐学乐教：克服职业倦怠。提升人生品质。实施情趣教育在于它能引导师生从平淡中发现乐趣，从清贫中享受富足，从细微中悟出博大，从苦闷中找到调适，从困厄中寻找乐观，从浮躁中体悟执着，从苦难中感悟坚韧……

陶行知先生说："教育必须是科学的。这种教育是没有地方能抄袭得来的。我们必须运用科学的方法，根据客观情形继续不断地把它研究出来。"在三任校长的坚守、传承和创新中，北小的情趣教育研究在每个不同的发展时期，都能不断找到新的生长点。现在，情趣教育已经逐渐成为北小师生自觉行为背后的观念与思想，成为一种能够反映学校面貌、影响学校未来的内在的精神。

二、人文的管理：情理交融培育静心的教师

在情趣教育的实践中，大家越来越清醒地认识到：学校文化决定教师的职业态度，教师的职业态度决定职业行为，教师的职业行为决定职业人生！如何保护和应答教师在职场中自然、正当的情感需求，保护人性中求真、向善、尚美之根，如何让学校的办学思想得到教师认同，实现教师的文化自觉，在具体措施上，北街小学有以下一些做法。

1. 核心理念哺育教师专业情怀

北小情趣教育一直倡导要保持兴味充沛的精神状态，过一种充满生命意蕴的生活。可是，要想一直保持这样的情绪状态并不容易，特别是面对个性迥异的教师群体而言更不容易。因此，学校在管理中经常通过教师会、情趣讲坛等反复强化学校情趣教育的核心观点，引导教师追求专注工作和闲适生活。

2. 心灵沟通铸就教师阳光心态

在教师的培养中注重心与心的沟通，引导教师能以正确、阳光的心态来看待问题和处理事情。如2012年12月的科研周活动中，学校组织的"成长让我来左右"青年教师成长沙龙活动，邀请了20世纪50年代、60年代、70年代在北小工作过的教师代表和青年教师一起聊成长经历；2014年科研周中，邀请成都市心理健康方面的专家对全校教师进行情绪管理的培训，开展心理团队辅导活动。教师们不仅知道了如何体察和倾诉自己的情绪，也在情趣生活、人际交往和工作学习中通过认真专注地从事某项活动而自觉不自觉地让自己宁心静气，从而保持一种积极的情绪状态。肖碧莲老师说"学会自我暗示提升自信"，凌涛老师说"人有时需要深深地呼吸几口气来，平息自己……"，刘宇老师说"改变我能改变的，接受我不能改变的"。

3. 梯度发展培育教师教育智慧

有情趣的人一定是学养丰厚、充满教育智慧的人。针对不同的教师群体，学校采用了不同的发展策略。如适应期教师——师傅引领，组织同化，岗位练兵，课题研究；成长期教师——开放课堂，校际交流，深入课题，个性发展；成熟期教师——个性定位，课题领衔，专业拓展，影响同伴。通过这些策略的实施，促使教师将经验理论与实践结合，促进不同层面的教师能力螺旋式上升，构建起了"平等、协作、共享"的研修团队。

4. 多元培训影响教师精神境界

有情趣的人一定热爱生活、热爱工作，业余生活也一定充满了闲情雅趣。

学校组织全体教师欣赏《热血教师》等教育电影；向每一位教师赠阅《生命中最美好的事情都是免费的》等书籍；开展读书演讲比赛、教师阅读沙龙、集体登山、诗歌朗诵会、联欢活动、才艺展示、插花培训等活动，充实教师的闲暇生活，提升教师的精神境界。

5. 顺应人性促进教师创新思考

从人性的角度而言，人们都有追求平等的愿望，能够独立思考并发表自己看法的愿望，所以学校在管理中经常创设这样的机会，把会议的话语权还给教师。工作中，学校注重将学校的阶段发展与教师的需求结合起来，尤其是学校重大决策的变化都会通过教师问卷、校务委员会、教代会集体讨论的方式决定，不仅满足了人人渴望表达的愿望，还减少新措施推进过程中的阻力。如绩效工资考核方案、学校发展规划等。在一次次的会议中，教师们不断地反思调整工作方法，工作推进非常顺利。

6. 过程评价激发工作热情

对教师的评价坚持以过程为主，发展为主，激励为主。如在教师期末的教育教学工作的考核中，学校特别关注教师参与教学研讨的情况、参与课题研究的情况，教学常规、教学成绩占比较少；在对班主任的评价中，班级常规管理占比也较少，更注重考核班级学生的发展状况，如运动会的表现，科创、艺术等活动参与情况。

在情理交融的人文管理中，教师们认识到：心不杂，生活自然简单平和；心不急，生活自然风平浪静；心不乱，生活自然井然有序；心不冷，生活自然温馨和谐；心不贪，生活自然雅致闲适。教育改革的力量首先来自教师，教师认同了学校的办学思想，战斗力和执行力也成了一种习惯，改革自然可以顺利进行。

三、恒久的质量：121 课堂情景交融

师生的学校生活绝大部分是在课堂上度过的，实施素质教育的核心在课堂，如果没有对课堂的相应认识与改革，情趣教育更谈不上走进师生的教育生活，影响师生的精神境界。2011—2014 学年间，学校进行了"121 情趣课堂"教学改革。情趣课堂的改革，让学生自主、自立、自觉地学习，积极主动地追求和体会学习的趣味和幸福，培养学生良好思维品质。

1. 构建教科研一体化的教研体系。

苏霍姆林斯基说，如果想让教师的劳动能够给教师带来乐趣，使天天上课不至于变成一种单调乏味的义务，那就应当引导每位教师到从事研究这条幸福的道路上来。随着情趣课堂改革的步步深入，学校实施了教科研一体化管理，教师们真正体会到了问题即课题，教学即研究，在研究中感受到了成长的幸福。

从宏观来说，学校开展了市级课题"小学情趣教育的研究与实践"的研究，引导教师将校本教研的核心围绕着情趣课堂的研究与实践来进行。

从中观来说，学校开展了多个子课题研究，如"小学语文情趣课堂的研究""小学数学情趣课堂的研究与实践""小学情趣活动课程的研究与实践"，学科教研的重心也就围绕着情趣课堂的改革在进行。

从微观来说，学校每学年都会有许多教师在进行个人小课题的研究。由于总课题、子课题的研究中心很明确，自然就把教师的关注点聚焦到了课堂改革中。如凌涛老师的"121课堂模式下学生自主学习能力的培养策略研究"和杨岚老师的"培养学生良好英语学习习惯的策略研究"等。教师们将一定时期内重点关注的课堂改革的问题引入课题研究，有助于将经验上升为理论，不断优化教学策略。

2. 构建"121情趣课堂"理念体系、操作体系。

"1"：确立一个教学主流价值观——以生为本。

"2"：紧抓课堂的两个核心点——情和思。

情——情感，课堂是师生真情自然流露的地方。情趣课堂的"情"不仅包括课堂上的师生情，还指教学中学生所呈现出的学习的安全感、轻松感、专注度、成功感等。

思——思维，课堂是充满智慧挑战和思维碰撞的地方。情趣课堂绝不是追求表面上的热闹，而是要追求深层次的理趣，关注代表智慧的思维水平的发展，主要指向学生的思维品质，即思维的广阔性与深刻性、思维的独立性与批判性、思维的逻辑性、思维的灵活性与敏捷性，逐步引导学生发展持久的理趣与志趣。

"1"：达成一种理想的状态——乐学乐教。课堂的最理想的状态是什么？自然是教师教得轻松，学生学得快乐，师生都在课堂中获得愉悦和幸福，这就是情趣课堂要达到的理想目标。

课堂教学改革，如果只有方向和理念，没有程序和行动支撑，理念将成为浮云。因此学校提出了极富情趣的"121"课堂教学流程。即前10分钟左右课堂处于"创境自学引思入情"阶段，中间的 20 分钟左右课堂处于"互动交流深思激情"状态，最后 10 分钟左右课堂处于"拓展测评融思感情"状态。学生经历独学、对学、群学几个阶段，对本节课教学内容进行反思整理，解决问题，表达学习成功的喜悦之情，激发学习的自信。

3. 实施多层互动的教研策略。

课堂教学改革不能仅仅把教师当成改革的对象，而必须当成改革可以依靠且必须依靠的力量，所以教学管理的全部作用就在于怎样充分调动人的主观能动性。学校在校本教研的实施中，一个很重要的策略就是赋权，即将各个层面的主要执行者调动起来，让他们主动思考，积极规划，赋予教学分管行政、学科行政、教研组长、备课组长等教研主体的确定权、活动形式的组织权以及教研制度等制定和监督权。

一级教研——总课题组把握阶段重点，注重监督检查。首先，在学期初，学校总课题组、教学分管校长、学科分管领导对学校的课堂教学现状、教学质量调研情况以及教师的发展需求进行综合分析研究，确定近期校本教研的重心，从而制订教学教研计划，并根据这一计划修订学校的教学常规考核等规章制度。其次，学校总课题组定期督查子课题组、学科组阶段研究的落实情况，提出改进建议；学科分管领导、教研组长根据各年级教研活动的组织情况、教研效果，对年级教师进行整体考核。最后，总课题组和教导处每学月梳理、总结各学科研究进程和检查情况，利用周务会反馈给所有教师。

二级教研——学科教研主题明确，注重提炼成果。学校的学科分管领导和教研组长充分根据学校情趣课堂改革的总体精神，制订学科的教学教研计划，并自主开展研究活动。根据情趣课堂建设的总体规划，语文组完成了诗歌、记叙文、说明文等课型的 121 教学流程的策略研究，数学组完成了概念、计算、空间与图形、统计与概率等课型的"121"课堂教学历程的策略研究，同时制定了情趣课堂的评价表，积累了经典课例。如何保证这些研究活动的有效进行呢？学校采取了多元的教研活动组织形式。

学科教研活动的组织形式之一："1+4"教研课模式。"1"指的是情趣课堂中一个核心问题，"4"指的是由四人团体合作共同解决问题。具体的操作流程是：围绕教学中的一个具体问题，由四名骨干教师在一学期内分别担任主持人、执教者、理论评价者、操作评价者这四个角色，独立组织开展听课评课活动，学科其他听课教师针对研究主题进行点评；四名教师在课题组的指导下提炼出问题的解决策略。

学科教研活动的组织形式之二：名师指导，同课异构。为了充分发挥学校名优骨干教师的示范引领作用，学校将同学科内的名优骨干教师分成两个组，分别指导一名青年教师，进行同课异构的研讨活动。有利于引导教师多角度地思考问题、解决问题，有利于教师选择适合自己的教学风格和最优的问题解决策略。

学科教研活动的组织形式之三：聚焦课堂，同课异构。学校和成华红花学校多次开展同课异构活动，注重教研的针对性、实效性、示范性和引领性。例如，在开展教研活动之前，让每一位教师都明白此次研究的主题是什么，话题有哪些，自己主要承担的角色是什么等，让教师们学会带着问题参与教研活动。听完课以后，在小组讨论中踊跃发表自己的见解，并在学科组内分享交流。

三级教研——年级教研立足实际，注重成果验证。学校对备课组长充分赋权。备课组长不仅根据学科要求组织年级集体备课，同时组织教师修订教案和制作课件，研究本年级的作业设计，组织年级的"121情趣课堂"研究，验证学科组不同课型的教学流程，并根据年段特点进行策略优化研究等。

四级教研——小团队研究拓展教材，彰显个性特色。此外，学校还成立了研究小组进行专题性的研究。如情趣阅读小组，在过去的两年中整合了各方的资源，对语文的拓展阅读进行了研究，并开发了颇具特色的《萤窗小语》校本阅读教材。2014年开始，情趣阅读小组选择了5个试验班级，以通过教师个性化的阅读教学实践研究，强化教师的语文大课程意识，进而形成不同的教学特色。

4. "121情趣课堂"的实践成果。

理论成果：（1）"121情趣课堂"建设的理念系统；（2）"121情趣课堂"操作系统；（3）"121情趣课堂"语文、数学部分课型的实施策略。

实践成果：（1）《跬步千里》课堂建设专题集第1～7期；（2）《情趣》校刊第1～6期；（3）语文、数学一至十二册"121"课时电子教案以及课件；（4）"121情趣课堂"评价表；（5）情趣课堂小课题研究成果集。

在此过程中，教师们找到了提升自己教学水平的方法——课堂教学改革。对教师而言，得课堂者得天下，一个教师如果课堂状态很好，那么他的生命状态就不会出问题，因为他从课堂中获得的不仅仅是教学经验，更是修养、学识、经历以及更重要的积极向上的人生态度。"点亮一盏灯，照亮一大片"，一个教师改变了，意味着班上的几十个学生能从中受益，师生的生命在课堂教学改革中绽放。

四、多彩的课程，为学生发展怡情

素质教育的着眼点是学生，教育给予孩子最重要的不是知识，而是对知识的热情、对自我成长的自信、对生命的珍视以及乐观积极的生活态度。因此，学校在不断加强德育队伍建设、阵地建设，做好德育常规工作完善学校物质文化建设的同时，更加注重以情趣交融的德育课程来提升学生的素养。

1. 德育专题活动课程提升素养。

学校研究整合了各方资源，形成了北小德育专题课程。分为3个模块：学生执行校长制、学生志愿者行动、一月一主题的德育活动（一月——芝麻开花节节高，二月——其乐融融度新春，三月——送人玫瑰手留余香，四月——脉脉书香飘万家，五月——"科艺双馨"趣满园，六月——挑战自我成就梦想，七月、八月——读万卷书行万里路，九月——知书达礼北小娃，十月——红旗飘飘童心飞扬，十一月——健康快乐一起来，十二月——梅花香自苦寒来）。

学生"执行校长"在竞选上岗以后，要带领大队干部检查全校的常规工作情况，并评出纪律、卫生、两操等方面的流动之星；在三月"送人玫瑰、手留余香"活动中，学生们把自己的手工作品、书籍、玩具等带到学校义卖，所得款项用于资助学校、社区、社会上需要帮助的人；在六月"挑战自我、成就梦想"活动中，学生们主动参加学校大队长、副大队长的竞选，经过报名、初赛、复赛，在决赛环节通过竞选演讲、才艺展示、现场答辩，学生、家长和教师共同投票，选出学校的大队长、副大队长。

2. 科创活动课程植育志趣。

经过多年的实践研究，学校科创课程已经形成了"三全一自主"模式，共计10个活动模块。即全员参观考察、全员种植养殖、全员创作制作，学生自主选择科创活动课程（包括小小植物家、发明小能手、科技体验活动、机器人俱乐部、电脑绘图、变废为宝、电子小报制作等）。在活动实施过程中，根据学生的年龄特点，做到了分层推进：全员种植养殖活动——低段学生自主选择、随意观察，中段开始就进行有目的的观察记录；全员制作创作活动——低段学生主要进行模拟制作，中高段学生进行创新发明；科技小论文的撰写——低段学生进行简单的特点描述，中段开始学生经历观察、提问、验证的过程去完成小论文的撰写。在活动中，有效地培养学生的观察能力、实践能力、创新能力，发展了学生的志趣。

如全员制作创作活动。2014年2月，学校布置的假期实践活动是制作桥模,此项活动参与学生 1890 人,收到作品 1450 件,根据创意、工艺、环保、承载能力等方面综合评比出一等奖 70 人,二等奖 80 人,三等奖 80 人。通过这项活动,学生过了一个非常有意义的假期,首先了解了桥梁的发展、种类、结构、功能,然后利用废旧材料精心设计制作了心中的桥梁,深化了学生对桥梁的认识,培养了学生的动手动脑能力。2014 年暑假,学校开展了动植物标本的采集与制作活动,共收到作品 1500 余份,采集的标本来自全国各地。在这个过程中,学生也收获颇丰,先后获评共有全国小实验家 150 余人、中国少年科学院小院士 3 人,小研究员 1 人。

3. 情趣特长选修课程涵养雅趣。

每周星期一的第五节课是学校的校级选修课程和年级选修课程上课时间,这也是学生最喜欢的时候。学校的校级艺体课程已经形成了多个活动模块:陶艺制作、手工制作、儿童画、器乐、合唱、舞蹈、跆拳道、足球、气排球、拉丁舞、啦啦操、书法入门……

4. 环境课程熏陶审美情趣。

由于学校场地狭窄,学校在环境课程的建设中,不仅注重环境之美,更加注重思想之美、人性之美。一是呈现历史,凸显精神传承,学校的浮雕墙、校史室、校树桢楠、校花腊梅,在培养学生的荣誉感的同时,潜移默化地告诉学生,成长中要经历风雨,必须具备坚韧不拔的品质。二是彰显特色,培育志趣雅趣:科技馆、机器人室、科创墙、科艺路、循环水池、科技主体楼道等,引领学生学科学、爱科学,植育着学生科创的志趣;陶艺馆、艺术墙、艺术主体楼道、美术馆等,培养学生发现美、创造的品质,滋养着学生艺术的雅趣。三是注重参与,引导实践创新,例如,学校一些主题画是由美术教师和学生共同完成的,有个别主题画是由生活教师完成的,班级文化墙全部是由学生、教师、家长共同完成的,有很多颇有创意的作品,如用开心果制作的腊梅,用铅笔屑制作的裙子,用餐巾纸制作的图案。

5. 家校活动课程影响闲暇生活。

素质教育的实施,离不开学校、社会、家庭的共同努力,学校虽然无法去改变每一个家庭,但是可以通过理念和行动去影响每一个家庭,达成教育理念的一致。为此,学校开展大量的家校活动课程,让家长体验和孩子一起成长的快乐。

课程一:家庭才艺大赛。每年科研周,都会举行一届"我爱我家"家庭才艺大赛,从赛前家长和孩子的踊跃报名、积极准备,到初赛、复赛阶段每个家庭的全力以赴、倾情参与,再到决赛时的精彩表演、热烈气氛,每一个环节,都洋溢着生活的情趣、融融的亲情；每一个环节，都是一次"情趣教育"的鲜活实践。

课程二：与孩子同读半天书。家长走进学校，和孩子一起记英语单词，一起做小实验，一起制作模型……通过走进课堂，家长发现，原来自己的孩子是多么聪明，原来上好一堂课是一件多么不容易的事，原来自己还可以用更好的方式引导孩子……半天时间，让家长更信任教师了，更理解支持教师的工作了，更理解"家校共育"的意义了。

课程三：家长理校日。家长理校日的工作内容包括"5个一"：听一次学校办学情况的介绍，走进课堂听一堂课，与学校行政进行一次面对面的沟通交流，提一条合理化建议，在食堂品尝一次学生午餐。活动中，家长亲身经历子女在校的学习和生活，走进教室，关注教育；走近孩子，倾听心声；走进学校，参与评价。

课程四："家长讲堂"活动。"我妈妈是老师，她今天要来学校教我们水果拼画""我的爸爸是警察，他说要来学校教大家学会自我保护""我爸是保护祖国的军人，他今天要来教我们军人的知识""我爸要来讲环保知识"……学校每月第二周的班会活动时间为"家长讲堂"时间，这是学校情趣德育课程的一个特色。"家长讲堂"采用家长申请和班级邀请相结合、家长授课与针对性听课相结合的方式和途径，让热爱教育事业的家长走进教室，走上讲台。

同时，学校也邀请家长参与到学校一些活动的组织管理中。如科学考察活动中，家长与教师一起组织管理学生的安全；义卖活动中，家长志愿者和师生一起设计货架，摆放展品，参与买卖。例如学校组织的大型公益活动"成长心连心"就是由学校家委会成员主动联系的。家长说："学校的'情趣教育'，不仅让孩子学习有劲头、业余生活更丰富，就是我们家长，也喜欢来学校和孩子们一起学习，一起活动。"

6. 评价课程激励学生成长。

为了保证课程在促进学生发展中起到应有的作用，学校充分运用评价体系激励学生的成长。对学生的评价主要通过以下两种方式进行：一是展示性评价。如每年五月，学校举办科学艺术节，全面展示学生一年来在科创艺术方面的成绩，艺术活动分为舞蹈、声乐、器乐三个专场，经过班级赛、年级赛、学校总决赛三个环节，学生的活动参与面达到了95％以上。同时展示的还有学生的小制作、小发明、小种植、小养殖、绘画作品等，会评出"科艺小明星"。二是综合性评价。每学年末，各班根据学校《北小五好学生评价细则》评选出班级、校级的五好学生，并给予表彰。

情趣教育从活动到课堂，从学校到家庭、到大自然，学校尽量关照每一个生命的独一无二和无限可能。在践行情趣教育的路上，学生心中播下了不同类型情趣（社会性、认知性、审美性）的种子，教师拥有了积极性，学校形成了比较明显的办学特色。中国陶行知研究会原会长朱小蔓教授说："大邑县北街小学的情趣教育对于新一轮基础教育课程中学校教育的反思及进一步探索具有积极意义。"

五、远虑的决策：情趣教育发展的明天

学校要有持续的发展后劲，离不开坚持不懈的追求，更离不开学校远虑的决策。情趣教育的发展面临一个新的发展时期，姚文忠提醒学校："书也出了，会也开了，下一步做啥子？"面对这种情况，学校总课题组和学校行政经过反复论证，确定了未来三年学校工作的重点是以"小学情趣课程的研究与实践"为抓手，以"探索管办评分离的现代学校制度建设"为保障，深入推进教育均衡化、现代化、国际化、信息化工作，不断深化情趣教育特色，形成学校情趣文化，全面实施素质教育，全面提升教育教学质量。

具体有以下四个方面的目标。

1. 探索"管办评分离"的现代学校制度建设与学校情理管理的结合。

2. 实现教科研的深度融合。在研究中，深化"121情趣课堂"的研究，深化学校课程的科学化、系统化、特色化建设，学校形成稳定多元的情趣课程体系，形成有效联动的育人网络。

3. 加强教师精神建设。教师培训进一步走向多元化，加大在心理健康、科学与艺术教育、多元智能理论等方面的培训，培养教师和学生具有充沛的精神状态，成就教师和学生的幸福人生，使学校教育拥有源源不竭的生命力。

4. 进一步开展情趣教育理论研究，不断丰厚情趣教育理论体系，深化情趣教育办学特色，不断增强情趣教育的影响力，使学校成为一所具有情趣特质、个性鲜明的品牌学校。

用思想办学，用文化理校，需要气度。要满怀谦卑之心，在过去与现在、现在与未来的审慎思考中海纳百川，博采众家之长。

用思想办学，用文化理校，需要期待。要站在教师立场，用真诚的理解、热情的支持，形成管理过程中积极向上的牵引力，引导彼此精神世界的逐渐接近、开放和生长！

用思想办学，用文化理校，需要定力。要满怀敬畏之心，摒弃教育过程中

的浮躁，远离周围环境的纷扰，静心行走，形成充满教育激情的工作场！

用思想办学，用文化理校，是学校一直的行动与追求。未来的教育必将因此而轻快，和美，行远！

第二节 创生态教育品牌 建美丽乡村名校
——大邑县韩场镇学校自评报告

大邑县韩场学校是大邑县首所农村标准化九年一贯制学校，于2005年合并韩场镇的中小学后异地新建。学校地处大邑县最南端，与邛崃市、新津县接壤，处于三县交界，区位优势明显。韩场镇下辖6个村社区，以打造"安韩生态农业观光园区"为契机，重点发展绿色生态产业。

韩场学校有专职教师87人，学生1505人，其中外来生源超过六成。学校占地46亩，绿化率达40%以上，是全县第一个省级绿色学校，整个校园绿树错落有致，鸟语花香，育人氛围浓厚。

近年来，韩场学校围绕"质量谋发展，创新赢未来"的改革思想，认真贯彻落实大邑教育综合改革"1511"发展思路，在课程开发、师资培养、文化建设、特色彰显等方面精耕细作，创造性地开展工作，推进了学校的全面发展。学校教育教学质量稳中有升，一直保持在全县农村学校前列。培养的学生综合素养高，后继发展力强，是大邑县优质的高中生源基地，2013年被评为成都市首批新优质学校。

一、学校发展优势

经过十多年的发展，韩场学校逐步摆脱合校造成的影响，进入良性循环发展阶段。学校发展中存在以下优势：

1. 学校有一支勤勉务实的行政班子和一群扎根教育的教师队伍。中小学学科教师配备基本齐全，音体美教学正常开展。

2. 近年来，学校铁教育教学质量逐年提升，有良好的社会口碑和声誉，地方政府和群众的支持度和满意度较高。

3. 学校管理顺畅，制度健全，教师敬业乐业，学生好学乐学，形成了较好的校园精神文化和良好的育人氛围。

二、学校的文化理念

2005年，学校以韩场镇作为中国"蘑菇之乡"和大邑县"安韩生态农业观光园区"的契机，用生态学的共生共存原理提出了"促进每一个生命和谐发展"的生态办学理念。

2008年，学校秉承学校生态办学理念，提出打造绿色生态校园和生态韩场学校的教育主张，组织开展校本课程研究，着力建设绿色生态校园和生态课堂。

2013年，学校在"共生共存"上继续挖掘，对学校生态环境创建和生态课堂文化做了进一步布局，建设书香校园，让生态校园文化初步显现。

2017年，学校再次审视"生态教育"办学特色，对"生态教育"文化理念系统进一步完善。

学校的校园文化理念系统一直沿着"生态教育"主线，十多年来，学校有反思，有调整，也有彷徨和迷惑。随着实践的不断深入，教育教学质量不断提升，学校更加坚信走"生态教育"办学之路能走得更远，走得更好。

韩场学校的"生态教育"是用生态学原理着力营造教育生态环境（图2-1-1）。生态教育不是简单的环境保护教育，而是指用生态学的观点思考教育问题，在教育中尊重规律，不断完善和调整，以促进孩子的全面发展为目标，实现师生生命成长为方向，建构以师为范、以生为本的素质教育新生态。

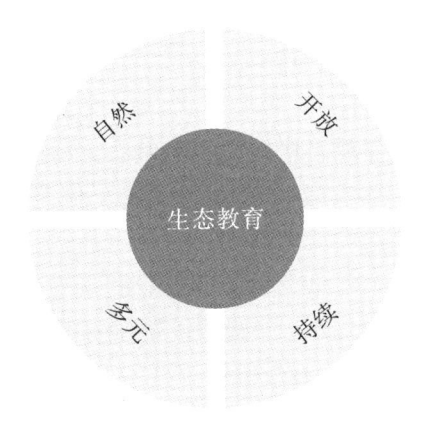

图2-1-1 "生态教育"构成图

自然：尊重孩子成长规律和教育规律，尊重自然，尊重生命，静待花开。

开放：吸纳共享优质教育资源和教育先进方法，吐故纳新，与时俱进，不断完善。

持续：培养孩子良好的品格，健康的身心，高雅的审美，形成终身学习、勇于创新的能力。

多元：创设优化多元教育环境，鼓励孩子个性发展，采取多元教育政策，实施多元性评价。

学校绿树成荫，孕育着蓬勃生机。学校以"绿色学校"为基础，借鉴"十年树木、百年树人""顺木之天，以致其性"的古代教育观念，将"林木"作为学校办学特色的文化符号。学校以"万木争荣，各美其美"为育人理念，承认学生个体差异，鼓励学生个性发展，提倡"以生态之境，育生命之人"，着力打造生态教育办学特色，丰富学校内涵，让学校更有朝气、教学更添智慧、师生更讲道德、学校更具美感、教育更富创造，努力将"创生态教育品牌，建美丽乡村名校"作为办学目标。

教育主张：以生态之境，育生命之人

办学理念：促进每一个生命和谐发展

办学目标：创生态教育品牌，建美丽乡村名校

育人理念：万木争荣 各美其美

育人目标：培育有襟怀、有才华、有创建的人才

校　　训：品端、学粹、健体、增能

三、学校的实践探索

1. 创新培训模式，打造优质教师队伍。

"问渠那得清如许，为有源头活水来。"教师专业发展是学校未来发展的核心要素，教师现代化是教育现代化最坚实的基石。韩场学校立足学校实情，着眼未来发展，确立了以"推进教师现代化发展"作为三年发展规划的核心基础，努力探索教师的现代化成长之路。

2017 年，为了获得更优质的资源和更专业的指导，学校在全县首次尝试引入第三方专业机构，由专家团队设计制定了更加科学、专业和全面的教师培训方案。全年开办专家讲座 6 场，教学研讨 25 次，专题培训 15 次，邀请市级名校名师 14 人、县内名师 18 人到校培训，校内教师参与达 500 人次，县内教师参与 400 人次。时间短、频率高、强度大、参与广是本次培训的最大特点。在学科跨度、学术深度、教研广度等方面都达到了新的高度。同时，通过探索反思，学

校形成了具有创新性质的培训标准化程序——"双线并举、四步诊疗"培训模式。

2018年，学校立足过去，紧紧围绕"教师素质提升"主题，创造性地开展一系列教师从业素质提升活动：在教师节举办了首届教师红毯秀；邀请石室联中数学名师、石室小学语文名师开展了专题讲座；引入了北京101网校资源，开展了第一届信息化课改展示。为了提升教研效果，营造教研氛围，学校实行了行政蹲组，量化考核；为了促进年轻教师迅速入岗入职，开展了师徒结对、青蓝帮扶等系列活动。

2018年，学校教师外出学习中采用最多、最重要的形式就是跟岗研修。学校先后开展了四期跟岗研修学习活动，全面覆盖了学校青年教师。跟岗研修融学习、思考、行动、研究为一体，是理念的更新、方法的改进、思想的洗礼、能力的提升。青年教师积极参加教学研讨、观摩互动，并借助展示课和汇报课，全面检验学习成果，有效地提升了专业素养。

三年的教师专业发展之路探寻，学校丰富了整个培训的内容，满足了不同层次教师的培训需求，让每位教师在培训中都能学有所获，学有所用。学校真切感受到了教师从业素质提升的紧迫性和重要性，从中看到了希望，找到了前进的方向。学校的"四步诊疗"培训模式得到了大邑县教育局的充分肯定，并以专题简报的形式向全县推广。2018年12月，学校被成都市教育科学研究院授予"成都市教师发展基地校"。

学校将三年培训带来的变化概括为"四化"：教师成长快速化、学校管理精致化、教学研讨深度化、理念技能现代化。

2. 创新课程改革，创设优质高效课堂。

教育教学质量是学校发展之基，是学校立校之本，是学校的生命线。韩场学校始终重视教学管理，将质量提升作为学校发展的核心工作，坚持"全面分析、准确定位、重点突破、全面提升"的工作思路，关注课堂，决胜课堂。

（1）夯实教学常规。

教学工作的重点在于常规落地，常规可操作，常规务实有效。加强教学常规检查力度，做到学科安排不走样，综合实践课程不走味，校本课程安排不走调。适时调控课堂，提升学生内在动力，调动学生高效参与，提高训练成效，确保高质量完成各科教育教学任务，实现课堂教学水平的整体提高。学校以"六认真"为抓手，坚持常规常抓。以"领头羊教师"担任备课组长，积极推行集体备课，二次备课；以精心准备的课为前提，以生动课堂为手段，以高效课堂为目的，向40分钟要成绩；以作业的科学设计和二次批改为核心，把作业设计和批改作为学生掌握知识的重要途径；以作业学生习惯发展和学业发展为维度，持续开展优差生辅导。

（2）探索高效课堂。

学校以北京"101"和成都七中网班先进理念、模式为聚焦点，组织教师及时观看、研讨网班教学视频，学习先进教学理念、先进课堂教学模式，以"以学定教"为指南，以现代教育技术混合式教学为课堂模式，积极探索高效课堂建设。

课堂的高效以三个梯度为抓手。一是课堂的规范性，这就要求教师首先有责任心，提前备课，做好"六认真"，培养学生学习习惯；二是生动课堂，这就要求教师关注教育对象的身心发展水平，精心评估组织教学的方法，做有趣味的教师；三是高效课堂，教师积极尝试新的教学理念，积极尝试新的教学手段，做有水平的教师。

（3）做实教学科研。

基层教育工作者在教学科研上，需要解决一线教学中遇到的问题，学校科研以问题为导向，以学科组为单位，以科研领导小组为指导积极开展微课题科研，对于比较有代表性的微课题科研，学校教务处牵头组织骨干教师进行提升性科研。学校微课题科研轻文字，轻理论，重实际操作，更多的属于"问题解决"办法。学校比较有代表性的微课题研究有《学生厌学情绪的形成与消除》《留守儿童有效教育办法》《组织教学的常规与技巧》《生动课堂技巧探究》等。这种微课题研究更多以经验交流为主，尝试推广，方法改进，方法固化为流程，对一线教师的教育教学有比较实际的帮助。

（4）精细教学管理。

教学改革要有序有效推进，并在推进中不断调整提升，就需要有效的教学管理机制。学校分管教学的副校长主要负责新教师的培养帮扶。学校教务处分学段相对独立进行常规管理，教务主任负责1~6年级的教学常规管理，教务副主任负责7~9年级的教学常规管理。学校所有行政人员蹲点学科，每一个学科日常教学教研都有固定的行政领导参加。教研组长负责"六认真"督查和反馈，每月检查、每月通报。学校还采取"推门听课""随机说课""教学日志"等有效手段督查教师的教学过程。

（5）创新教学激励。

学校的发展既需要领头羊教师的带领，同时又需要全体教师共同努力，学校在教学激励上以奖励先进、鼓励全体为指导思想，创新教学激励。在奖励先进上，学校设立教学质量先进奖、教学质量突出贡献奖。在评优评先上，实行教学质量"入围制",评优评先只能在入围的教师中产生。在晋级上,实行教学质量积分制。在鼓励全体上,学校设立整体质量奖,同一个学科取得良好成绩的,对该学科教师都进行表彰;同一个年级教学质量良好的,对全年级教师进行表彰。同时还设立质量提升奖,对于质量有提升的教师及其担任的学科,以及有提升的年级进行表彰。

3. 创新育人方式,开发优质校本课程。

韩场学校地处农村,虽然学生学业素质一直处于全县农村前列,但学生综合素质相对薄弱,在学生的全面发展上具有明显短板。为了补齐这一短板,真正提升学校学生综合素质,在教学质量不变的同时努力促进学生全面的发展,学校因地制宜地开设了丰富多彩的校本课程,课程体系逐步完善(图2-1-2),以期提升学生的综合能力。

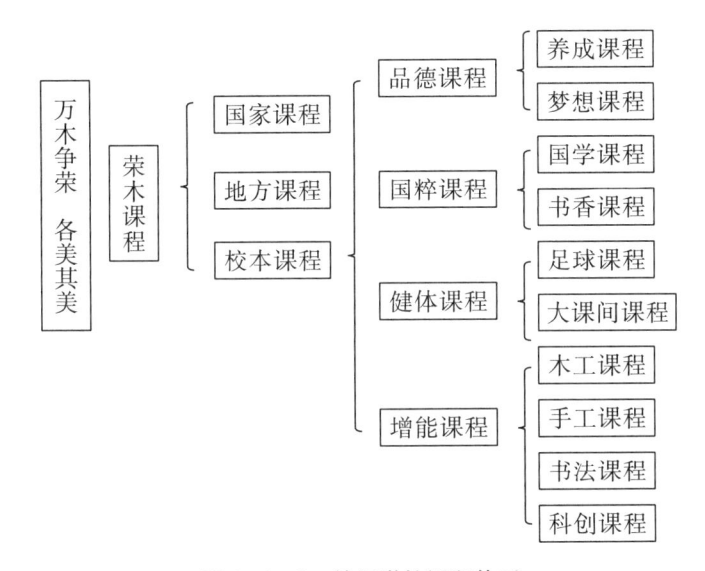

图2-1-2 韩场学校课程体系

通过近年的尝试实践,学校形成了"万木争荣、各美其美"为育人理念下的"荣木课程"体系。

十年树木,百年树人;好习惯,点亮好人生。学校不遗余力,着力实施"养成教育"课程,努力培养学生良好的学习习惯、生活习惯、文明习惯和健康习惯,把"养成教育"作为学校开展精神文明建设的突破口,把"行为养成习惯、习惯形成品质、品质决定命运"作为"养成教育"的理念,极大地促进了学生思想道德素质的提高。

学校德育处、教务处、后勤处都按各自的职能制定方案开展养成教育,构建了学校、社会、家庭三结合的养成教育网络，真正形成了养成教育新格局。学校精心设计了名为《我们应该这样做》的校园行为规范教育短片脚本，带领学生一起创作，一起排练，形成学校养成教育特色亮点。

学校的校园足球队多次代表大邑县参加省市比赛，取得了优异的成绩，2015年学校被授予全国第一批青少年校园足球特色学校。校园足球经过多年的梯队建设，已形成了高中低三个学段的训练队伍，在全县、全市校园足球比赛中都取得优异的成绩，吸引了社会的广泛关注。

韩场镇有上百家家具工厂，很大一部分家长从事木工制作工作。学校争取到教育局的大力支持，在全县范围内第一个开设了中小学木工课程，先后投入20万元新建了木工手动教室和木工电动教室，与国内知名木工课程机构进行合作，聘请国内有丰富经验的课程设计人员，指导木工课程开发。还邀请当地木工老师傅，定期到校进行教学指导，提升教师教学水平。

木工课程以"仿""绘""制""创"的实践过程，锻炼学生的动手动脑能力，陶冶学生认知生活、热爱生活、创新生活的情操，达到"匠心"育人的目的。木工课程成了学生最喜欢的课程。

学校还与上海"真爱梦想"基金合作，开设了32门梦想课程，拥有种子教师23人，先后送出20多名教师到国内外培训学习，数十名农村学子到北京、厦门、深圳、重庆等地游学访问。外出交流的教师回校把所学的"人生职业规划"、所见的"日新月异的世界格局"、所闻的"未来教育科技运用"与全体教师分享，游学访问的学生则以游记、绘画、演讲等形式向全校同学分享"读万卷书，行万里路"的喜悦和心得。

4. 创新管理机制，创设优质九义模式。

细节决定成败，管理决定质量。学校主张"制度化的刚性管理，人文化的兼容管理，服务化的保障管理，社会化的开放管理"，达成"行政同声，干群同心，师生同进，家校同步"的和谐目标。经过全体师生的共同努力，学校先后荣获中国"乡村少年宫项目学校"、中国青少年校园足球特色学校、上海"真爱梦想"基金会项目学校、"四川省绿色学校"、成都市首批"新优质学校"、成都市心理健康示范校、成都市家长示范学校、成都市依法治校示范校、成都市环境友好型学校、大邑县文明单位、大邑县校风示范校、大邑县文明校园等称号。

九年一贯制学校纵贯中小学九个年级，面对不一样的考评机制和教学模式，往往比单设学校有更大的管理难度。为了全面提升学校办学水平，学校进行了教育管理机制改革创新，努力探索新时代背景下基础教育发展之路。

第一，进行"小初衔接教育"模式的尝试。

作为九年制学校，学生从小学到初中，在心理、思想、纪律、课堂强度、思维模式、生活能力上需要一个过渡期。学校以"九年制学校创新改革试点"为依托，在六年级积极探索"小初衔接教育课程"，实践九年制一体化管理模式。学校将初中课堂模式、教学理念引入六年级教学活动中，初中教师介入六年级课堂，分专题强化训练学生的薄弱知识点。通过几年的实验，初中教学质量从"基础弱、出口优"逐步走向均衡发展，逐步走向良性循环。

为了积极稳妥地推进学生学业过渡，学校采取了"5+1+3"的过渡模式，"6+3"模式和"5+4"模式的优点，创设了一种新的"小初衔接教育"模式。

第二，"三三学制"管理模式探索实践。

九年制学校在教育教学管理上跨度较大，在客观上不适合用同一个标准去进行衡量。学校根据不同年龄段学生身心发展水平和独有的教育规律，设立三个学段。每个学段安排的教师相对稳定，评价标准相对统一，根据本年龄段学生发展水平进行相应的常规管理，并制定相应的学生发展目标。同时，学校将全体教师按照"147、258、369"年级分为三个年级大组，三个组内教师在各自学段内进行循环，并将各年级教学质量综合考评作为年级大组整体考评结果。在年级大组内，教师跨年级、跨学科，但是面对同一批学生、同样的考核办法，减少了相互埋怨，增加了彼此支持。

5. 创新文化建设，营造优质育人环境。

学校十分关注环境育人的外在熏陶和文化育人的内在培养。内外兼修，塑造德才兼备的新时代的建设者、接班人，是韩场学校一直追求的理想。

在校园文化建设上，学校积极参与了"美丽乡村学校"项目建设，努力营造优美的校园环境。通过景观设置、楼道改造、教室布置等方式，达到了景观人文化、布局科学化、校园书香化，进一步提升了校园文化品位。

学校以"立足农村，放眼未来，高标准建设学校文化"为指导思想，坚持"主导性、人文性、参与性"三大原则，将"人"放在首位，站在师生的角度，切身感受环境对人的影响，实现景观、环境、设施服务于人的终极目标。

学校在保留原有高大树木、确保学生活动的前提下，开放园区，增加学生活动地点。坚持班级文化营造，投入资金改建了"乐木广场""书香广场"，突出了学校课程与景观打造的深入融合。鼓励师生参与学校文化建设，师生动手制作了"衍纸画""纸浆画"和"铜丝画"等造型各异的艺术作品，构建了

"美丽家乡""辉煌中国""放眼世界"等楼道文化。学校在每栋教学楼下建立了读书角,根据学生年龄特点都进行了设计,在教室内搭建了书架和阅读展示墙。

学校深挖内涵发展,努力提高学生快乐指数和教师幸福指数。"庆六一童心向党"文艺会演以及体育艺术节,成为学校最隆重的节日。为了引导学生注重动手能力和思维能力,学校还举办了全校速算竞赛,连续两年开展智力运动会,为了增强班级凝聚力和锻炼学生体魄,每学期开展班级足球联赛;为了营造尊师重教的氛围,举办了教师"红毯秀"活动;为了增强学生服务意识、公民责任意识,学校坚持开展社会志愿者活动,每年开展学生爱心义卖活动。这些校园活动,极大地丰富了校园文化生活,使韩场学校成为"学生乐学""教师乐教""家长乐意"的美丽家园。

四、学校的未来规划

在"1511"发展思路的引领下,在全校师生躬身探索创新中,学校的教育教学工作齐头并进,取得骄人的成绩,社会影响不断扩大。师生精神面貌明显好转,学生举止文明,言行端庄,教师潜心教育,善教乐业,淳厚的学风、优良的校风逐步形成。

学校办学质量的不断提高在当地老百姓中赢得了很好的口碑,学校的管理成效、办学思路在创新与发展过程中的集中显现,获得了各级领导和部门的认可。

前进的征途上,还面对着许多困境。例如,因生源大增,导致教室、教师的严重不足;家校共育的共识还需要进一步达成。不过,学校有信心、有能力,继续创建大邑县窗口示范学校,继续巩固教育改革创新成果,以城乡教育均衡发展高起点、高标准的要求建设好学校,以积极的心态面对"素质教育+"带来的新挑战,进一步加强两支队伍建设,全面提高管理水平,彰显学校办学特色,为大邑县教育的未来发展做出更大的贡献。

第三节　建设美丽而有温度的乡村教育
——大邑县安仁镇元兴幼儿园自评报告

一、幼儿园办学历史追溯

元兴幼儿园始建于1978年，后因管理需要于1980年交由大邑县元兴小学管理办学。2016年大邑县教育局在实施"第二期学前教育三年行动计划"中为均衡城乡教育发展，让老百姓也能在家门口就读到和城里一样的优质园，将原"元兴中心幼儿园"从小学中剥离出来，正式更名为"大邑县安仁镇元兴幼儿园"。

元兴幼儿园在国家"两个一百年"奋斗目标和中华民族伟大复兴中国梦和均衡城乡教育发展，办农村优质园和"办人民满意教育"的学前教育发展的春天时期的美好背景下"重生"。

重生后的五大举措如下。

1. 改善办园条件。

（1）幼儿园新增了户外活动器械，丰富了户外活动形式。

（2）为了营造温馨舒适的幼儿活动室环境，更换了窗帘，增加了桌套。

（3）幼儿积极参与园所环境创设，在教师的引导下，用身边最常见的材料创设出可与之互动的室内外环境。

（4）依托总园，创设了阅读走廊，增设了小书吧和漂流书屋。

2. 加强队伍建设。

幼儿园现有教职工19人，除执行园长是在编教师，其余教职工皆是临聘人员，存在教师流动性大，教师队伍不稳定的情况。幼儿园组建后注重教师队伍建设，具体措施有：（1）开展教师培训；（2）园本教研；（3）团建活动。

3. 规范内部管理。

与教职工签订聘用合同，制定岗位职责说明书，完善教师考核制度，做到规范管理。

4. 坚持开放办园。

（1）幼儿园成立了家委会和家长学校，定期开展家长会，让家长参与幼儿园内部管理。

（2）走进社区。邀请社区工作人员和家长代表定期召开社区恳谈会，实现幼儿园、家长、社区共建共治。

5. 加强教育宣传。

（1）幼儿园地处农村，大部分幼儿为留守儿童，因此幼儿园充分利用社交媒体如幼儿园官方微信、班级家长微信群、钉钉等及时向远在外地的家长播报幼儿在园情况，传递科学育儿知识。

（2）幼儿园的教师以走乡串户的形式，走进家庭、走进社区，张贴科学育儿宣传画报，在重阳节开展走进社区"敬老爱老活动"，等等。

二、办园理念发展历程

在完成接管到规范管理的过渡期，学校开始思考这所地处农村的分园的发展方向和办园特色。根据国务院《关于基础教育改革与发展的决定》《幼儿园教育指导纲要》《3－6岁儿童学习与发展指南》，结合大邑教育改革"1511"发展思路，在完成接管到规范管理的过渡期，幼儿园行政班子思考这所地处农村的幼儿园的发展方向和办园特色。

幸福是什么？

幸福就是让生命和精神处于一个良好状态。良好状态怎么实现？《大学》中说"大学之道，在明明德，在亲民，在止于善"一语把教育的理想和功用娓娓道出：教育是为了彰明内在德行，协调外在关系，使人达到最完善的状态。也就是说一个人的良好状态要通过教育去实现。

学前教育是什么？

学前教育是播种的教育，是把情感和探索精神的种子埋在孩子心里，不知道什么时候就会发芽开花，为孩子带去一生幸福的教育。幼儿园阶段要实施怎样的教育，孩子才能有良好状态面对生活，适应未来社会需求，感知周围美好和拥有可持续的学习能力？

只有遵循幼儿成长的自然法则，在宽松、愉快的环境中丰富幼儿生活经验，激发幼儿潜能，培养独立、自信、专注等能力；用爱让幼儿理解生命的可贵，培养自我完整、身心健康的人。幼儿园最终确立以"在充满爱与自由的环境中，让每个孩子成为独特的自己"为办园理念，以让孩子"健康有自信、好奇爱探索、礼貌会交往、独立能协作、关爱有责任"为培养目标，以建设"美丽而有温度的童年院子，为孩子播撒一生幸福的种子"为办园愿景，并提出以特色发展提升办园理念，促进幼儿园品牌发展。

三、办园特色：美丽而有温度的童年院子

在总园"播阅读种子，听成长的声音"办园特色的引领下，以《3—6岁学习与发展指南》为依据，发挥本园的内部优势，充分挖掘地方区域资源的外部优势，从幼儿的生活经验出发，开发符合幼儿成长需要的"播阅读的种子，听成长的声音"和"春种一粒粟，秋收万颗子"的阅读与实践操作相结合的特色课程"亲近自然、体验农事、走进科学"，使元兴幼儿园最终成为安仁镇又一品牌幼儿园。

结合园所内部资源，深挖外部区域资源：元兴幼儿园将"建设美丽而有温度的童年院子"作为办园特色，进一步理清特色发展思路，确保特色发展不只是流于形式。

美丽：元兴幼儿园规划了现代农业种植园、植物园、果园、农业历史发展演变展览馆区域。

有温度：课程从园所自身内部资源出发，深挖区域资源（锦绣安仁、美丽南岸、智慧田园），聘请专家指导（教育专家、现代农业种植专家），促进教师成长（培训、实践、再实践循环推进教师成长），推进幼儿发展，树立家长口碑，推动品牌发展（特色彰显品牌）。

童年院子：可能在区县城乡统筹发展前，每个人的童年好像都有那么一个小院。而随着城镇化发展，家家户户搬进楼房，鲁迅先生在《从百草园到三味书屋》中描绘的童年院子的快乐生活，现在的孩子可能再也体会不了。这些快乐就要随城镇化发展而消失吗？答案是否定的，这些快乐将在幼儿园延续开来。

幼儿园特色发展离不开课程的支撑，在深挖区域资源时发现身边的资源有着值得借鉴和使用之处。

美丽南岸：距离元兴幼儿园两公里的安仁镇南岸美村是华侨城邀请国际设计师参与设计，总体定位以"自然、亲子、科普、文创"为核心的田园综合体，在审美和环境布局方面非常有特色，为幼儿园环境打造的整体布局提供了强有力支撑。

锦绣安仁花卉公园：锦绣安仁花卉公园是集生态休闲旅游和现代花卉农产为一体的综合性博览园，建有花卉种植园，园内花卉四季更替开放，无论寒暑交叠都暗香浮动百花盛放，可以满足安仁古镇一年四季的花卉种植。这样一个将传统花卉艺术、园林艺术、灯光艺术通过高新科技创造融合，创造花艺之美

的博览园，为幼儿园开展现代科技培植和生态农业提供了范本。

智慧田园：致力于打造科技与传统产业为一体的现代农业综合体，建立智慧农业一体化管理平台。元兴幼儿园与智慧田园管理人员协议：在未来5年中元兴幼儿园可以定期组织幼儿和家长到智慧田园体验中心开展活动，感受科技为农业发展带来的巨大变化；同时智慧田园体验中心不定期地派专家带设备到幼儿园进行技术指导和教学，为幼儿示范讲解现代农业发展的相关知识。

在此基础上，元兴幼儿园将特色课程定为亲近自然、体验农事、走进科学。经过科学的研究，元兴幼儿园对课程进行了以下的核心界定。

1. 亲近自然。

亲近自然是以大自然中的资源——花草树木、人等作为教育活动组合的载体，体现幼儿与自然互动。利用科学有效的方法，使人与自然和谐共处，通过系统的手段，使教师、幼儿及家长之间相互作用，在亲近自然中感知、操作、体验，获得有效发展。

2. 体验农事。

传统农事：春种、夏管、秋收、冬藏。现代农事：测土、选种、育种、施肥、病虫害防治、农作物销售、农业信息等诸多环节和过程。

体验农事：幼儿园精心选择传统经典的种植方式和现代种植技术模拟种植作为教育活动；从生态、技术、观光等出发，准确地确定每个教育活动的目标，清晰地表述能达成活动目标的活动过程，具有明显的易操作性。

3. 走进科学。

走进科学是指利用幼儿园已有自然资源，如蔬菜、果树、花卉等，充分挖掘其中显现或潜在的有利资源，进行分析筛选归类，在幼儿兴趣的基础上，引导和鼓励孩子充分发展，利用幼儿亲近自然的本能，让孩子在与自然对话的过程中获得知识、情感和价值观，以促进幼儿的发展为前提，针对性地以体验形式作为教育活动组合的载体开展活动，最终形成和谐一致的精神状态和生活观念，并丰富幼儿园课程，促进教师专业化发展，潜移默化地让孩子了解现代技术种植中的科学。

四、品牌建设的具体措施

1. 凝练特色文化，提升办园理念。

文化如水，滋润万物。凝练文化从幼儿园自身出发，挖掘周边区域资源，充分发挥农村农耕种植优势。幼儿园从采摘活动《采橘趣》《李子丰收记》着手，让幼儿亲近自然，走进生活，亲身实践。在采摘活动中，幼儿不再是旁观者而是亲身参与者。鼓励幼儿通过亲身实践去发现问题、去主动思考、去探索研究，让幼儿感受自然的馈赠，体验丰收的喜悦，激发幼儿对大自然的好奇和探究愿望。

课程的开发需要专业理论知识的支撑，需要教师不断提升自身的专业素养，需要社区的支持、家长的配合。

第一，开展教师分层培训，针对不同的教师群体，从《纲要》《指南》开始，有目的地选择与课程相关的专业书籍让教师学习、讨论、思考，转变教师观念，丰富教师的专业知识。

第二，扎实开展教研活动，引领教师成长。分年级组研讨。教研组长发挥示范引领作用，提高教研实效。教研组重点针对亲近自然、体验农事、走进科学的课程活动进行研讨，各教研组根据幼儿的年龄特点讨论本年龄段幼儿的农事体验活动内容。

第三，专项活动分层分类开展，充分利用区域资源优势，深入各个资源区了解实际情况，寻求社区帮助拓展已有资源。

2. 充分利用内部资源，挖掘区域资源，从环境氛围出发丰富课程，促进幼儿发展。

美丽：园所美丽，区域规划乡韵浓郁，生态环保、书香四溢。

有温度：课程有温度，幼儿有发展，教师有成长。

童年院子：符合幼儿年龄特点，互动性、参与性、功能性、审美性、育人性完美结合。

3. 以幼儿发展为导线，引发家长参与，赢得社区资源，搭建共育互动桥梁，形成品牌。

携手家长感受科技种植的力量，与区域资源融合，转变家长传统种植观念，推动幼儿探究和解决问题能力的提升。

通过以上各项工作，最终形成集生态环保、现代种植技术、观光、农耕知识博览于一体的元兴版《从百草园到三味书屋》的"美丽而有温度的童年院子"品牌。

第二章 重 构

第一节 理念引领内涵发展
——大邑县潘家街小学理念体系构建的思考与实践

苏霍姆林斯基说过:"一所学校必须要有自己的办学理念,它不仅是一种观念,更是一种思维结构,它指导学校的办学方向,定位学校的品牌形象。"因此,办学理念对于一所学校来说就是学校发展的灵魂所在。

潘家街小学建校才三年,是在实现国家"两个一百年"奋斗目标和中华民族伟大复兴中国梦的美好背景下诞生的。教育本需要积淀,但作为一所新建学校,在上级部门的期许中,社区群众的迫切需求下,学校发展等不得、慢不得。而"办什么样的学校"和"怎样才能办好学校"等学校理念系统的构建,就成为学校开好局、起好步必须解决的问题。基于此,学校深挖地域特点,认真分析师、生、校的实际情况,明确了自身的发展定位和发展目标,并经过半年多的思考和研究,得到了中国陶行知研究会副会长姚文忠教授、成都市教育局驻大邑学监王加林、县教育局杨元彰副局长等专家领导的悉心指导。开学后又经过全体教师两个多月的充分讨论,构建了"遇见美好,照亮一生"的办学理念,有效地支撑了学校的快速发展、内涵发展、特色发展。

一、办学理念的构建,来自学校现状的深入剖析

对于尚在襁褓中的潘家街小学来说,需要一个共同的愿景和价值追求来引领、凝聚教职员工的精气神。对于来自不同学校、不同成长背景的教师来说,就是要用美好的、积极的、快乐的校园生活,来引领教职员工的专业发展和职业自信。对于来自不同出身、不同家庭的学生来说,就是要体验美好的学习和

生活，以阳光的心态来面对困难和挫折，积极向上，奠基幸福人生。因此"遇见美好，照亮一生"的办学理念是对学校办学的理性思考和理想追求。

"遇见"，看似偶然，实则必然。学校就是在异质要素或个体间通过互动建立有机的发展联系，让美好的发展情境或状态在看似不期而遇间发生，让人怦然心动，让美好的精神之光闪耀其一生；美好就是和谐的发展情境或状态，是个体之间、共同体之间、人与自然和人与宇宙之间的和谐共存，是两个以上独立的、相互需求的、动态的、活生生的主体共同存在、共同合作与良性竞争的结果。学校作为办学主体，使命就是要促进异质的要素或个体组成一个开放的整体，建立他们之间的依存关系，传播基于美好价值的共同目标，让学校变成同心圆式的发展组织。"照亮一生"，既是美好精神价值的永续，又是终身学习意识的基础和可持续发展能力的升华。

近三年，在"遇见美好，照亮一生"的办学理念指引下，学校每年都举行充满仪式感的各类典礼，以典礼展示精神风貌。如举行以"专业——因为有你"为主题的新教师入职典礼，让教师成长有引领；举行教师节颁奖典礼，评选表彰"槐香教师"和"感动潘小年度人物"；组织"美好故事分享"，通过开展"故事里的美好槐园"活动、编撰《写在诗里的美好故事》等途径，分享美好故事，传播美的种子、积极的精神追求；根据教师年轻化的特点，开展文艺联欢、快乐抽奖、苔藓微景观制作、共享小镇之旅、三八节"致最美的你"等丰富多彩的工会活动，共享欢乐，凝聚人心。

二、教育思想的定位，源自生活教育的可生长性

陶行知的生活教育三大原理："生活即教育""社会即学校""教学做合一"。在2018年学校筹备期间，学校班子、县内外专家从学校社区人群结构因素、从当代立德树人教育背景等方面进行了充分论证，将学校的办学思想定位在生活教育。生活教育主张教育同实际生活相联系，反对死读书，注重培养儿童的创造性和独立工作能力。基于生活教育思想的定位，学校提出了办一所"创艺有方"的生活教育学校，并以此为办学目标。"创艺"即实现创新、创造的艺术，经由技术、方法、过程达到艺术审美的境界。教育就是要帮助每个生命在有创"艺"的生活中体验美好，让学校成为一个时时体验创"艺"美好的生活场。因此，生活教育思想有着持续的可生长性。

三、学校文化的形成，根植学校所在的区域背景

办一所社区群众家门口的好学校，是县委县政府和人民群众对学校的美好期许，要得到社区群众的认可，就需要形成社区与学校的融合以及文化上的认同。学校所处的街叫槐子树街，以前这一带的槐树特别多，是因为社区群众的祖辈与古代"三公九卿"一样，怀揣着"门前一棵槐，家里出人才"的美好情怀。基于此，学校将"槐"作为学校的文化符号，统揽学校文化建设；学校校徽、校歌、门牌、纸杯、禁烟标识、消防标识、PPT模板等标识系统均采用槐花、槐枝、槐叶等相关元素，体现槐树茁壮成长、师生手脑并用、创"艺"有方的理念。学校还将学生比喻为承载着家庭和祖国期望的"槐"望少年，将教师比喻为槐香教师，"槐"望少年和槐香教师的茁壮成长构成槐茂家园。这些都形成了具有潘小特质的文化体系和校园风貌。

四、办学愿景的实践，立足师生成长与全面发展

一个学生在学校生活学习六年，该成长为一种什么样的理想状态？理想的学生应该深植中华文明底蕴，拥有中国人的价值观，拥有可持续发展的学习生活能力，还能够在不同生活环境和文化背景中拥有美好感知力。这种美好感知如同生命中的光亮，引导学生在生命的河流中幸福漫游，向着世界出发！为此，学校根据学生的成长规律、未来社会需求和学生可持续发展需要，挖掘槐树寓意生发文化之根，将学生喻为茁壮成长的槐树，提出了"育美槐千树，成大方之家"的发展愿景，引导人们树立为人民服务的情怀，致力于培养"有槐德、望家国、创艺美好生活"的现代公民，配套形成一训三风等系列核心理念体系。同时学校将学生发展核心素养进行了校本化提炼，其中"槐德"对接学生自主发展，重点是身心健康、善于学习；"望家国"对接社会参与，重点涵养学生家国情怀；"创艺美好生活"对接文化基础，重点培养学生学会创新、审美雅趣等核心素养。

五、学校课程的构建，着眼办学理念的指导与实践

不能融合学校办学理念的课程是浮于表面，不具备持续生长性的。基于此，学校在课程设置上，建构了"三力"课程体系，即善学善思的"学

力"课程，立品立德的"活力"课程，慧创慧玩的"创力"课程。在此基础上，利用现代学校治理体系下的项目组建设，让办学理念、办学目标和培养目标等落地生根，开花结果：一是艺术组教师开发"乐享皮影"课程，撬动学科融合、跨界学习；二是班主任群体开发基于生活教育理念下的"班之家"课程，尝试项目式学习；三是教师发挥个人兴趣特长开发古筝、啦啦操、创力思维、全阅读、书法、编程机器人等数十个选修课程，培养学生的审美情趣，发展学生兴趣特长，激发学生创新精神。同时根据学校槐花奖章评价体系，让课程评价与学校文化有机结合。通过以上举措，让学校的课程观、课程建构与实践、课程评价都在办学理念的指引下，形成了统一的课程整体。

第二节　仁爱责任育新人　办学理念促发展
——大邑县子龙街小学办学理念体系阐释

大邑县子龙街小学在 2007 年更名，前身是银屏乡中心小学，是一所相对薄弱的城乡接合部学校。当时的银屏乡中心小学办学条件较差，教师教育观念落后，缺乏名优骨干教师，学生学习成绩虽在区域内排名靠前，但综合素质却不尽如人意，学校社会认同度和美誉度不高。2006 年，大邑县推进农村标准化学校建设，银屏乡中心小学的发展迫在眉睫。如何改变学校现状，加快学校发展，学校进行了深入细致的研究分析，要提升办学品质，促进学校发展，学校就必须有先进的办学理念作支撑。

一、办学理念的初步形成

大邑县子龙街小学所处的锦屏山是三国时期蜀汉名将赵子龙敕葬地，子龙文化在大邑广泛流传。通过一番思考和梳理，学校于 2007 年将社区"子龙文化"引入学校教育，确立了"思想办学，文化育人，质量兴校"的办学思路。通过对赵子龙这一形象的挖掘，我们认为"忠、义、仁、智、勇"的子龙精神集中体现在"仁爱"和"责任"。"仁爱"和"责任"是教育的永恒诉求，仁爱是教育的出发点，是感情基础，责任是教育的落脚点，是行为方式。现代社会人心浮躁，责任感缺失，已成为当今时代最紧迫的问题，更是对学校培养人才提出了新的要求。学校找到赵子龙英雄身上体现出的中华优秀传统美德与时代要求的结合点，提出了"仁爱心·责任心·心心相印"的办学理念。

二、办学理念的不断升华

2015年，大邑县教育局组织开展的"以评促建"工作，成了学校提升办学理念的一个重大契机。评建专家组先后提出：进一步弄清学校的办学理念"仁爱心·责任心·心心相印"前后的内在联系；赵子龙可以作为中华优秀传统文化的元素进一步挖掘，并且将其与现代小学生活进行对接；要关注习近平总书记同北京师范大学师生代表座谈时的重要讲话精神对学校办学理念的指导作用。姚文忠教授还提出子龙街小学办学理念的诠释，要充分理解陶行知先生的名言"真教育是心心相印的活动，唯独从心里发出来的，才能打到心的深处。"

在专家组的帮助下，学校从四个方面对办学理念进行了再思考。

1. 办学理念要体现国家意志。

让学校办学理念体现国家意志，充分挖掘蕴含着的时代精神。《国家中长期教育发展规划纲要》提出："坚持以人为本、全面实施素质教育是教育改革发展的战略主题，是贯彻党的教育方针的时代要求，其核心是解决好培养什么人、怎样培养人的重大问题，重点是面向全体学生、促进学生全面发展，着力提高学生服务国家服务人民的社会责任感、勇于探索的创新精神和善于解决问题的实践能力。"这段话告诉我们，要培养的人应具有的基本品质——责任、勇为。习近平总书记在与北师大师生座谈时强调的"做好老师，要有仁爱之心"[1]"有爱才有责任"[2]中的仁爱与责任也是社会主义核心价值观的要求。这就要求教师不但要有仁爱心、责任心，还要把学生培养成为有仁爱心、责任心的好公民。

2. 办学思想要符合教育哲学原理。

陶行知先生说："真教育是心心相印的活动，唯独从心里发出来的，才能打到心的深处。"雅斯贝尔斯说："教育是一棵树摇动另一棵树，一朵云推动另一朵云，一个灵魂唤醒另一个灵魂。""仁爱心·责任心·心心相印"具有很强

---

[1] 习近平：《做党和人民满意的好老师——同北京师范大学师生代表座谈时的讲话》，人民出版社，2014年，第9页。

[2] 习近平：《做党和人民满意的好老师——同北京师范大学师生代表座谈时的讲话》，人民出版社，2014年，第10页。

的教育哲学意义。"仁爱"与"责任"是辩证的统一,是全人教育。仁爱是教育的出发点,是感情基础,要求教者尊重每一个生命及其尊严,进而让学生习养尊重生命的理念和行为素养,这是教育的本质;责任是教育的落脚点,是行为方式,既是教者职业责任的担当要求,又是帮助学生树立社会角色,促进学生逐步社会化(图2-2-1)。

3. 办学理念要有学校传统精神的体现。

"仁爱心·责任心·心心相印"的办学理念,也体现着学校的传统精神。子龙街小学的学生,大部分来自晋原镇银屏乡片区的农民家庭,学生淳朴好学,教师勤恳敬业,校风纯正,且教学质量连年位于全县前茅,在区域内有着较好的声誉。师生诚信、友善、勤勉、朴实的作风,也正是中华优秀传统文化"忠义仁智勇"的具体表现。在数十年的办学实践中,这种精神潜移默化地影响着每一个子龙人,逐步被师生所接纳和认同,内化为了师生自觉的行为,成就了师生独特的精神气质,形成了学校共同遵循的校园文化,仁爱与责任的思想也将在一代代人中薪火传承。

4. 办学理念要有优秀文化的根。

子龙文化是学校最好的文化标识,也是优秀的文化之根。赵子龙身上所体现的仁爱、忠信、智慧、勇为等道德品质是中华传统美德的典范,即使在今天,这种品质也依然是全社会都在提倡和弘扬的。学校有义务将子龙文化加以传承,将子龙优秀的美德加以弘扬,与社会主义核心价值观相融,创设特有的办学文化,引领学校发展。

三、理念系统的逐步确立

办学理念:仁爱心·责任心·心心相印。
培养目标:培养具有仁爱心、责任心的小公民。

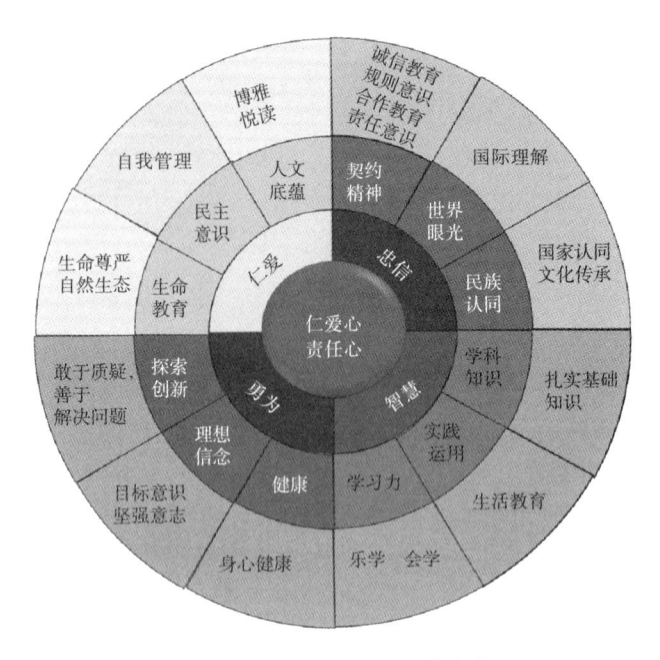

图 2-2-1 理念系统构成图

根据党的教育方针，学校围绕培养目标梳理出学生应有的四个方面的特质：仁爱、忠信、智慧、勇为。

仁爱情怀——世界视域的人文情怀，尊重生命，热爱自然。

忠信品质——忠诚信实，要有契约精神，忠于家庭、忠于集体、忠于党、忠于国家、忠于民族。

学习智慧——善于以智转慧，有扎实的知识，科学的方法，具备用知识解决现实问题的能力。

勇为精神——坚韧乐观，积极实践，勇于创新。

校训：仁爱　忠信　智慧　勇为

教风：爱生　善导　博学　合作

学风：自信　合作　勤学　善思

办学特色：传承并用现代教育演绎中华优秀传统文化。

学校理念系统的确立为学校文化建设、教师发展、课程建设、制度建设确立了基本的理念，构建起了学校的发展体系，规定了学校特色发展方向，为学校内涵发展提供了支撑。特别是在此基础上构建和完善了校本化的课程体系，通过课程的实施，把学校培养具有仁爱心、责任心的小公民的培养目标落到实处（图 2-2-2）。

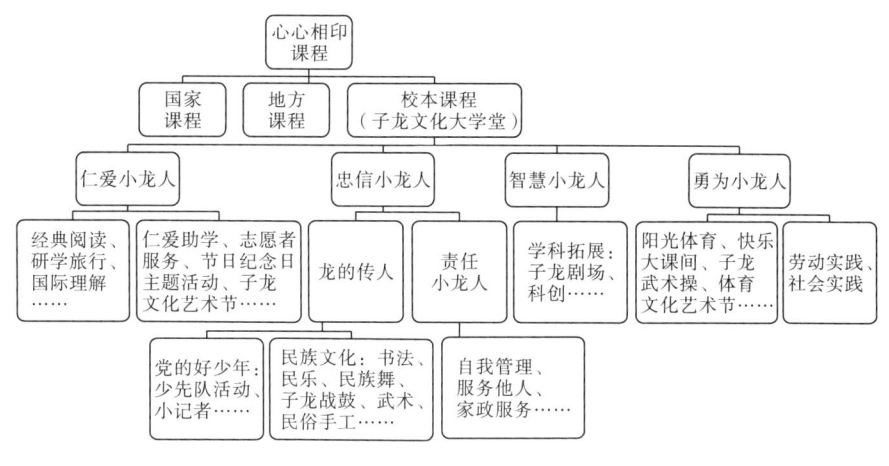

图 2-2-2　学校课程结构图

在办学理念的引领下，学校实现了高质量发展，先后荣获"全国德育先进集体""全国特色学校文化建设研究基地""四川省精神文明校园""天府文化特色学校""成都市新优质学校""成都市红旗大队""成都市艺术教育特色学校"等荣誉，成为社区群众家门口的一所"人民满意的学校"。

第三节　百年传承铸校魂　与时共进创未来
——大邑县安仁镇学校办学思想发展历程

一百年来，安仁镇学校筚路蓝缕，风雨沧桑。在这所学校里，流传着李吉人变卖田产、笃志办学的感人故事，记载有川西解放前夕中共地下党人萧汝霖、周鼎文等开展革命斗争的光辉事迹，培养了大气物理学家高登义、北京医学院教授廖松林等新中国建设的杰出人才。学校从开办时只有二十余人的私立小学，发展成为大邑县办学规模最大的农村九年一贯制学校。百年沧桑，百年坚守，学校虽几易其名，数经沉浮，但办学思想一直在时代变迁中不断完善深化。

一、新纪元，办学思想的提出

安仁镇学校地处川西历史名镇——安仁，于1912年由李吉人先生创办。李吉人，又名朝伦，字赞襄，安仁镇光相寺人，清末光绪十六年（1890年）

考取秀才。1892年，李吉人在家开办私塾"愿学堂"，意为孟子"乃所愿，则学孔子也"。1912年中华民国成立，中国历史迈入新纪元，李吉人变卖家产，在社会四处募捐，将他家旁仅有三间破房的"光相寺"扩建成学校，取名为"天相学校"，寓"吉人天相"之意。第二年，学校增设高小班，成为完小，更名为"光相寺小学"。

建校之初，李吉人先生严格按照新式学校要求来办学，倡导"照章立校、不背不泥，首敦伦，次国学"，将学校前堂悬挂"为时养器"的匾额作为办学宗旨，即办学要培养国家需要和适应时代要求的人才，后堂悬挂有"立品敦伦"的匾额，意旨培养学生要有良好品德，做有修养、有素质的人。"立品敦伦　为时养器"八字虽短，内中蕴含的办学理念和育人情怀却深远广博，与当代教育"立德树人""五育并举"的根本育人目标不谋而合。

由于办学宗旨明确，办学思想紧跟潮流，善于汲取传统的文化精髓，吸收新的教育思想，运用新的教学手段，短短几年就使学校声誉远扬，后经几易其地、几易其名，成为如今的安仁镇中心小学。

二、新世纪，办学思想的发展

2006年，在成都市农村中小学标准化建设中，将原来的安仁镇中学、唐场中学、元兴中学、安仁镇中心小学及团革村小、新村村小、光相寺村小等，在原"光相寺小学"原址基础上改扩建形成占地面积86亩的新校舍，更名为安仁镇学校。新学校秉承李吉人百年前提出的"为时养器"的办学思想，将"以人为本，推进素质教育，给学生成长奠基，为教师发展搭台，建和谐校园"作为发展目标，顺应21世纪教育发展需求，不断注入时代特色。

2007年，为了积极响应《国家教育事业发展"十一五"规划纲要》要求，构建"一校一品一特色"，安仁镇学校充分挖掘学校教育资源，提出将"心理健康教育"作为办学特色，确立"以心育人，为时养器"的新世纪办学思想。明确了"以心育人"的载体是心理健康教育，开启了学校历史发展的新时期。周兆伦、李芙蓉等一大批优秀教师，主动投身学校心理健康教育，开办心理健康校报《心晴》，首设心理咨询专业，还奔赴全国各地交流工作经验。那个时期，安仁镇学校心理健康教育蓬勃发展，受到教育专家和同行的高度评价，荣获"全国心理健康教育先进单位"，全国各地到校参观访学的教育同行络绎不绝。

三、新时代,办学思想的阐释

迈进新时代,在大邑教育"美丽而有温度"的乡村学校建设工作中,优越的区域环境资源、特有的民国风情文化等精髓,为安仁镇学校的特色发展注入了新的元素,使学校的办学思想在传承中再次得到完善与升华,赋予了新时代的办学意义。

1. 时代新要求。

新时代对人才的需求是全方位、多层面的,单纯的书本知识传授,不仅不能满足社会时代的要求,而且不能满足学生健康成长的需要。习近平总书记在教育文化卫生体育领域专家代表座谈大会上讲话时指出:"教育是国之大计、党之大计。"[①] 习近平总书记指出要将"培养德智体美劳全面发展的社会主义建设者和接班人,加快推进教育现代化、建设教育强国、办好人民满意的教育"[②] 作为教育的根本目标。不仅要让学生在学校学习知识,还要让学生学会学习,并认识自己,培养兴趣,获得快乐拓展能力。

2. 时代新含义。

安仁镇学校所处的安仁古镇也发生了翻天覆地的变化。安仁古镇拥有中西合璧的民国公馆27座,逐步得以开发;国内规模最大、收藏最多的民间博物馆——建川博物馆群落建成,"中国博物馆小镇"已经声名鹊起;对安仁华侨城"音乐小镇"的打造不断完善,初见成效,游人如织;网络电影周、国际音乐节、艺术双年展如火如荼;博物馆藏、文创艺术等成为安仁古镇新的亮丽名片。

2015年的"以评促建"工作会上,成都师范学院姚文忠教授肯定了学校的"立品敦伦、为时养器"的办学思想,并提出了发展新时代学校办学思想的建议。在姚文忠教授的指导下,学校根据《大邑教育综合改革"1511"发展思路》,充分汲取百年校史文化精髓,挖掘安仁古镇地域的优势,将"博""艺"融入学校的内涵和特色发展,第一次提出了"博艺校园,俊彦沃土"这一办学目标。发展中的安仁镇学校对办学理念"立品敦伦、为时养器"的传承不仅是不忘初心,也是在继往开来中承前启后(图2-2-3)。

[①] 习近平:《在教育文化卫生体育领域专家代表座谈会上的讲话》,人民出版社,2020年,第2页。
[②] 《习近平在全国教育大会上强调 坚持中国特色社会主义教育发展道路 德智体美劳全面发展的社会主义建设者和接班人》,《人民日报》2018年9月11日。

3. 时代新解读。

办学思想：立品敦伦为时养器

"品"，人品，道德。"敦"，敦厚。"立品敦伦"即是培养学生树立良好的品德，做有修养、有素质的仁人。"器"，人才。"为时养器"即办学要培养适应时代潮流需要的人才。"立品敦伦，为时养器"就是立学生之品，切实为时代培养出一批批德才兼备的莘莘学子。

办学目标：博艺校园俊彦沃土

"博"意指多、广、知道得多。"艺"取其才能，技能之意。博艺：博通艺文。《孔子家语·弟子行》中说："好学博艺，省物而勤也，是冉求之行也。"博艺自古都是衡量人才的重要标准。"俊"是指"才貌超群""千里挑一"的"顶级人才"。"彦"本意是有才学的人，才德出众的人。其意就在提醒教育者和受教者不要放弃本心，在人生的初始阶段广学博问，培养才艺增长才能，笃实志向，坚定心性，为下一阶段的做人求学打好坚实的基础。学校的办学目标就是要以"立品敦伦"为旨，培养博学多艺的莘莘学子，使安仁镇学校成为培养人才的沃土。

为了让办学思想统领学校发展，促进办学理念落地生根，2016年在"大邑美丽而有温度的乡村学校"建设契机中，学校进一步厘清发展思路、明确发展目标、找准发展方向，确立了学校发展新五年规划。

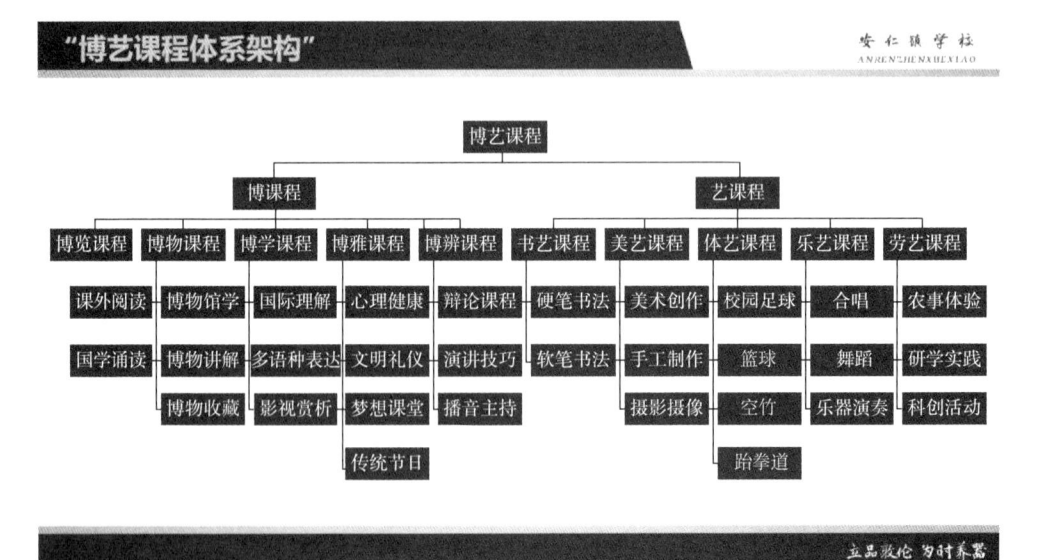

图 2-2-3 课程建设：博艺课程体系

学校立足"博艺校园,俊彦沃土"的办学目标,从"博艺校园"的打造、"博艺教师"的塑造、"博艺学生"的培养三方面入手,科学系统有计划地实施学校各项工作。

第四节　文化理校　内涵发展
——大邑县新场镇学校荷园文化特色品牌建设之路

一、沿革

1. 学校发展概况。

大邑县新场镇学校位于西蜀水乡、中国历史文化名镇——新场古镇。翻开新场教育史册,大邑县新场镇学校起源于1928年蒲江秀才陈凤鸣创办的"大成学校",经历90多年的风雨变幻,学校从小到大,由弱变强,从单设小学和初中,从民办到公办两条腿走路的办学形式,发展到今天的九年一贯制农村标准化学校。学校在经历2006年3月异地新建和"5·12"汶川地震灾后重建后,新建了学生公寓、餐厅、教学综合楼,铺设了塑胶运动场,配置了大量现代教育教学设备。学校的绿化、美化也跃上了新的台阶,水景长廊与林荫走廊绿色相映,碧草茵茵,整个校园呈现出前所未有的勃勃生机。

2. 新场古镇作为商贸重镇的地域文化溯源。

新场是继平乐、安仁等古镇之后,成都新近崛起的旅游小镇,始建于东汉末年,是大邑西部最早建制的镇,自古便是兵家必争的关口要地,也是客商云集的商贸重镇,更是茶马古道上的历史文化名镇。清光绪年间,云南学政张锡荣拜谒当地名士、光绪皇帝蒙师伍崧生,夜宿头堰客栈,被新场古镇的风光人情所动,留诗曰:"花外斜阳晚,云峰暗几层。人声三里市,春夜一街灯。竹屋容高枕,桃源梦武陵。床头三尺剑,气欲作龙腾。"

3. 原"微笑教育"价值主张。

新场厚重的商业文化塑造了新场人民坦荡、包容的性格,它以一种欣赏、博纳的胸襟招揽着八方宾客,这种性格与胸襟深深影响着新场教育,带动着新场教育的蓬勃发展。2007年,微笑教育萌生于这片土壤,把这种欣赏、博纳、坦荡、包容融入新场学校的教育之中,以博爱之心去对待学生、对待自己、对待教育事业。它着眼于生命情感潜能的激发与唤醒,主张激励与赏识,让学生在激励、赏识、包容之中得到自我肯定，收获自信，逐步走向成功。

二、论证

1. 立德树人背景下的时代教育要求。

培养什么人，如何培养人，是党和国家教育的根本问题。人无德不立，国无德不兴。党的十八大以来，以习近平同志为核心的党中央始终把立德树人作为教育的根本任务。而"德"的塑造，离不开文化理念的熏陶和引领，离不开情感内涵的激励与焕发，它更加注重生命个体的价值呈现，关注点由"森林"聚焦到"树木"。基于此，国家的课程体系也在逐步进行重心的位移。随着课程改革进一步深入，学校积极思考如何有效落实国家课程的校本化实施方案，梳理基于培养目标特色定位、办学理念、办学目标、育人理念、育人目标，以及促进学生个性发展的课程体系建设，实现教育优质高位均衡发展，满足群众对优质教育的迫切需求。

2. 多元化特色品牌学校建设的需要。

大邑县教育综合改革"1511"发展思路指出，以"素质教育＋"为引领，以"五大基础工程"为抓手，以"教育改革"为动力，以"队伍建设"为保障，明确学校要树立"文化强校"理念，落实特色品牌学校建设，丰富学校教育的个性，彰显学校办学内涵。文化理校，其核心是落实育人，"培养什么样的人""怎样培养人"，这是时代发展对学校教育的灵魂拷问，也是所有学校必须直面思考的教育共性。而特色品牌学校建设就是要针对"千校一面"的教育现状，探寻在落实教育共性的基础上立足本校本土，追求"一校一品"，根据学校不同的地域文化特色，创建新场学校独有的校园文化品牌，实现学校教育的多元化和个性化发展。据此，新场学校依据"植根共性，呈现个性"的学校发展定位，对原"微笑教育"价值主张进行了重新审视和论证。

3. "微笑教育"在个性教育发展上引领性不足。

原"微笑教育"的着眼点在于生命情感潜能的激发与唤醒，主张激励与赏识，更侧重于焕发学生的自信。但是，在现代教育背景下，从个性化教育的发展方向上看，"微笑教育"主张在办学实践尤其是课程设计中的引领性不足，缺乏系统的理念支撑和课程实践，所以迫切需要更高位的顶层设计框架。因此如何让新场地域文化特色服务于新场校园文化品牌建设，并植根其中，构建具有新场教育个性品牌的校园文化理念系统和校本课程体系，是升级"微笑教育"迫切需要解决的问题。

三、求索

1. 征集意见。

学校发展理念不是某个人拍脑子、拍桌子想出来的个人理念，而应该是学校全体教育人的共识。为此，学校成立了学校发展理念规划筹备小组，在校内校外广泛征集意见，听取广大教师的建议、心声。一周的时间，收到了校内校外教师提案和建议几十条，从水文化、古建筑文化、农耕文化到茶马古道文化，从在职教师、退休教师到社区文化工作者，每个提案都聚集着新场教育人的教育热情，条条建议都渗透着新场镇厚重的地域文化。

2. 行政会研讨。

筹备工作开启的前两个月，研讨定义学校新发展理念及目标，成了每周行政例会的主要议题：学校的发展定位是什么？学校办学特色怎样呈现和彰显？全体行政人员汇总收集到的意见建议，结合自己的思考各抒己见。真理越辩越分明，思路越理越明晰。在一次又一次的讨论激辩中，新场学校新的发展定位、办学理念、教育思想、教育主张及学校文化之间的关系及轮廓，渐渐变得清晰起来。

3. 教代会审议。

经过两个多月的研讨论证，初步形成了《大邑县新场镇学校特色办学的顶层设计方案（初稿）》，教代会三十多名代表先后两次召开会议，对顶层设计方案初稿进行了审议，最终确立"文化理校，内涵发展"的特色办学之路。

4. 专家指引。

顶层设计必须是专业的、科学的、规范的。为此，学校专门聘请半亩方塘设计团队，邀请成都市学监驻大邑团队，对学校"文化理校，内涵发展"的特色办学方针进行指导，以此确保顶层设计的科学性和规范性。

四、定位

办学理念是学校的灵魂和精神归宿。品牌学校建设的先进理念既要体现新时代的教育特征，又必须植根于传统的地域文化土壤。只有从地域文化之根生发出的教育理念，才会被师生、家长、社会所认同，才更具有生命力和感染力。

新场古镇原名清源市，"正本清源"是新场古镇最宝贵的精神财富。同时，新场古镇又地处"西蜀水乡",成就了古老的农耕文化——荷园文化。荷花出尘离染,高雅通达的品质正切合了这种"清源"精神,因此荷花又是对这种精神的形象代言。近几年,新场镇学校紧紧围绕"立德树人"这一根本任务,立足生命教育思想,以新场古镇地域文化为根,通过反复论证和意见征集,确立了"让每个生命都有出水绽放的荷塘"的办学理念,建构起了具有浓厚地域特色的荷园文化理念系统。

学校办学理念必须通过校园文化进行呈现,它既是学校办学思想的外显性标志,又是学校办学理念的符号解读。新场镇学校荷园文化即是以"静美荷园"为建设目标,以"三风一训"为抓手,落实学校校园文化建设,优化校园环境,提升办学内涵,以美育人,以文化人,让新场校园成为当地的特色文化地标。现已初步完成了荷园门景、出水荷塘、儒商之道、茶马古道水景长廊等主体文化景观建设,以后将逐步完善品荷苑、思藕园、清源长廊、蜀风廊、芙蕖苑、沉根园、舞台等后期园景及"荷香书苑"建设,把新场镇学校建设成为一座洋溢着浓郁古镇风情的高品质秀美荷园。

1. 学校文化逻辑框架。

教育——生命教育思想——三商教育主张

人文——学校文化核心——出水绽放,沐风微笑

环境——形象定位——一座有古镇风情的静美荷园

2. 特色定位:"三商"教育　荷园文化。

"三商"教育简而言之,即智商、情商、财商教育,结合"三商"教育的基本价值观,升级新场特色教育主张。

荷园文化:荷园文化是新场学校特色品牌的文化符号,是新场教育文化的形象代言。它致力于用鲜活的形象去唤醒生命主动发展的意识。新场人认为,教育者要像荷风一样,平等地浸润每个学生心灵,使其心灵世界得到愉悦的宣泄。受教育者应像荷花一样,出水绽放,沐风微笑。教育者与受教育者的关系就像荷风送香,慢慢地开启人的智慧和德性;学校就像洋溢情感与智慧的荷塘,提供丰富、多元可选的课程,提供平台、机会和挑战,让每个孩子都能找到属于自己的空间和舞台,个性得到彰显,灵性得到释放,最终实现每个孩子都能"出水绽放,沐风微笑"。

3. 文化视野下的学校"三观"。

学生观:出水荷花

教师观:温柔荷风

学校观:秀美荷园

4. 办学目标：塑"三商"教育品牌，办一所有荷花精神的现代化地方名校。

学校办学目标是学校发展前景的形象设计，是学校未来要达到的质量水平。学校办学目标一旦确定，就竖起了一面旗帜，具有强大的感召力和凝聚力。塑"三商"的教育品牌，以及关注个性发展的教育主张，植根于新场古镇厚重的农耕地域文化之中，体现了现代生命的教育思想。明快活泼而不失理性，古韵古香而不失灵动。

5. 培养目标：培养有美德，能绽放的现代公民。

培养目标是学校教育结果呈现的具体化。"立德树人"总体目标是学校个性化育人目标确立的基点。

新场镇学校在荷园文化理念系统之下把学生的人文素养作为培养目标，包含核心品质与关键能力两大板块。核心品质上具备"高雅、独立、奉献、担当"的美德，以诗意的语言表达"立德树人"时代教育任务，是新场学校学生发展的核心。

6. 办学理念：让每个生命都有出水绽放的荷塘。

荷塘，是荷花赖以生存的环境，这里指机会、平台和挑战，以及学校为学生提供的丰富、多元、可选的课程。在学校的体现是基于国家课程和地方课程之下的荷园校本课程，以荷园社团活动课程为主。这一办学理念体现了"个体共在、自然呈现、素质全面"的教育内涵，即关注生命的多彩展现和每一个儿童的多样性发展。

7. 育人理念：人人都能出水绽放。

育人理念指育人过程中秉持的观念、思想。新场学校借用荷花出水绽放的意象比喻人的潜能被激发和唤醒的过程。每个生命都天赋异禀，潜能就像潜于水下的荷花，虽然意象千差万别，但最终都能出水绽放。荷园文化育人理念就是要施以不同策略，激发各种潜能，让不同学生得到不同发展，最后呈现的是千姿百态、朝气满园的秀美荷园。

8. 校训：修德雅行，奉献担当。

校训是广大师生共同遵守的基本行为准则与道德规范，它既是学校办学理念、治校精神的反映，也是校园文化建设的重要内容，是一所学校校风、教风、学风的集中表现，体现了校园精神文化的最核心的内容。

修德，修炼荷花之美德；雅行，做言谈举止文雅之人；奉献担当，有爱心和责任感。学校通过打造秀美、宁静荷园，浸润荷园文化，为师生发展创设良好环境。教师须做荷风教师，适时送香、润物无声。学生要勤学苦练，宁静致远,做荷花少年。

9. 校风:中通外直,香远溢清。

校风即学校的风气。它体现在学校各类人员的精神面貌上,体现在学生的学风、教师的教风、学校干部的作风、各班级的班风上,还存在于学校的各种事务和环境之中。莲茎中空贯通,外形挺直不屈,馨香怡人,比喻师生心胸开阔,行为端正,时间越久远,清香越远。

10. 教风:荷风知时,适时送香。

教风即教师风范,是教师的德与才的统一性表现,是教师整体素质的核心,是教师道德、才学、作风、素养、治教的集中反映。这里荷风指教师,荷香比喻孩子的成长,表达了学校主张教育者要善于抓住时机,在孩子成长的节点给予适合的教育,才能取得好的效果。

11. 学风:勤学苦练,始见方塘。

学风指学生的行为规范和思想道德的集体表现,是学生在学习过程中所表现出来的精神风貌。有时也特指学生的学习态度和学习风气,表示勤奋、认真学习,刻苦训练。方塘,比喻大展身手的天地。只有勤奋修炼才能收获自己"出水绽放"的天地。

12. 发展模式:3+N发展模式。

"3"指三大课程方塘:学生发展课程方塘、教师发展课程方塘、学校发展课程方塘。

"N"指N个发展模块:学生课程方塘之奠基模块、激趣模块、扬长模块、主题研究模块等,教师课程方塘之学科素养模块、师德素养模块、班级管理模块等,学校课程方塘之学校管理模块、学校对外交流模块、学校品牌建设模块等。

品牌学校必须贴附特色学校标签,校本课程建设是学校办学特色落地生根的保障。为落实"让每个生命都有出水绽放的荷塘"的办学理念,促进学生个性发展,新场学校通过以上文化框架,依据地域特点、师资力量、学生需要,对学校校本课程进行了科学规划,开发了25项社团活动项目,为学生提供丰富、多元、可选的课程,为每个学生的发展与成长提供平台。在此基础上,学校依托新场古镇的非遗项目,着力开发"西岭山歌""牛儿灯"两项特色课程,从课程规划、教材编写、活动开展等方面进行统筹推进,力争通过三至五年形成新场学校办学特色名片,进一步提升新场学校的品牌影响力。

第五节　建自活学　华于稚趣
——大邑县建华幼儿园稚趣教育实践

新时代需要具有中国特色的幼儿园，以适合中国土壤的教育理论和教学模式，培养具有中国灵魂、世界眼光的新时代儿童。大邑县建华幼儿园就是在新时代背景下开园，并成长起来的。从中国幼教之父陈鹤琴先生"活教育"思想的学习，到"活学"园本课程的开发建构，历经四年的实践探索，凝练地提出了"稚趣教育"思想，以"适合幼儿、饶有兴味"为核心理念，培养活泼灵动的现代中国娃，成就自信阳光的幼教工作者，办人民满意的幼儿教育。

一、"活教育"研究和园本化实践

1. "活教育"的学习和研究。

幼儿园通过集体研读、培训研讨、实践体验等形式，组织教师认真学习研究陈鹤琴"活教育"思想相关著作，例如，《南师大陈鹤琴思想读本》《陈鹤琴全集》《陈鹤琴现代儿童教育学说》等。通过读书笔记、反思研讨等方式加深对"活教育"思想的认识理解。通过体验式学习以及"活教育"教学原则和方法的实践应用，领会"活教育"思想的操作要义，为后期教学实践奠定基础。

2. "活学"课程的探索实践。

在学习研究的基础上，全园上下积极探索"活教育"理论的园本化实践模式，首先以班级为单位开展"活学"实践活动。结合园所实际，从习惯养成活动、自然活动、社会活动三方面初步形成幼儿园"活学"课程基础。同时，组织课题研究小组，认真研究"活学"教育单元课程，依照《3—6岁儿童学习与发展指南》精神，初步建构"活学"园本课程框架。课程架构见表2—2—1。

表2—2—1　"活学"教育单位课程

活教育	健康活动		文学活动	社会活动	科学活动	艺术活动
《指南》	健康		语言	社会	科学	艺术
活学课程	运动有趣	劳动有趣	故事有趣	人们有趣	草木有趣	创意有趣

二、"稚趣教育"的提出

1. "稚趣教育"的时代背景。

《幼儿园教育指导纲要》指出，幼儿园要"尊重幼儿身心发展的规律和学习特点，以游戏为基本活动"。《教育部关于规范幼儿园保育教育工作防止和纠正"小学化"现象的通知》明确规定，幼儿园"要遵循幼儿的年龄特点和身心发展规律……坚持以游戏为基本活动"。《3—6岁儿童学习与发展指南》进一步梳理了3—6岁幼儿学习与发展的基本规律和特点，《幼儿园工作规程》强调幼儿园要"遵循幼儿身心发展特点和规律""以游戏为基本活动"。《中共中央国务院关于学前教育深化改革规范发展的若干意见》规定，"幼儿园要遵循幼儿身心发展规律……坚持以游戏为基本活动……坚决克服和纠正'小学化'倾向"。稚趣教育秉持这些纲领性文件精神，以适合幼儿、饶有兴味的互动体验，促进幼儿身心和谐发展。

2. "稚趣教育"的现实背景。

要建设成为一所高品质幼儿园，建华幼儿园具有明显的优势。建华幼儿园是成都未来教育家基地，接受名优专家引领，这为幼儿园优质内涵发展提供了有力保障；幼儿园教师专业能力和课程建设方面基础较好；保教队伍年轻化，学习能力强，团队提升空间巨大。

建华幼儿园需要凝练教育思想，激发内生动力，促进园所的可持续发展。稚趣教育思想的提出，正是基于园所发展的现实需要。

3. "稚趣教育"的理论背景。

卢梭自然主义教育思想指出教育要遵循自然规律，要发展儿童的天性。裴斯泰洛齐认为："教育的目的在于培养儿童道德、智慧、体力各方面能力和谐发展的完善的个性。"福禄贝尔作为幼儿园的首倡者，主张人的教育应当按照儿童的本性，连续地、协调地促使他们在各方面得到发展，认为游戏是幼儿的主要活动内容。蒙台梭利的"敏感期"理论说明教育要与儿童发展的敏感期吻合，适应不同的成熟节律。杜威主张从经验中学习，认为儿童的主观经验应该成为教材的起点和中心，只有儿童感兴趣的活动才是最理想的课程。陈鹤琴的"活教育"认为，教育目的是"做人，做中国人，做现代中国人"，其课程论"大自然、大社会都是活教材"，并将课程内容具体化为"五指活动"。"做中学，做中教，做中求进步"的方法论提倡教学做合一，将教学过程分为"四步骤"，特别强调游戏是儿童最重要的生活。国内外关于幼儿教育的经典教育学说，无不强调儿童身心发展规律和游戏天性。"稚趣教育"是在"活教育"思想的学习和实践的基础上总结提炼出来的，是经典教育思想在地化表现。

三、"稚趣教育"的理论

1. "稚趣教育"的定义。

"稚趣教育"是指通过适合幼儿身心特点、饶有兴味的互动过程，促进幼儿全面和谐发展的实践活动。其内涵包括：一个理念，即"适合幼儿、饶有兴味"；一个立足点，即幼儿身心特点。两个目标：培养活泼灵动的现代中国娃；成就自信阳光的幼教工作者。两个维度：乐趣，主要指向积极愉悦的亲历体验；兴趣，主要指向良好品质的培养。

2. "稚趣教育"的特征。

"稚趣教育"以"稚"定位年龄特点，用"趣"阐明发展动力。其特征包括：稚幼性，聚焦3—6岁，特指幼儿、幼童；体验性，强调幼儿活动中的亲历体验；互动性，强调促进幼儿发展的互动过程；趣味性，强调幼儿兴味盎然的积极状态。

四、"稚趣教育"的实施

1. "稚趣教育"的目标体系。

（1）培养目标。

"稚趣教育"培养活泼灵动的现代中国儿童。具体表现为身心健康、习惯良好、探究合作、创意表达。

（2）园所发展目标。

建设"稚趣教育"文化浓厚、保教队伍专业自信、园本课程科学完善、幼儿全面和谐发展的高品质幼儿园。

（3）具体发展目标。

一是全面营造稚趣文化。从物质、精神、行为、制度等方面营造"稚趣教育"文化氛围，建设品牌文化名园。

二是丰富完善园本课程。通过完善课程方案、制定和实施课程发展规划、深入课题研究等方式，开发建设活学园本课程。

三是锻造提升队伍素养。以园本培训、园本教研为抓手，全面提升保教队伍专业素养，实现从"保基本"到"有品质"的转变。

四是多方协同科学治理。坚持家园社会协同理念，全面协调幼儿园内外部相关机构和资源，提高园所治理水平。

2. "稚趣教育"的实施路径。

（1）从物质、精神、行为、制度四方面进行幼儿园文化建设。

一是依据"适合幼儿，饶有兴味"的"稚趣教育"文化理念，建设丰富的"稚趣教育"物质材料；二是加强保教团队对于"稚趣教育"的认知，营造"稚趣教育"精神文化的氛围；三是将"稚趣教育"思想转化为行为，发展"稚趣教育"行为；四是狠抓制度建设，完善"稚趣教育"制度文化，建立"稚趣教育"的保障机制。

（2）从方案、规划、推进三方面开发建设活学课程。

首先，结合园所实际制定幼儿园课程方案，为幼儿园课程的日常开展和后续发展提供指导依据。其次，根据课程实施方案，制定幼儿园课程发展规划，按计划逐步完善课程体系。最后，依托课题研究实践，开发适宜的课程内容，落地幼儿园课程规划，推进课程发展。

（3）通过分类、逐阶、联合等研培方式提升队伍素养。

一是根据幼儿园不同岗位人员的工作内容和形式，有针对性地分类开展园本培训；二是按照幼儿园保教人员的不同发展阶段，通过逐层结对的方式，提供教师发展不同阶段的关键支持；三是通过名园联合、集团联合、保教联合等方式，扎实开展园际教研和园本教研，促进保教队伍专业发展。

（4）从理念、内部管理、外部协调三方面优化幼儿园治理体系。

第一步，全面更新理念。将园所放到区域教育生态环境当中，以更广阔的视野审视幼儿园的作用和功能，从对园所管理的思考上升到对园所治理的思考。第二步，优化内部管理。健全完善园所内部管理制度，规范日常管理流程细节，为幼儿园安全优质发展提供保障。第三步，协调外部治理。探索幼儿园、家庭、社区协同育人方法路径，逐步建立园所内外协同发展的综合治理机制。

建华幼儿园在"活教育"的园本化实践过程中凝练了稚趣教育思想。稚趣教育思想的理论与实践研究又进一步促进了园所的整体发展。如今，幼儿园成立了大邑县第一个学前教育名师工作室，连续四年荣获全县教育工作目标考核一等奖。幼儿园"活学"课程丰富多样，稚趣文化特色彰显，成为大邑县新建标准化幼儿园内涵优质发展的典范，受到家长和同行的一致好评。在2020年11月召开的全国"致力于公平而有质量的教育研讨会暨成都未来教育家基地校发展分享会"上，稚趣教育引起了幼教同行的广泛关注，更受到著名教育家姚文忠的高度评价："稚趣——新文化、新技术、新教育理念和期望下的这个概念，将深刻改变幼儿园的时空和运动。"面对教育高质量发展的目标，建华幼儿园将进一步丰富和完善"稚趣教育"内涵，办好群众家门口的好学校，让"美丽而有温度的大邑教育品牌"在幼儿园落地生根。

第六节　于细节处探寻质量管理之路
——泡桐树小学大邑分校教学常规管理思考

学校生存和发展的关键之一是教育教学质量。对泡桐树小学（以下简称泡小）大邑分校而言，提升教育教学质量面临的最大问题是师资。学校现有岗位92个，其中临聘加特岗教师30余位，几乎占学校主学科教师的一半，而这些临聘教师每学年变动较大。因此，通过教学常规的精细管理，提升教师的学习力、思考力、研究力，促进教师快速成长，已经成为学校管理的重中之重。

一、不断更新教学理念，强化质量意识

思想决定行动。只有让教师不断更新课堂教学观念，才能让教师的教学找到方向感，从而提升课堂教学质效，进而让教师从课堂中获得成功感、幸福感和愉悦感。因此，学校利用期初期末的专题培训会、每周的学科教研会、读书交流会等活动对教师进行教育教学理念的浸润。通过不断地强化学习，以下观点已经深入绝大部分教师的心中：

1. 课堂主体是学生。

学习始终是学生的事，教师所能做的只是助学，而不是替学。现在，不管是哪个学科，教师都会在课堂上给学生充分发言的机会，教学中更多关注学生的自主学习能力和独立思考能力的培养，加强对学生学习方法的指导。

2. 教学目标要明确。

目标明确是高效课堂的一个重要标准。"以其昏昏"绝不可能"使人昭昭"，教师绝不能"把含糊的东西教给孩子"，因此教师必须怀揣清晰的目标走进课堂。为此，学校要求教师钻研教材、教师用书并列入教学目标，再把教学目标进一步转换为课堂的准确提问。教师进课堂前，明确知道自己要做什么、怎么做、达到什么效果、怎样检测；课堂上，也要让学生明白本节课的教学目

标，学什么、怎么学。师生共同努力达到目标。

3. 合作学习强效率。

教师的时间和精力有限，难以全面关注学生的学习状况，采用合作学习、同伴互助的方式能有效解决这一问题，达到事半功倍的效果。教师认识到合作学习不仅有小组合作式，还有合作创作式、互动交流式、比赛评选式等多种组织形式；合作学习不仅体现在课堂上，还可以延伸到课外。

二、抓好常规管理细节，促进教学规范

1. 备课。

为了最大限度提高备课的有效性，避免备课流于形式，学校每学期都会在充分征求教师意见的基础上，比较对照多种优秀教案，对学校集体备课教案进行修改，以保证教案能为教师的教学提供指引，特别对于新手而言，教学就更有底气。

同时，学校还要求每位教师在教学前认真阅读集体备课教案，做出个性化修改，将上课的主要教学流程和重要知识点突破方法等在教科书上做详细批注。每次年级教研时，学科分管领导就对教师的教案修改以及教科书上的备课进行检查。

经过两年多的努力，部编版语文教案已经基本成型。这学期开始，学校要求教师对照教案修改课件，将作业设计添加到教案和课件当中，并上传课件至学校教学资源库，便于资料的收集与循环使用。

2. 上课。

如果学生没有开始学习，教学就不能开始。学校在教学管理中牢牢抓住了两条底线：一是关注学生课堂学习的表现，二是学生对每堂课的教学内容理解程度。学校要求教师每节课的教学内容都要通过自己认为最方便的方式检测学生是否掌握。两道计算题、小练笔，哪怕是简单的听写、默写都可以成为检测内容。

学校要求新入职三年的教师守好学校要求的两条底线，骨干及名优教师注重对学生创新精神和思维能力的培养。

3. 听课和巡课。

学校校长和教学管理干部每天三次巡视全校课堂，巡视内容一是早上、中午、下午学生的学习状态；二是教师常态课的教学状态；三是了解一些特殊教师，特别是临聘教师教学水平的变化。学校学科分管领导、教研组长、

年级组长、备课组长等学校各类教学管理人员也会有针对性地进行听评课活动。

学校教学管理干部对教学巡课和听评课中发现的问题，都会及时与相关教师面对面交流，或现场走进教室进行及时指导，对于共同性的问题会在学科教研会上进行培训。如开学初的教研活动中，学校就从"课前准备的要求""学生听课姿势""大胆发言的技巧"等方面指导了教师如何培养学生的学习习惯。

学校教学管理干部也时常分享自己听课的感受。这是学校领导听一位新教师上课后在微信群里分享的听课感受：

今天第一节课和两位老师到四年级四班教室听了张梦珂老师的一堂随堂课，教学内容是第二单元的整理和复习。这堂课至少有四个地方值得老师们学习。

第一，老师整堂课以学生为主体，引导学生回忆第二单元所学的知识点。可以看出，孩子们对第二单元学到了些什么知识都心中有数，如数家珍；教师也心中有数，能够根据学生的回答适时地引导该单元的知识点，并且及时对学生的回答进行适时的规范引导，可见教师对本单元的知识点也心中有数，而且能运用自如。同时，教师在引导学生回顾的过程当中，将本单元的所有知识全部落实到位，注重了细节的指导，同时也注重了整理与拓展。

第二，学生四十分钟听课，注意力一直集中，非常认真，主要是因为老师所讲的知识能够吸引学生，而且知识讲得清楚、明白，能让学生一直处于思维当中。

第三，课堂节奏明快，安排合理，不拖拉，教师教学语言规范。

第四，整堂课学生的发言数达到一半以上（面是广），而且表述清楚，从学生的回答中可以看出老师教给学生学习的知识和方法，大部分学生都已经掌握。

希望每一位数学老师都能认真钻研教材，规范自己的课堂，把每一节随堂课当成公开课、示范课来上，努力提升自己的教育教学能力。

一次次的倾心交流、一场场的培训指导，如同春雨般悄然润物，教师特别是临聘教师的教学水平有了明显提升，课堂氛围也有了显著变化。

4. 作业批改。

在作业批改方面，学校也提了两条底线要求：一是及时批改，先改后评；二是改错及时，面批面改。针对新教师过多，教学效果不好及作业不规范等问题，学校采取了以下措施：一是各学科各年级作业基本统一，并针对学生的不同情况分层布置作业；二是各年级各学科课堂作业内容和具体批改要求基本统一；三是教导处每月检查各个年级作业的布置和批改，方式为集中展评和分散检查，有效、有创意的作业，除了总结推广该教师的经验外，还要在考核中加分；四是进行专项练习，针对学生底子薄，家长监管不够到位等情况，学校加强了语文、数学、科学、英语这四个学科教学效果的过程性监测，每两个星期会统一做一次 20 分钟的小练笔，内容包括基础知识、阅读专项、计算专项、英语听力等，教师会对练习情况进行分析，有针对性地调整教学。

5. 辅导学生。

教师认识到培优辅差、及时了解学生学习情况的重要性，及时清查作业、清查学生改错情况等已经成了教师的自觉行为。教师自觉关注自己与其他教师的教学差异，了解自己学科以及年级各班质量发展现状，努力缩小班级差异。开学前一天，教导处会统一印制学生学习情况记载表，便于教师及时掌握学生的学习情况，及时进行培优辅差。大多数教师对这项工作十分重视，开学第一天 1600 份表格被一扫而光。课间，教师还拉着没过关的孩子教读拼音、认字、听写、讲解算理……有时，教室里很热闹，语文、数学、英语教师都在那里。因为他们都知道只有认真、仔细、踏实才能提高教育教学的质量。

6. 年级教研。

年级教研是学校常规管理的重点。学校每周二、周三下午两节课的年级教研都集中进行，有效解决了年级教研随意性强、主题不明确、行政监管不力的问题，没有特殊情况，校长和教学管理领导都会参加。每次教研着重解决以下问题：一是本周教学的成功与不足之处在哪里，哪些方法是有效的，存在哪些困惑？二是下周的教学内容如何有效突破重点、难点？三是研究在教学内容之外，需要给学生拓展哪些知识（如阅读、思维训练、综合实践等）。

在每次年级教研之前，有 20 分钟的集中交流时间，每次由学科组的一个教师交流教学经验，学科组全体教师人人轮流参与。这主要是给教师创造一个经验分享、共同学习提高的机会，也是给教师搭建一个展示自己的平台。在形成了教研意识之后，教师的教研并没有时间、地点的限制，课间、午餐时间、放学后、走廊、办公室、操场、结伴同行的回家路上……教研随时随地都在发生。

三、教学管理成效初现，质量稳步提升

1. 教师形成教学自觉。

教师的专业成长始于规范，行于精细，成于自觉。在学校教学管理体制下，教师责任感、职业认同感不断增强，积极主动、认真仔细地对待教育教学工作。很多教师在寒暑假里就开始了新学期的备课，有的甚至备了教科书的一半。翻开教师的课本，其间密密麻麻的字迹让人感叹又让人欣慰。很多新教师也从最初的教坛小白，快速地向教学能手靠近。在新教师述职会上，教师们表示要不忘教育初心、砥砺前行，在专业成长的道路上越走越精彩。

2. 教学管理向好而生。

学校教学管理呈现出一片健康持续的良好发展态势，从"事事要人管"变为"事事有人管"，从"事事催人管"变为"事事主动管"。学校营造了一个和谐的工作环境，在这里大家找到了归属感，以主人翁的姿态来对待学校的每一项工作。学校的管理也因此轻轻松松、井然有序、向好而生。

3. 教学质量稳中有升。

"质量立校、质量兴校、质量强校"的意识已经在教师的心中生根发芽，学校教育教学质量也在不断提升，获得了家长和社会越来越多的称赞。

泡小大邑分校教学管理从问题出发，于细节处着眼，抓过程、重实效，加上持之以恒，达到了聚沙成塔的效果。学校有信心和决心，对于今后的教学工作要在不变中求变、在常规中出新，为构建"有情有趣，自由舒展"的教育生态而不断努力！

第七节 资源共享、文化共建、特色融合
——邑新教育集团"一体化"管理的思与行

为全面贯彻大邑县教育局公办幼儿园"一体化"管理改革的要求，提升公办幼儿园保教质量和办园水平，推进大邑学前教育城乡均衡发展，邑新幼儿园成立邑新教育集团，引领斜源幼儿园、花水湾中心园和西岭镇中心园共同发展。集团内教职员工78人，幼儿746人。邑新总园有15个教学班级，教职员工64人，专任教师32名，均有学前教育大专及以上学历，获得省市县级荣誉的教师10余人。作为集团龙头园，师资力量相对雄厚，各类规章

制度健全，有一支管理经验丰富的行政班子和充满活力的教师队伍。斜源幼儿园和西岭镇中心园是新建幼儿园，有着高标准的硬件设施。花水湾中心园位于花水湾学校内，教学环境和教学设施较为简陋。斜源和花水湾、西岭地处偏远山区，教师招聘困难，师资力量薄弱，教学模式单一，家长对幼儿园认同度不高。

邑新教育集团以大邑教育综合改革"1511"发展思路为引领，坚持"均衡发展"的原则，以"提升质量、优化管理"为重点，以"1233"管理模式为实施途径，即"1个目标、2个共享、3个共建、3个坚持"，以创建"幼儿成长的乐园，教师发展的沃土"为目标，共享办学资源和师资力量，共建集团文化、管理机制、制度体系，坚持集团特色办园、逐步推进，课程引领融合发展，科学整合集团内园所教育资源，改革管理机制，形成"资源共享、文化共建、特色融合"发展新格局，促进集团园所内涵发展，实现学前教育的普惠优质。

一、一个目标："幼儿成长的乐园，教师发展的沃土"

集团始终以《幼儿园工作规程》《幼儿园教育指导纲要》和《3—6岁儿童学习与发展指南》为指导，以创建"幼儿成长的乐园，教师发展的沃土"为目标，培养"健康活泼、善思乐群"的儿童，打造"理解儿童、懂得支持、善于反思、能够研究"的教师团队。通过精准的目标定位，坚定信念，在集团内部形成自上而下的凝聚力，以"发挥优势、求同存异、彰显特色"的指导思想，融合共进。

二、二个共享：办学资源共享和师资力量共享

集团坚持一体化共同发展，集团内各园所办学资源、师资力量资源共享，深度融合。

1. 共享办学资源。

以集团化、品牌化为管理路径，合理配置集团内教育优质资源。对集团内四所幼儿园现有教学设备、教辅资料、幼儿玩具等各类办学资源进行统计和整理，根据各园的实际需求和特色定位在集团内进行统一调配，力求各类办学资源充分利用，将教育功效最大化，做到集团内办学资源共享，实现资源配置最优化。

2. 共享师资力量。

构建集团内教师培训制度，制定集团内"教师培训管理制度""干部教师交流办法"，合理利用人力资源，打造集团优质师资队伍。通过结对帮扶、派遣骨干教师到分园开展示范教学活动、抽调总园优秀教师到分园承担教学工作、邀请分园教师参与总园教研活动、开展保育教师技能培训等形式，对分园教师进行业务引领，让分园教师能够迅速成长和发展，从而提升集团的整体办园水平。

三、三个共建：共建园所文化、共建管理机制、共建集团制度体系

共建集团内幼儿园的集团文化、管理机制、管理制度，建设一体共赢的集团发展共同体。

1. 共建和谐凝聚的集团文化。

集团的发展需要自上而下的凝聚力，总园和分园分属不同的地域，园所环境、教育理念、教师素质等方面都存在差异。为尽快消除这种差异感，集团通过统一园标和园服，统一开展教职工活动等方式，让总园教师和分园教师从陌生到熟悉，再到相互融合，消除了总园与分园教师的距离感，同心同力共同发展。

2. 共建集团内部管理机制。

以节能增效为目标，改革集团内部管理机制、保障机制，构建规范的内部管理体系。集团打破在职教师担任领导层的已有格局，借鉴企业"能者上、劣者下"的管理模式。总园分派一名行政人员担任分园执行园长统领3所分园，总园内各分管领导会定期到分园对分管工作进行指导和检查。由于西岭、花水湾、斜源路途遥远，集团在每个分园还分别指派了业务好、管理能力强、有上进心的临聘教师担任分园主管，对分园进行日常管理。通过这种"行政总领—部门指导—园所自理"的三级管理模式，强强联手，快速推动集团分园的发展。

3. 共建集团管理制度体系。

为进一步推进依法办园、有章可循、照章办事、规范高效的管理进程，集团对原有制度进行梳理，将集团内的各项制度按照标准化、流程化的要求进行整理重构，形成《大邑县邑新幼儿园管理制度集》，涵盖幼儿园党团工制度、园务制度、保教制度、卫生保健制度、家园制度、安全制度、后勤制度、财务制度，构建了章程引领下的制度体系，提高了管理效能，保障了集团各项工作的顺利开展。

四、三个坚持：坚持特色办园、坚持逐步推进、坚持课程引领融合发展

1. 坚持特色办园。

坚持走特色办园的道路。集团对集团内所属幼儿园所在行政区域以及所处的地理环境进行实地考察，在充分挖掘各园自身优势的基础上，逐一进行深入分析，确立了四所幼儿园的特色定位。

邑新总园在课题"农村在园幼儿亲子共读支持性策略研究"的研究引领下，幼儿园阅读文化不断丰富和完善，确立了"播阅读的种子，听成长的声音"的办园特色。

斜源幼儿园地处素有"药材之乡"美誉的斜源镇，依托共享小镇的"药乡"文化，把中草药文化植入幼儿园，确立"承神农文化，传本草精华"的办园特色。

花水湾幼儿园地处花水湾镇，依托花水湾镇"运动康养"理念，在充分考量园所内部资源，对宽阔的学校的操场和户外空间都加以充分利用的基础上，深挖外部区域资源，确立"悦运动、悦健康"的办园特色。

西岭幼儿园地处西岭镇，位于西岭雪山脚下。西岭雪山是国家级风景名胜区，景区内有原始林海、奇花异草、珍禽异兽、终年积雪、阴阳界、森林佛光等景观，是大自然的杰出之作。西岭镇民间艺术——"西岭山歌"被列为世界非物质文化遗产。西岭幼儿园作为距离西岭雪山最近的幼儿园，有着得天独厚的资源和优势，可以把自然资源和民间艺术融入幼儿园课程中，由此确立了"博物、自然、和谐"的办园特色。

2. 坚持逐步推进园所建设。

集团内四所幼儿园虽然都有了较为清晰的定位，但考虑到各分园的实际情况，以及集团内资金、师资、环境的影响，以教育发展需求和工作实效性为导向，采取因地制宜、循序渐进的方式推进园所建设。

3. 坚持课程引领融合发展。

邑新总园有着相对强大的师资队伍与较为完善的管理机制优势，通过课程建设引领集团发展。三所分园在总园的课程实施理念引领下，充分挖掘园所的本土文化和自然资源，在特色建设的同时为总园园本课程提供资源。集团内四所幼儿园既融和合作，又各具特色，形成"你中有我、我中有你"特色融合的新局面。

"百舸争流千帆竞，借海扬帆奋者先。"邑新教育集团坚持以幼儿为中心，以教师为根本，以管理促规范，以特色促内涵，以文化塑品质，引领幼儿园走内涵发展、特色创新之路。通过抓好集团文化建设、优化内部管理机制、创新教师培训等工作，推动集团内四所幼儿园同发展、共进步，有效提升了集团内所属幼儿园的保教质量和办园水平。集团连续五年被评为工会工作先进单位，获教育工作目标考核一等奖；集团教师多篇论文获国家级、市级、县级多个奖项，师资力量得到了有效的提升；集团内部凝聚力增强，形成团结和谐、敬业奋进的良好氛围，实现了共建共享、优势互补，做到和谐共生、合作共赢。

第三章 成 长

第一节　激流勇进破寒冰　创新机制夺先机
——大邑县实验中学队伍建设案例

根据《中共中央　国务院关于全面深化新时代教师队伍建设改革的意见》和《中国教育现代化2035》中"健全教师管理制度，提高教师道德与业务水平，建设高素质专业化创新型教师队伍"和大邑教育综合改革"1511"发展思路中队伍建设"百千工程"的要求，大邑县实验中学立足学校发展实际，把教师队伍建设当成生死存亡的头等大事。经过几年的不懈努力和艰难探索，攻坚克难，学校在推动和完善教师队伍建设上，取得了一定的成效。

一、学校教师队伍建设的内在驱动力

加强教师队伍建设是学校一项非常重要的工作，必须常抓不懈。哈佛大学前校长科南特曾经说过：学校的荣誉不在于它的校舍和人数，而在于它一代一代的教师质量。也就是说，教师本身的素质决定着一所学校的命运，而学校发展与否，发展快慢，取决于教师的综合素质。特级教师邢益宝认为"学生的发展，就是教师的成功，教师的发展，才是学校的成功"。

大邑县实验中学自1997年建校以来，先后经历了初中教学在大邑县独树一帜的辉煌和2002年创办高中面向全省招生的豪举，以及到2013年生源萎缩与生源质量急剧下滑进入低谷的各阶段。同时学校教师长期处在超负荷工作状态，教师工资、职称以及教师个人家庭压力等具体困难，让教师的压力更大，不堪重负。生源质量的下滑，特别是优质生源的流失，让许多教师在工作一段时间后，感到自己的职业理想、个人奋斗目标与现实存在很大的差距，成就感

不足，以致慢慢地失去了往日的教学激情。他们表现出教育自信不足、出现厌教情绪、对事业"无追求"、对学校大事不关心、按部就班地工作，不仅缺乏工作的主动性与创造性，更缺乏"衣带渐宽终不悔、为伊消得人憔悴"的敬业精神。加之，学校部分教师年龄偏大，教学投入与学情研究不够，教法、教学手段单一，不能适应新课改的要求，课堂教学效果低下，因此，教师队伍建设迫切需要破除教育不自信与职业倦怠的寒冰。

二、学校教师队伍建设的顶层设计

经过深入调研与分析，学校确定了"以人为本，科研兴校"的发展思路，充分发挥广大教师的主体性作用，强化其危机意识、终身学习意识，提高教师现代信息技术的运用能力，全面实现教师综合素质的提升。重点培养和形成中青年骨干教师群体，健全学校教师管理制度，完善用人机制，建设起一支师德高尚、结构合理、业务精湛、富有生机和创新活力的专业化教师队伍，形成干部队伍引领学校发展，专业技术教师促进学校发展的有效路径。

三、学校教师队伍建设的重大举措

1. 干部队伍建设引领学校发展。

学校干部队伍是引航学校发展的中坚力量，关系到学校办学水平的高低。因此，加强干部队伍建设是学校长期的重点工作之一。学校提出"一个前提、两个原则、一个核心、两种路径（1212）"的干部队伍建设工作思路，即：德才兼备的前提，坚持能上能下、严格监管的原则，以向师生、家长"服务"为核心，走校内培养与挂职锻炼的培养之路。

（1）加强干部队伍廉政建设。

严明党的政治纪律、政治规矩，学校坚持把干部廉政建设工作纳入学校总体工作中，同研究、同部署、同落实、同考核。成立廉政建设领导小组，专题研讨廉政建设和反腐败工作，认真落实"一岗双责"制度。要求班子成员对分管的对口工作及时部署、及时督促，对牵头负责的廉政建设工作亲力亲为、务求实效，从而使廉政建设呈现出了齐抓共管、系统推进的良好态势。

（2）加强干部队伍学习能力建设。

强化终身学习意识，向书本学习，不断提高自主学习能力；利用每周领导例会时间，安排集中学习，参会领导轮流准备学习内容和主持学习；向实践学习，向先进学校学习。学校按市、区教育局培训计划，积极安排校级领导、中层干部及后备干部参加各级各类外出培训，开阔视野，提高认识和把握问题的高度。

（3）强化服务意识，提高业务指导能力。

淡化干部的行政领导意识，加强领导集体的自身建设，时时处处体现服务意识，密切干群关系，提高凝聚力和向心力。中层以上领导每人深入一个教研组，参与集体教研、备课活动以及听评课活动，不断提高科研能力和业务指导能力。

（4）加强干部队伍执行力建设。

以校长为首的领导干部要不折不扣地贯彻和执行上级教育部门布置的各项工作任务。加强对中层干部在本职工作执行过程中的指导、培训与考核。适时压担子，让其承担大型主题活动或接待工作任务，使之在实践中不断提高组织管理能力。

（5）加强干部队伍工作过程指导。

要求领导干部对每项工作都细心、用心、尽心，做到有计划、有部署、有落实。在每次大型主题活动或重点工作结束后，立即召开总结会，积累经验，查找不足，在反思中不断提高和完善设计能力，提升工作效率。在工作和实践中要勤思考，多锻炼，讲创新，张弛有度，驾驭熟练，恰到好处。

（6）加强干部队伍的定力培养。

当今世界是一个充满机会与竞争的世界，也是一个充满诱惑与欲望的世界。面对这样的大千世界，"定力"对于领导干部来说尤为重要。校长率先垂范，坐得住班，务正业，深入集体备课和教研活动，下班级听课，以此来带动其他领导尽职尽责。

2. 加强专业教师队伍建设。

在专业教师队伍建设中，学校坚持"师德建设引领发展方向，团队文化为教师队伍发展的精神内核，问题转化为教师发展向上的动力，分层培养为教师发展整体提升的关键"的策略，不断促进专业教师队伍成长，提高教育教学质量，实现学校跨越式发展。

（1）师德建设引领发展方向。

能否把学生培养成对社会有用的人，能否让学生获得全面而健康的发展，关键是教师自身是否有正确的人生价值观和高尚的品德修养。教师的师德修养，是教师职业的核心，是教书育人的灵魂，它决定着教师个人的职业发展方向，决定着学校的办学质量。学校不断加强对教师的信念教育，树立正确的教育观、职业观。通过开展师德教育、保持共产党员先进性教育、发扬优良教育传统和创先争优等系列活动，培养教师敬业爱岗、无私奉献的精神，发挥骨干教师、党员和各类先进人物的榜样作用。积极鼓励教师建功立业，从教育教学的工作中体验人生的幸福，从本职工作中实现自身的价值；学校注重教师的个人修养，倡导广大教师淡泊名利，修身立志，建立科学的人生价值观，树立抵制各种不良文化侵袭的思想道德防线；不断加强法制教育、制度建设，以国家有关的各种教育法规为依据，以学校的规章制度为准则，规范教师的教育教学行为，实施师德一票否决制。

（2）团队文化是教师队伍发展的精神内核。

大邑县实验中学团队精神的精髓在于承诺，核心是奉献，本质是团结互助。在团队精神的引领下促使每位教师将自己的前途与学校的发展紧密联系在一起，构成发展共同体，共存共荣。

学校精心组织搭建年级核心团队，实行两级聘任管理制度。学校聘任年级督管与年级组长，确立班子成员为督管，年级组长为核心。督管与年级组长直接聘任班主任和任课教师，组建自己的年级团队，强调"一个教师的成功必然有一支优秀团队作支撑""只有高境界的教师才能带出高水平学生"，引导教师主动融入年级团队，激励教师不断成长，引导舆论方向，营造和谐氛围，推动优秀年级团队的形成。

教研组与备课组是教学改革最前沿的阵地，集体备课是提高课堂教学效果的重要保证。学校积极创新教研组与备课组工作方法，进一步优化集体备课活动，让教研与备课活动走进实际教学生活，走进教师关注视野，走进教师需求领域。着眼于实效性，坚持个人钻研与集体讨论相结合，坚持实行主备人和参备人的导学案制度。加强专人督查，对备课、上课、反思、作业布置、课后辅导、评价反馈等各个环节，做到有布置，有落实，周检查，月汇总。

（3）问题转化是教师发展向上的动力。

摸清教师发展短板，精准施训。建立教师培训机制，拓展补给渠道。创造"人人是学习之人，时时是学习之机"的发展条件。坚持走出去、请进来相结合的原则，力求师资培训的实效性，从而促进教师的专业化发展。

培养教学问题即课题的意识，积极搭建课题研究平台。课题研究是骨干教师成长的摇篮，既可以培养教师发现问题、提出问题与分析问题的能力，又可以在研究中促进教师养成服务意识和实事求是的科学态度。学校坚持以课题引领教学教研，充分利用课题研究的前瞻性、实用性、指导性和推广性，组织各级教师围绕教育教学开展专题研究。已结题的县级课题"名校领办下的有效教学策略""基于高中学生数学学力发展的课堂教学环节研究"获成都市教育成果三等奖，县教育教学成果一等奖。成功立项并开题的省级课题"普通高中学科网络教研的实践研究"必将带动一大批青年教师的成长。

提倡分享促成长，积极搭建专题讨论平台。学校每年专题开展的"科研活动月"，既是教师交流经验、切磋技艺、展示教学与科研成果的一次盛会，又是锻炼教师、展示个人风采和教学魅力的平台。

（4）分层培养是教师发展整体提升的关键。

学校教师老中青三代，水平、心态不一，培养难度大。经校长会、行政会、教代会反复研讨并广泛征求全校教师意见，最后形成了分层培养的策略。学校充分挖掘校内资源，整合高级教师、名师、学科带头人、骨干教师等各类资源，通过名师、老教师的引领、示范帮扶结对的方式培养中青年教师，并在充分利用好校内优势学科名师、骨干的基础上，采用"外联内引"的方式，以百年名校列五中学特级教师、成都首批特级校长吴光平等专家和名师为引领，外聘李镇西、陈龙泉等多位知名教育专家、名师指导教师研修活动，用活研训资源。

第一层：培训青年教师。学校对于新入职青年教师做出明确要求：一年合格转正，三年站稳讲台，五年能挑大梁，十年成为教学骨干。学校实施青年教师培养"薪火计划"，制定教育教学"师徒结对"方案，签订"拜师合同"，明确权责，制定计划，定期研究、总结。通过互相听课、同课异构，督查与指导，让新教师实现角色转变。组织青年教师参加合格课、各级各类赛课活动，以赛代培。通过教研组集体选课、设计、观课、议课等方式促进青年教师的迅速成长。

第二层：提升成熟教师。对于教龄3~5年的教师，学校帮助他们认同职业价值，树立现代教育观念，形成独特的教育特色。学校帮助其制定发展规划，通过课题研究、专题讨论、研究课、示范课、外派学习等方式进行针对性培训。

第三层：锻造骨干教师。对于从教10年以上的教师，学校要求教师以现代教育理论指导教学实践，对学科教学有独特的见解，形成自己的教学特色与风格，成为学科教学的骨干教师。对市、县、校不同层次的骨干教师按不同的标准提出要求，骨干教师分别承担示范课、优质课和研讨课，并在日常教学中写出教学后记，提供典型个案，对青年教师培养指导。

第四层：涵养名优教师。按计划选拔培养市、县级学科带头人和市县名师及后备人选，制定发展规划，为他们提供参加学习进修和各类学术交流活动的机会，促使他们不断更新知识，提高专业研究水平。同时要求他们每年撰写高质量的学术论文，开设示范课与学术讲座，指导徒弟，参加县级及以上课题研究。

四、主要成果与主要成效

1. 实中团队精神初步形成。

全体教职工精诚团结，互相帮助，勇于奉献，互相协作，每位教师都将自己的前途与学校的发展紧密联系在一起，构成发展共同体，共存共荣。

2. 学习团队初具规模。

学校智慧云教学课堂改革的成功实施，让终身学习的观念深入人心，变被动的"要我学"到主动的"我要学"，自我学习人数显著增多，学专业技能，学教育技术，学方式方法，课题团队逐年增多。

3. 教育教学改革喜结硕果。

全体教师尽心尽职，参加各类赛课活动或指导学生参加竞赛，取得优异成绩。近6年来，每年学校获省市县各类奖项达40余项，先后被授予亚洲足球梦想学校、全国青少年足球特色学校、成都市新优质学校、成都市优秀学校、成都市进步最快学校、成都市教育科研先进集体等荣誉称号。

4. 基于分享共同成长。

基于解决实际问题而探索，促使教师迅速成长，新的教育理念和方法在交流与分享中碰撞，智慧的火花直接运用于教学，学生成才、教师成长、学校受益。近年来，学校一年一个台阶，提质升位，稳步发展，学校创新教师队伍建设功不可没。

激流勇进破寒冰，创新机制夺先机。大邑县实验中学教师队伍建设已成为学校一种文化底蕴，多年的不懈努力，让教师的教育教学管理能力、教学研究能力、技能水平、信息化水平等方面有了极大提升。教师队伍的不断成长，为学校持续发展提供强劲的动力，从而进一步提高学校的办学质量，为学校的进一步发展打下坚实的基础。

第二节 "小微"学校的教师成长与专业发展
——大邑县金星学校的师培策略

大邑县金星学校地处大邑县悦来镇金星社区，毗邻佛教圣地白岩寺，紧挨风光旖旎的金阳湖，是一所偏远的"小微"九年一贯制学校，是大邑县同类学校中规模最小的"袖珍"学校。全校共有学生219人，教师32人。

近年来为全面落实《大邑县教育综合改革"1511"发展思路》，学校硬件设施配备日臻完善，但师资配备却存在诸多的短板：一是教师年龄结构不合理，两极分化严重，中间断层，青黄不接（现任教师中，年龄45岁以上23人，30岁以下且参加工作不足4年的教师8人）；二是名优骨干教师、教育人才少，部分教师教学理念固化，新教师教学经验缺乏。学校领导班子对这些情况感到担忧，校长强调："百年大计，教育为本；教育大计，教师为本。教师是学校之本，没有好的教师，要提高学校教学质量就是空谈。办人民满意的教育，就是要全面提升教育教学质量。"认为要提质增效就要对教师进行学习培训，不断提高教师的教育教学能力和业务水平，于是多次召开行政会、教研组长会和教师会，讨论研究师资培训问题。结合学校师资特点和现实条件，学校制定出"线上线下培训并存，校内校外培训互补，教学研究与培训为一体"的教师培训策略。

一、让教师初尝线上培训的"甜头"

随着网络技术的迅猛发展，线上培训成为趋势与潮流，也是教师乐于接受的培训形式。一是线上培训内容丰富，选择面广，能为教师提供全国各地的专家和优秀教师的教学资源，教师可以根据自己的需要、喜好和特长选择培训课程。二是培训更灵活，什么时间参加培训不做明确规定，可以是上班时间，也可以是周末休息时间，可以是白天，也可以是晚上。教师根据自己的工作生活灵活机动选择学习时间，掌握学习的主动权。三是弥补了学校缺少培训机会这一窘境。刚开始有些教师没有及时认识到线上培训的重要意义，对线上学习是抵触的。比如打开电脑后就去做其他事情了，并没有认真学习，敷衍塞责，纯粹为完成任务，没有任何收获。发现这一情况后，学校采取了强制措施，"逼"教师认真进行线上学习，要求教师在参加线上培训时要做到"三个一"：每周上交一次学习笔记，学习完成后上一堂公开课，写一篇心得体会。教师之后便开始认真对待线上学习培训了。通过认真学习后，他们感觉到线上学习内容丰富、观点新颖、理念前沿、灵活省时，逐渐接受和喜欢上了线上学习。

例如，学校吴老师从事了20多年的语文教学，可以说是"教学经验很丰富"，自我感觉上小学语文课对他来说就是手到擒来、轻车熟路、应用自如。但"老革命也会遇到新问题"，他一直从事的是小学高段语文教学，2020年9月，学校安排他教一年级语文。他信心满满，按照以前的教学方式进行教学，可学生完全不买账，讲话的、告状的、搞小动作的，表现五花八门，课堂乌烟瘴气，气得他吼叫拍桌也无济于事。课后，他冷静下来反思：低年级孩子的性格特点和高年级的孩子性格天壤之别，所用教学方法也应不同，不能用老经验来教学。于是他在线上学习低年级儿童心理特点的知识，观看低年级语文教学视频，及时调整教学方法。于是，他的语文课堂变了，教学语言儿童化，教学内容形象化，评价语言也丰富了。孩子们喜欢上他的课了，课堂教学秩序井然：孩子们时而神情专注，凝神静听；时而若有顿悟，踊跃发言；时而正襟危坐，沙沙书写；时而意见不同，积极表达。期末进行学业监测时，效果很好。他感叹道："多亏了线上培训，没有它，我还不知怎样进行低段语文教学呢！"

二、开展丰富多彩、形式多样的线下培训

1. 教学拉练，人人参与。

课堂就是教师的"主战场""主阵地"，摒弃或绕开它来进行单纯的教师培训，那是本末倒置的。学校就是要将课堂教学比赛作为教师培训的主要方式，校长、中层干部、教师、全员参与，一个不落；语、数、外、物、化、政、史、地、生、音、体、美所有学科教师，全体参加。

就拿老教师张老师来说，还有一年就要退休了，教学经验可以说是相当丰富，教学业绩也不赖，就是普通话说得差一点。为了给年轻教师做示范，她苦练普通话。经过几次示范课，张老师在课堂上的普通话说得自然多了，顺溜多了。她曾开玩笑地说："我是让你们给逼上梁山了。"

汪老师是2020年刚到校的非师范专业特岗教师。刚上第一堂公开课时，畏手畏脚，局促不安，语言含糊不清，逻辑混乱，课上到一半就不知怎么讲了，这堂课的效果可想而知。课后她很沮丧，学校教导处主任及时予以安慰鼓励，并悉心指导。第二次赛课明显感觉汪老师有了很大的进步，第三次教师公

开课，她的语文课上得有条不紊，有声有色，情趣盎然。这时，汪老师脸上绽放出舒心的笑容："没有学校赛课的淬炼，我的语文教学不可能进步得这么快！"

是的，每一次赛课，就是一场"练兵"，锤炼教师的教学技能；每一次赛课，就是一番"检阅"，查看教师的教学效果。通过赛课，让每一位教师在参与的过程中得到提升。

2. 师徒结对，以老带新。

学校新教师虽然不多，但在教师总数中所占比重较大。学校利用自身资源，指派校内一些教学经验丰富的骨干教师与他们结成师徒，负责对年轻教师进行"传、帮、带"的工作。"师徒结对"帮扶活动坚持优化组合、互帮互助的原则。为了把这项活动开展得扎扎实实，卓有成效，师徒二人要在全校教师的见证下，签订结对协议。帮扶活动要求师傅不但要主动关心徒弟的政治思想，以自身的良好品德去影响、引导徒弟爱岗敬业，热爱教育教学，而且还要指导徒弟的教育教学，每个星期至少听徒弟一堂课，面对面交流一次。徒弟得虚心向师傅学习，每个星期至少听师傅两节课，虚心听取师傅的指导，对比差距，寻找适合自己的教学途径，不断提高教育教学水平。例如，张老师和杨老师结成师徒关系后，张老师在生活上无微不至地关心徒弟，经常嘘寒问暖；在思想上引领徒弟要爱岗敬业，刻苦钻研；在教学上从备课、上课、作业批改和学困生辅导都给予悉心指导。如杨老师在师傅的引领下教育教学方法日渐成熟，教学水平迅速提高。在全县数学学业监测中，杨老师教学成绩达到了全县的中等水平，有时甚至还进入全县前列，超过了师傅。她参加区点赛课脱颖而出，并在县赛中取得优异成绩。杨老师说："因为张老师的引领，我才有今天的进步。"

3. "外援"帮培，弥补不足。

学校教师少，缺乏引领者，就拜请"外援"来校帮助培训。四川省特级教师、大邑县小学教研室王主任亲自上阵。她走进教室，了解教师教学现状；查看学生作业，了解学生知识的掌握情况；与教导处交流，了解学校的教学管理。对小学各学段的语文教师开展针对性培训；同时还邀请了县教育局小学教研室的老师、大邑中学老师、大邑县南街小学教师团队、大邑县安仁镇教师团队及晋原初级中学教师团队等，到校示范授课和交流，教师的业务能力得以提升。

4. 外出参培，取人之长。

除了"请进来"开展培训外，学校经常派教师"走出去"参加培训，学习外界先进的教学思想、手段和方法，以期"他山之石可以攻玉"。尤其是县级同年级同学科的培训针对性强，培训水平较高，培训效果好，学校尽量选派更多的人参加；组织教师到教育发达地"北上广浙"学习前沿的教学思想、理念，并要求所有外出参培教师学成归来后必须上一堂汇报课，把外界先进的教学思想、教学手段和教学方法分享给全体同仁，取他人之长补己之短。

三、以研促培，针对性强

教务处主任说："外界先进的、现代的、前沿的教学我们要学，但不能奉行'拿来主义'，不加筛选地应用，因为校情不同，学情不同，教师风格不同。我们搞教研要立足本校的实际，开展针对性研究。不要搞'高大上'的，研究切口要小，要以教学中遇到的实际问题为导向，解决教师课堂教学中遇到的问题。研究要'四定'：定时间，定场所，定内容，定人员。"安老师说："虽然研究形式不新颖，研究内容不高端、不前沿、不深奥，但很接地气，颇受教师欢迎，因为它解决的是教师教学中遇到的实际问题。"学校认为，虽然这样的研究有点"土"，但培训效果事半功倍，特别是初中开展的"分层辅导"的研究，小学开展的"口语交际能力的培养"和"写字课程的开发与实施"研究。这些研究既解决了我校教师教学中的困惑，又能研为教用，教师乐于参与。

通过实施以上教师培训策略，改变了年长教师的教学理念与教学方式，培养了一批"土著"名优骨干教师。青年教师的教学能力逐渐成熟，成为学校教育教学的中坚力量，使学校教育教学质量得到全面提升。

第三节　关注心理建设　把好入职第一关
——大邑县王泗镇中心幼儿园教职工队伍建设的实践与思考

2017年9月，大邑县王泗镇中心幼儿园集团的新园区王泗二幼开园。作为一所新建的农村幼儿园，在开园筹建工作中面对的最大挑战就是队伍建设。组建一支团结协作、积极向上、爱岗敬业且稳定的教职工队伍，是一所新建园各项工作顺利开展的根本保障。同时，相对于中小学教师而言，幼儿园教师队伍的心理健康水平也更需要幼儿园管理者关注。

幼儿教师职业特点的需要。幼儿园的适龄儿童一般3~6周岁，学生的年龄特点决定了幼儿教师的职业特点是"保教结合"，即保育和教育工作并举。这意味着幼儿教师的工作不仅需要专业的育儿知识，还需要有更多的细心和耐心。但是社会和部分幼儿家长对幼儿教师这一职业的专业性认同还不够，导致幼儿教师需要面对更多的压力。

社会和幼儿家庭的需要。一方面，随着社会的进步，越来越多的人认识到学前教育的重要性，社会和幼儿家庭对幼儿教师提出了越来越高的要求；另一方面，随着网络和自媒体的发展，一旦出现幼儿教师的负面新闻，往往会引起社会舆论哗然，主观地将个别幼儿教师的行为推及整个幼儿教师群体，引起社会和幼儿家庭对幼儿教师群体整体水平的焦虑和关注，而关注点往往又集中在幼儿教师的师德师风、心理健康水平方面。

幼儿园发展的需要。在教师队伍中，幼儿教师算得上是一支特殊的小分队：临聘人员多、工资待遇低、流动性大、年龄结构偏年轻。从管理的角度看，这些特点都不利于幼儿园的健康发展。因此，提高幼儿教师的心理健康水平，提高职业认同感和幸福感，减少和避免师德失范行为的出现，是幼儿园，尤其是新建幼儿园的当务之急。

王泗二幼地处乡镇，来应聘的人员本来就不多，如何从中筛选出符合条件的心理健康水平高的人员？如何做到宁缺毋滥？如何让聘用人员认同本园的办园理念？如何保证队伍的相对稳定？如何激发每名员工的积极性、主动性，增加团队的凝聚力？

幼儿园开园之初便确定了队伍建设的基本思路：关注心理建设，把好入职第一关。具体做法是：一次谈话、两个考验、三本书籍、四部电影、五场培训。

一、一次谈话

基于应聘保育员、后勤岗位的人员中，大部分缺乏幼儿园工作经历，应聘教师岗位的则是以刚毕业的学生为主的现实，经过初步筛选后，由园长跟每一位拟聘者展进行目为"做一名幼教人，你真的想好了吗"的谈话：首先，请应聘者谈一谈应聘的原因、对应聘岗位的认识、对应聘岗位的工作设想以及对未来工作的期待；然后由园长介绍招聘岗位的工作内容、岗位要求以及幼儿园能够提供的待遇。谈话结束后会给拟聘者两天的考虑时间，如果接受，即应聘成功，进入试用期。这样的谈话有助于应聘人员对自己即将从事的工作具有正确的认识和合理的期待。

二、两个考验

第一个考验是从事体力劳动。2017年6月初，第一批到岗的7名教职工加上5名职高幼师的实习生，用了整整大半个月的时间，在占地面积11亩、建筑面积4000多平方米的幼儿园里进行了开荒式的大扫除。劳动的强度和难度可想而知，但每个人都坚持下来了。到现在，她们还常常自豪地说："这个幼儿园的场所，是我们趴在地上一点一点擦干净的。"第二个考验是参加专业知识考试。7月，幼儿园给教师、保育员、保健医生等岗位的应聘人员发放了《幼儿园一日活动保教常规操作手册》，要求大家利用假期自学，8月1日上班第一件事就是闭卷考试。幼儿园希望大家知道：在幼儿园上班，不是能吃苦耐劳、能接受较低工资就可以的，还要愿意学习、会学习。

三、三本书籍

这三本书分别是《窗边的小豆豆》《非暴力沟通》和《正面管教》。前两本是全员必读书目：《窗边的小豆豆》让大家知道，幼儿园里的每一个教职工都是教育者，当孩子走到幼儿园门口见到保安叔叔的那一刻起，教育便已经开始，所以每一个人都应该注意自己的言行，为孩子提供好的学习榜样；《非暴力沟通》能帮助大家学会正确、有效的沟通方式，以建立和谐的人际关系，提高工作效率。《正面管教》是行政人员、教师和保育员的必读书目，了解幼儿的特点、有针对性地进行引导，才能真正赢得孩子的喜欢，得到孩子们信任。

四、四部电影

电影《看上去很美》像一面镜子，让教师直面工作中的现实状况，时时提醒大家调整自己的观念、规范自己的言行，做一名新时代、新理念下合格的幼儿教师。《地球上的星星》告诉我们，每一个孩子都是独一无二的，都需要教师关注和尊重，尤其是特殊孩子更需要教师耐心对待。《头脑特工队》让教师知道：情绪没有好坏之分，在工作中要管理好自己的情绪，要尊重和接纳孩子的情绪。《小王子》让教师静下心来向内看，寻找和感受自己内心深处的那份细腻与柔软，做一个温暖的人。优秀的电影能净化心灵，幼儿园希望每一位教师都能通过观看这些电影，让自己的心变得柔软一些，再柔软一些。因为教师即将面对的，以后一直要面对的，是一群最天真、最纯洁、最没有防备心的孩子，在幼儿园里，教师是他们唯一的依靠，更是他们学习和模仿的榜样。

五、五场培训

培训内容包括礼仪培训、沟通技巧、情绪管理、职业规划和团队建设五个主题。在正式开学前，幼儿园邀请了大邑县王蓉琴心理健康教育名师工作室来园开展了为期两天的集中培训。主讲团队的精彩分享受到了全体教职工的一致好评，而王泗二幼教职工在培训中展现出来的精神面貌也受到了讲师们的高度赞扬。

以上做法帮助王泗二幼快速组建了一支合格的教职工队伍，保证了新开园的王泗二幼各项工作迅速步入正轨，每一个教职工都能在王泗二幼找到归属感和成就感，第一批教职工也很快成为幼儿园各个岗位的骨干力量。这让教师看到了"关注心理建设，把好入职第一关"的重要性和意义，同时也更加明确地提出了对教职工的基本要求：心里有爱、脸上有笑、眼里有光。心里有爱，是入职的底线；脸上有笑，是良好的工作状态；眼里有光，是对生活的热爱。

德国著名哲学家雅斯贝尔斯在《什么是教育》一书中说："教育的本质意味着，一棵树摇动另一棵树，一朵云推动另一朵云，一个灵魂唤醒另一个灵魂。"希望每一位教职工都能成为心里有爱、脸上有笑、眼里有光的人；当每一位教职工都努力成为越来越好的自己、呈现出自己生命的最佳状态的时候，最好的教育便开始了！

第四节　队伍建设扬帆起　乘风破浪万里航
——大邑县晋原初级中学教师队伍建设实践

走进晋原初中，你会感受到那微风，是情深意暖的；你会看到那花朵，总是争奇斗艳的。

你看，半亩方塘园的蒲葵树，流水淙淙水渠旁的枇杷树，综合楼外遒劲的榕树，围墙上的蔷薇和三角梅，那长条状的花圃、方形的菜畦、环形的中药苗圃，还有那来来往往、面带微笑的师生……一切总是充满希望和生机。

如果你没有亲自到过这里，你或许无法想象，这所位于偏僻城乡接合部的学校，会是这番美好。这不禁让人感叹，是一群什么样的教育人，能把它建设得如此温馨而积极向上？

睁开发现美的眼睛，追随师生的足迹，在布满希望的晋原初中，我们找到了答案。

一、红旗招展扬风采，风樯跃动起宏图

晋原初中以党建统领队伍建设，为教育发展保驾护航。加强学习型党组织建设，以理论教育、业务学习、学历提升为抓手，以课续教育、自学等形式，因地制宜地开展评选学习型学校、学习型党支部、学习型工会、学习型个人等活动，进一步推动学习型系统建设。积极动员教师参加各级各类培训、远程教育提升学历，鼓励广大教师参加业务进修，从而在全校形成互动提高的新局面，不断增强广大教师的学习力和创新力。

1. 加强党的作风建设，提高拒腐防变的能力。

晋原初中党支部组织开展教育系统预防职务犯罪专项教育活动，防范学校发生损害师生、家长利益的"微腐败"问题。积极推进党风廉政建设责任制落实，健全党内民主生活制度，开展谈心活动，广泛征求意见，定期召开专题民主生活会和组织生活会，重走长征路、瞻仰烈士遗迹，开展批评与自我批评，使每个党员都受到深刻的党性教育。

2. 积极开展争先创优活动，提升党员教师队伍素质。

晋原初中党支部通过大力开展争先创优活动，从思想上、组织上、作风上全面落实党员的先锋模范作用，用实际行动塑造办人民满意教育的良好形象。

3. 学习先进人物事迹，树立党员教师爱岗敬业、奉献社会、奉献人生信念。

晋原初中通过党员讲党课等活动，强化党员教师责任意识，努力成为学生健康成长的指导者和引领者，引导党员教师争做业务精湛的先锋；通过组织党员教师参加上公开课、课堂教学评比、党员教师基本功比赛等活动，努力营造严谨治学、求真务实的氛围，从而使党员教师快速进步，成为优秀教师的典范；通过组织党员教师参与课题研究、校本教研、研究性课程开发等活动，倡导党员教师先行一步，立足课堂教学、落实教学常规，带头钻研教材，研究新课程，加强教学反思，提高学校的教学质量，引导党员教师争做教育改革的先锋。

二、采得百花成蜜后，为己辛苦为己甜

晋原初中以师资建设促发展，提出了"创建学习型学校，促进教师专业成长"的内涵发展战略。全面构建师资队伍建设的目标体系，立体化展开各项培训，引领教师进行师德学习，使教师具有高尚的道德品质和崇高的精神境界。

1. 引领教师进行业务学习，让教师具有广博精深的文化专业知识和理论。

晋原初中鼓励并推动教师做"博专结合，博中求专"、德才兼备、一专多能的复合型教师。引领教师参与信息技术能力提升工程2.0培训，让教师掌握"互联网＋教育"新模式和新方法，具有较强的教育科研能力，全面提升教师教育信息化水平和适应信息化教学的变革能力。利用网络资源组织教师观摩名师课堂实录，零距离地接触和了解本学科所熟悉的名师最先进的教育教学理念；定期开展主题学术交流活动，同学科之间教师相互交流，虚心学习；组织教师参加省、市、县级的各种培训，锤炼教学艺术，请县内、县外名师到学校举办讲座；利用强校工程，为教师搭建与名师交流提升的舞台，选派教师到石室初中和各兄弟学校参观考察或学习研讨，提高教师的专业水平；利用名校资源指导学校教研组、备课组的活动，形成辐射机制，提高教师的教学理论和教学水平，一大批具有发展潜力的中青年教师蓄势待发！

2. 引领青年促成长，将教师发展长远目标与现实教育教学的要求兼顾起来。

晋原初中融培训、教研、教学为一体，发挥名师、名校长的带教辐射、引领示范作用，让青年教师与名优骨干教师、名校长进行师徒结对，启动青年教师"一二三四五"培训计划：一年"结对子"，名师带徒，常规入门；二年"压担子"，大胆执教，工作上路；三年"指路子"，发展优势，形成特色；四年"搭台子"，搭台唱戏，崭露头角；五年"拔尖子"，闯出校门，走向成熟。利用专题讲座、教学论坛、课堂技能大赛等一系列活动，引领教师在常态课、研究课、录播课、研讨课、示范课、各类赛课活动的研讨过程中，不断进步、不断提升，构建开放互助的培养平台。

三、科研春色难关住，一地芳菲汗水栽

晋原初中积极开展教育科研，深耕五育并举，厚植创客＋课程，不断促进教师层层攀高。

1. 学校强化科研理论对教学的指导作用。

引导教师加强对课堂的研究，强化课题意识，大力推进"三力"课堂教学模式改革。用"以点带面，分步推进"的办法，以探索"创客＋"教育模式下的校本课程为切入点，以创客式教学激发教师对课程的设计、实施以及教学评价的融合创新，以项目式学习培育学生创新创造思维和能力，充分运用学校现有资源和平台，探索五育融合并举、共同发展的学校特色课程。

2. 学校以年级为单位，进行"创客＋"项目式社团活动。

以师生协作为主体，创办"创客"工坊，创建"五育"大花园。积极探索和构建富有晋原初中特色的校本课程内容体系。除了学校传统的社团活动，如编程、美术、音乐、舞蹈、球类、啦啦操之外，将重点放在"创客＋"班级园区、"创客＋"开放式图书室建设上，下足功夫。建立开放式图书室，建设功能多样的教育教学区域，开启丰富多彩的"创客＋"项目式社团活动，开创探索自然科学的"创客"实验室，开设创意耕耘的"创客"班级园区，开办动手创作的"创客"工坊，打造"创客"成果展览室，让学生的创造力在"创客＋"校本课程中得到激发，让学校成为未来创客的摇篮。

四、名师创造名校，名校造就名师

晋原初中把"名师"培养作为队伍发展的最高目标，要求教龄在五年以上的教师朝着"十个一"的目标努力：树立一个好形象、练就一流基本功、精通一科教材大纲、掌握一套教育理论、具备一项特长、形成一种独特的教学风格、创出一流的好成绩、总结一套好经验、熟练使用一套电教设备、获得一流的教改成果，促使教师苦练内功，争创名牌，争当名师。定期举办"名师大讲堂""我的课堂，我的舞台""与名师同课异构"等活动，"不追求平平淡淡的完美，而追求有突破的遗憾"，一批中年名师已崭露头角。

在播撒着希望的晋原初中，以一棵树摇动一片树林，以一朵云推动更多朵云，聚合成为甘霖，滋养更多祖国的花朵绽放出万紫千红，为祖国培养更多优质人才，谱写教育的华彩乐章。

第三编

建 ■ 探索

第一章 课堂

第一节 以健学课堂建设点亮课堂改革之灯
——大邑县南街小学"双向四环"教学模式实践案例

"致力于每个生命的健康成长"是大邑县南街小学（以下简称南小）的办学目标，"健学"是南小健育文化的重要组成部分。健学课堂是实现智慧教育的主阵地，是提升教师教学力、研究力，提升学生思考力、学习力的重要舞台。在学科优化后的"双向四环"教学模式下，积极探索基于学科核心素养的"健学课堂"建设，让南小课堂教学成为富有智慧和艺术的创造性活动，把教师的主导作用和学生的主体作用充分激发出来，让课堂成为思想与思想相互交融、心灵与心灵深情对话、生命与生命共同成长的地方。

一、健学课堂内涵

在学校文化体系里，对学生的培养目标是"身心两健，德学兼美"，落脚在"健学"上，指学生热爱学习、善于学习、学习能力强。南小健学课堂建设以深度学习为主旨，以构建"趣学、思学、慧学"的健学课堂为目标，在"双向四环"教学模式下，分学科分年段分板块进行循序渐进的研究。

1. 趣学——健学课堂是师生共同营造一种和谐、平等、有趣的课堂。学生在师生互动学习、问题探究中感受学习的兴趣，教师对学生充满期待与热情。

2. 思学——健学课堂是一个充满思维张力的课堂。课堂中教师关注学生思维品质、思维方式的培养，通过聚焦关键点，涉及恰当的教学活动，引发学生思考，提升学生思维能力。

3. 慧学——健学课堂是一个智能高效的课堂。教师运用"互联网+"的思维方式和最新的信息技术手段来变革、改进课堂教学，课堂中师生高效互动、趣味探究、智能测评，教学更加高效。

基于这样的认识，南小健学课堂建设在学校"双向四环"教学模式下，结合学生实际和学科特点，在不同的知识板块或者某个教学活动和教学环节中，去落实对学生学科思维的训练，使课堂成为关注生命情怀的课堂，这样的课堂是灵动和谐的、充满智慧和勃勃生机的，从而培养学生创造力，促进学生终身学力的形成。

学校分年进行梯度化建设，每一年紧扣主旨和目标，通过"三三式"研修形式，立足"1+X"教学评价改革的学科落脚点，开展研修活动，抓实研究过程，培养智慧学生，锻造优秀教师，最终形成富有南小特色的教学文化。

二、课堂建设目标和实施

1. 总目标：形成富有健学特色的南小课堂教学文化。

2. 分目标。

第一年：有趣味。教师对所组织的学习内容能够找准思维训练点，并且有恰当的教学方法，让学生乐学、乐受、乐参与。

第二年：有思维。教师对所教内容有自己的理解和判断，在尊重文本价值的基础上有独立发挥，并通过适当的方式方法转化为学生思想。

第三年：有智慧。教师能借助信息技术支撑，运用"互联网+"的思维方式和最新的信息技术手段智能模式下的思维训练，使课堂中师生高效互动、趣味探究、智能测评，教学更加高效。

第四年：有风格。教师经过实践、反思、提炼，逐渐形成教学特色，能高效达成教学目标，课堂三大特质（有趣味、有思维、有智慧）初显，从而形成独特的教学风格。

第五年：有文化。通过教学达成技能，由技能训练实现方法内化，再由方法积累形成学科思想，从而实现学校教学文化的彰显。

3. 课堂建设实施。

从2012年至今，学校以"双向四环"教学模式探索实践南小课堂改革之路，经历了从无到有，逐步完善的过程，"双向四环"教学模式也经历了三个重要阶段。这个过程中，教师的教育教学理念、课堂研究力和实施力等方面都有很大的提升。

(1) 确立指导思想。

进一步规范教学行为，改革课堂教学结构，重建以学习为中心、以学生发展为中心的新型课堂教学模式，树立正确的教学观、学生观、质量观，努力践行"致力于每个生命健康成长"的办学理念，为学生的终身发展奠基。

(2) 树立基本理念。

教学理念：以学定教

教学原则：多学少教

教学过程：先学后教

教学内容：因学设教

教学方法：循学施教

教学评价：以学论教

(3) 搭建结构模型。

(4) 模式运用操作。

第一环节　教师：创情设景导学启思　学生：自学自悟存疑置难

第二环节　教师：组织分享顺学而导　学生：互动交流分享成果

第三环节　教师：把握重点为学设导　学生：合作探究解疑释惑

第四环节　教师：系统小结评价反馈　学生：学习测评巩固提升

(5) 模式实践效果。

南小"双向四环"教学模式基本理念是"以学定教"，在模式框架下所有的教学行动均指向学生的学，落脚到学生的学，促进学生的学。在教学的基本原则上体现"多学少教"，把课堂时间、空间还给学生，把思维过程还给学生。在教学过程上体现"先学后教"，教学活动以学生的已有学习基础为起点；学生带着教师布置的学习任务，有目标地进行预习和自主学习，初步理解教材基础知识，暴露学习过程中产生的疑难问题；教师根据教学目标，结合学生学习情况进行点拨引领，纠错纠偏，释疑解难，综合提升。

课改立足于规范教学行为，改革课堂教学结构，重建以学习为中心、以学生发展为中心的生本课堂，为学生的终身发展奠基。

"双向四环"学导模式，即课堂以"四环"为基本结构模式，"导"与"学"双向互动展开。这在当时是一个成熟的教学模式，具有一定的先进性，给予学校教师，特别是新教师、青年教师可操作的模板，在一定程度上很好地促进了教师发展，提升了教师课堂教学的实操能力，也造就了南小一批名师迅速成长。同时"双向四环"教学模式向全县推广，进一步扩大了学校的影响力，南小教育集团、联盟校、结对帮扶学校也应运而生。

学校课堂建设在"双向四环"教学模式的引领下，已经发展了十多个年头，一批批优秀教师已成长为学校甚至区域内的学科专业带头人。为了发挥其辐射引领作用，2020年9月，学校尝试进一步挖掘课堂内涵，分年分步研究，带动课堂改革。

一是完成课堂建设五年规划。在学校教导处牵头下，组建了课堂建设领导小组。教导处学科分管和语数英三科教研组长、备课组长组成课堂建设中心组核心成员，主要职责是负责学校课堂常规工作推进；指导引领教师参与课堂年度建设侧重点的研究，推进学校课堂建设全面实施。课堂建设领导小组旨在通过健学课堂的建设，促进教师自主学习和研究，不断丰富完善知识结构，提升自我的课堂研究力和实施力。

二是分学科确定年度研修重点。学校为了让各个学科的五年规划能够分步有序进行，结合学科研究重点，紧扣健学课堂分年建设目标，还组织对每一学期的研修思路进行设计，并预设研究成果。健学课堂内涵的界定，解决了理论架构的问题；研究重点、分年目标和举措解决了"行为方式"和"技术手段"的问题。兴趣是最好的老师，有趣味的课堂导入，有趣味的教学评价等，都能够很好地激发起学生学习的积极性和主动性。所以学校在五年规划的第一年，把年度研究重点设定为"有趣味"。语文有趣的阅读晋级评价，数学有趣的实践活动，科学有趣的实验探究，英语有趣的课堂导入，都在创造吸引学生课堂注意力的契机，把学生的注意力转移到课堂上来，唤起学生学习的内驱力。

三是制订课堂观察量表。学校为了从研究的角度更好地审视健学课堂建设的成效，根据每年研究的侧重点，探索实施课堂观察量表，从学生参与积极性、学习质量等级、趣点呈现记载和效果分析四个层面，对课堂进行观察记录，促进反思和后续工作的跟进。观察量表的使用，一是引领授课教师反思自己的教学，二是触动观课者改进自己的教学，三是指导课堂建设领导小组进一步细化和优化观察量表板块和内容。

4. 课堂建设效果评价。

从2012年到现在，学校课堂建设以"双向四环"教学模式的不断优化实施，带动了南小教师课堂教学力的提升，同时也促进了教师思考力和研究力的提高，推动了学校教师队伍建设，带来师生校的良性发展，促进学校良好教育生态的形成。

学校教师专业素养得到整体提升。课堂建设点燃了教师自主学习的热情，促进了教师角色的转变，一批中青年教师脱颖而出，课堂教学技能技巧不断提高，成为市、县级骨干教师。学校现有市学科带头人1人，大邑名师4人，大邑县学科带头人9人，四川省骨干教师2人，成都市骨干教师17人，大邑县骨干教师23人。

课堂是课程建设的最后一公里。让学生掌握知识，习得技能，发展思维，形成学习的能力和品质，是课堂建设和改革的重要目的。研究课堂、研究学生、研究生命，是健学课堂之魂。

第二节 低起点·小步子·分层次·快反馈
——大邑县三岔初级中学课堂教学改革实践

一、变革背景

三岔中学从2010年下半年开始进行"开放性·学习型"课堂教学改革，课堂教学质效有了一定的提高。然而，在具体实施过程中，以下三个矛盾依然制约着教学质量的进一步提升。

一是学校生源质量不好。本地生源仅68%升入本地中学，32%的学生选择了外地求学，学生的厌学、弃学情况较重，学习习惯、学习能力较差。

二是学校教研氛围不浓。由于班额较少，平行班级数少，导致很多学科一个年级只有一名教师，甚至一名教师跨两门学科，没办法开展教研，氛围不浓。

三是教师能力不足。教师囿于能力和时间的原因，教学设计具有随意性，不能真正达到抓住重点和突破难点，教学质量上不去。

为了改变现状，进一步提升教学质量，2016年上期，学校对原来的课堂教学结构进行了提炼和改变，突出了"导·思·测"三个关键环节，强化了小组合作学习共同体建设，既保证了课堂目标教学的连贯性实施，又有利于教师更加灵活地组织课堂教学。

二、"低起点·小步子·分层次·快反馈"的含义

针对师生的具体情况，学校提出了"低起点·小步子·分层次·快反馈"的教学要求。

1."低起点"就是考虑学生实际，细化教学目标，适当降低要求，设计能

照顾全体学生的教学内容。

2."小步子"教学是将较大较难的目标分解为若干较小较容易的目标，先让学生完成一个简单的、可看到成果的任务，从而确立信心；再让学生完成一个难度不高、成果明显的任务，从而信心大增；让学生完成力所能及的任务，看到成果，进而取得学习的成功。也就是细分学业任务，对学生每一点微小进步和成功的发现予以肯定，运用多肯定的激励式教学方法。

3."分层次"就是分层要求、分层指导、分层作业、分层评价。

在课堂上有意识地为各个学习层次的学生提供展示的时间和空间，为学困生安排难度低的问题，完成较低层次目标；学优生安排难度高的问题，完成较高层次目标。作业也应根据学生不同学情布置个性化作业。在指导和评价时，也要分层次，不能"一碗水端平"。这样，就不会有学生感觉被冷落或觉得课堂乏味了，各个层次的学生都有收获，都有成就感，都感受学习的快乐。

4."快反馈"指及时进行课堂检测、及时批改学生的作业、及时评价学生的回答，使学生能及时发现问题并加以改正。

三、"低起点·小步子·分层次·快反馈"的教学要求

1. 课前准备。

（1）教师备课——三吃透。

吃透课标是前提。这关系到课堂教学能否把党和国家的教育方针政策落到实处，是原则和方向问题。

吃透教材是基础。教师备课时必须深入研究教材，弄清教材编写的目的和意义，整合教材难度，从学生实际出发，确定教学内容，与学生的已有认知水平相接近、切合，精准设计教学目标和问题案例，并通过教学稿的形式显现出来。

吃透学生是关键。教师在充分了解学生的知识能力、性格特征等因素的基础上，将教学目标分解细化，设计撰写成个性化教学稿，为二次备课做准备。

（2）学生自学——看、问、议。

看：以教师制作的"教学稿"为纲，通过看教材及教学视频（或微课）进行个体自主学习，独立思考、勾画、笔记；独立完成教学稿中的相关问题。

问：在"看"环节中提出至少1个自主思考的问题，写在学稿上，组长组织小组同学交流讨论，达到消化知识、互助学习解决知识问题的目的。

议：学习小组集体讨论本小组自学中不能解答的问题，交给课代表供教师

二次备课使用。小组集体完成课堂展示的准备。

2. 课中活动。

(1) 教师活动。

教师在课堂教学过程中降低知识的坡度，放慢速度，减少难度。将教学任务细划分成若干板块与台阶，引导学生从易到难一步一步去完成，对学生获得的微小成功及时肯定，激发学生学习的自信心。

(2) 学生活动。

小组展示。针对当堂课学习目标和学习内容，教师或课前指定，或课堂随机抽选出学习小组进行讲解或解疑展示。

互助解疑。小组之间或学生个体互助解疑，也可质疑提出新问题。以小组成员解答问题、质疑问题的量与质评比学习小组的工作。

课堂检测。学生在课堂上利用课堂资源进行当堂学习效果分层检测，可重复两次，反复检测不合格题型内容，或将还未掌握内容记入学习笔记，课后再学再测。

四、"低起点·小步子·分层次·快反馈"的课堂教学优化

1. 导——设置情境导入，展示目标（导学）。

让学生明确本堂课的学习内容和目的要求，教师通过媒体展示与本节课知识点相关的学习目标，通过独立思考和分组讨论方式，回顾课前自学的主要知识点及相关知识并汇报交流。

2. 思——"自主学习，交流互动，展示点拨"。

(1) 自主学习（约 5 分钟）。

教师课前制作好教学稿，并在开课前一天发给学生。学生利用自习时间进行自学，并在开课前将教学稿交给教师批阅，教师通过巡视，发现学生中还存在的问题，以便在后续环节处理。

(2) 交流展示（约 10 分钟）。

学生观察板演，类比自己做法，看结果是否与板演的相同；小组自由讨论，说出错因、予以更正，教师可适当参与小组讨论；师生共同交流，培养归纳、构建学科知识的能力和素养；结合形成的知识方法，针对性训练，再交流，进行巩固。

凡是学生能解决的，就让他们自己解决，真正找出需要教师引导、点拨的问题。通过生生、师生交流，使学生进一步加深对所学知识的理解，最终形成

运用知识去分析问题、解决问题的能力。

（3）展示点拨（约5分钟）。

教师引导学生回顾本课学习历程，从知识、方法、情感三个方面进行总结概括，知道易错点和不足之处；引导学生进行小组讨论、交流；教师点评，以投影、板书的方式加以总结。

3. 巩固检测——目标检测与点评答疑（约10～15分钟）。

课堂检测要低起点，多层次；勤于巡视，尤其关注学困生的学习情况，及时辅导答疑，纠错补差；批改已完成的作业。

"低起点·小步子·分层次·快反馈"课堂教学变革，极大地提升了课堂教学效益，教师的专业水平也得到了进一步发展。

第三节　基于预学的精讲、精练课堂
——大邑县花水湾镇学校教学模式实践

一、现状分析

花水湾镇学校是一所山区九年一贯制学校。学校优质资源缺乏，制约着学校的发展。学校教师队伍老龄化现象严重，中青年教师比例较低且流动性大。学校学生多为留守儿童或单亲家庭，家庭教育严重缺失，很多学生在家处于放养式状态。

为了使学校走出办学困境，学校探索实施"基于预学的精讲精练"课堂教学模式，努力使教学效率最优化、效益最大化。

二、模式依据

基于预学的精讲精练教学模式源于成都市双庆中学的"精引精练"教学模式。在借鉴中，花水湾镇学校增加了"预习"环节，自主设计教学设计卡，同时借鉴双庆中学导学案，设计"三环节作业"，即课前预习、课堂精练、课后巩固。学校确立的基于预学的精讲精练课堂教学模式，主要在3～9年级的语文、数学、英语、物理、化学、科学等学科中实施。

三、基本理念

基于预学的精讲精练课堂教学以"两强调"为基本理念。

一是强调预学。预学是指学生对要学习的新知识事先进行自学准备,做到听课有的放矢。其作用有三方面：一可以扫除听课中的"拦路虎",为听课扫清障碍；二可以提高听课效率；三可以提高记笔记的水平,培养自学能力。预学可以依据教学的实际情况分成课前预习和课堂预习。预习时,鼓励学生提出有价值的问题。

二是强调"以学定教"。树立以学生的"学"为中心,以教师的"教"为学生的"学"服务的教学理念,引导学生开展自主、合作、探究式学习,改变了传统课堂教学模式,并确立了"先学后教、交流合作、精讲点拨、当堂训练"的课堂教学范式。

四、基本环节

基于预学的精讲精练课堂教学以四环节为教学过程,即预学、交流、精讲、精练。

1. 预学。教师设计预学单（或预学作业）,简明扼要地阐明学习目标,提出自学要求,引导学生先学先练,带着问题进课堂。

2. 交流。学生通过小组"交流—讨论—反馈"合作学习,解决教师预设的、学生发现的以及其他一些疑难的问题,让学生教学生、学生帮学生,同时生成新的问题,然后各小组在全班交流汇报学习情况；教师则根据教学目标进行"检查—倾听—梳理—点拨",以便实现下一步有针对性的教学。

3. 精讲。在交流讨论基础上进行精讲,讲重点、难点、易错点、易混点、易漏点,讲思路、策略、方法、规律、技巧,讲思想、情感、态度、品质、体验等,促使学生的认识和理解提升到更高的层次和境界,学会学习与思考。

4. 精练。就是当堂训练。通过精练检验学习效果,让学生通过一定时间和一定量的训练,加深对所学内容的理解和感悟,应用所学过的知识解决实际问题。

基于预学的精讲精练课堂教学强调预学的重要性,践行"以学定教"的课堂教学思想。四个环节环环相扣、逐层递进,是一个有机统一的整体。

五、初显成效

精讲精练课堂教学模式实施后,教师提升了以学定教的能力,教学中更关注学生的学。学生养成了预习意识和良好的学习习惯,掌握了自主预习和学习的方法,也实现了被动学习向主动学习的转变。

第四节　提升农村小规模学校教学质量的实践探索
——大邑县唐场小学"小班化"教学的认识和实践

由于城市化进程不断加快,农村学校生源骤减,小规模学校越来越多,大邑县唐场小学亦然。学校在吸取别人长处的同时结合自身实际,不断摸索,对如何实施小班化教学进行了实践探索。

一、因势利导顺势而为,努力转变教育观念

学校通过行政会、周务会和教研会等多种形式和手段,凝聚教师的共识:这种自然形成的"小班化"恰恰是教师搞好教学的一个优势。开展"小班化"教育教学,可以让每一位学生均等且充分地接受教育,发展个性。小班化教学具有以下六个方面优势。

1. 灵活的组织方式。

教学组织形式上改变了座位排列,由原来的"秧田式"排列根据不同需要变为"餐桌型""D字形""口字形"等。而且教师的座位穿插其中,缩短师生的物理距离,方便教师参加学生的学习活动,增加师生之间交往密度,改变原来课堂教学的人际关系,建立起平等民主的师生关系。

2. 充裕的活动空间。

"小班化"教室空余空间大,不仅可以自由排列座位,自愿组合,还可以安放一些简易书柜,创设小图书馆,用电教设备创设小电影院。同时鼓励学生参与环创,使教室变成家,变成乐园,整个课堂呈现出独特、宽松、安逸的氛围,师生共做、共学、共享、共赏,有利于培养学生的综合能力,增进师生情感。不仅如此,"小班化"还减轻了教师课内压力,使之能腾出精力来大力开展课外活动,可以带领学生走出教室,走进校园,融入自然。

3. 有效的教学模式。

实施"小班化"教学，改变了传统的"教师讲学生听""教师演示学生看""教师问学生答"的单向教学模式，引入了小组合作学习、分层教学、主题教学、分类辅导等模式。新的模式，确立了学生的主体地位，体现学生的主体精神，发掘了他们智慧的潜能，展示出他们生命的活力，迸发出创造精神的火花。

4. 优化的班级管理。

"小班化"教师班级管理跨度较小，有利于形成良好的班风和学风，较大的学习空间有利于组织各种形式的活动，为研究性学习提供了良好的环境。"小班化"还易于获取家长的支持，营造良好的教育氛围。

"小班化"教学，在人数少和空间相对大的有利条件下，师生互动、生生互动的频次大大提高，激发了学生的学习热情，强化了学生的自主性。

5. 特色的兴趣小组。

就客观条件而言，与城区学校相比，大邑县唐场小学在师资、教学设备上尚存在一定的差距。学校充分利用"小班化"教学的优势，充分挖掘教职工资源，成立各种兴趣小组，实现学生参与全覆盖，形成特色。

二、循序渐进优化方法，努力提升教育质效

学校在积极探索"小班化"教学中不断改进课堂教学方法，努力让课堂充满活力，教学扎实有效。

1. 小班化教学要因材施教。

学校要求教师在教学过程中，要利用好"人少"这一优势，充分了解学生。在"小班化"教学中，教师可以有更多的时间对学生进行个别教学，教师可以针对不同层次的学生制定不同的教学目标，使学生在不同的层面都能得到发展。

2. 小班化教学要及时反馈。

在"小班化"教学中，学生可以更多地参与教学，有更多的思考、发言、练习机会，教师能够及时了解学生的学习状况。

3. 小班化教学要方法多样。

教师选用课堂教学方式可以具备灵活性，可以集中讲解，可以分组讨论，可以个别辅导。而且教师也不用拘泥于单一的教学方法，对于游戏教学法、鼓励教学法、动手操作教学法、课件辅助教学法、尝试教学法等教学方法，在

"小班化"教学中都可以根据教学内容和学生实际适时调整使用。

4. 小班化教学要提倡生生合作。

合作学习是指学生在学习中"为了完成共同的任务,有明确分工的互助性学习"。在合作学习的过程中,学生不仅可以进行知识的交流,不断地完善自我认知,而且可以学会交往、学会参与、学会倾听。在提高学习效率、培养兴趣的同时,还有利于学生创新意识和实践能力的培养。

5. 小班化教学要注重反思。

教师要及时总结课堂教学中的亮点,反思课堂教学中的不足,以及思考采用什么样的办法去优化自己的课堂教学。小班化教学需要不断地进行实践、总结、反思,才能不断优化操作方法,提高农村小规模学校学生个体接受教育的充分度。只要实施得好,可成为农村小规模学校教育发展的一个新契机。

第五节 快乐六年 幸福一生
——大邑县斜源小学的小班教学实践

在西岭雪山脚下,有一所大邑县规模最小的学校——斜源小学。斜源小学现有教学班6个,学生80人,住校生29人。近年来,学校在大邑教育综合改革"1511"发展思路和"五好"目标的引领下,实施了美丽而有温度的乡村学校建设,深入探究小规模学校的小班教学规律,让孩子们走进斜源小学快乐六年,走出斜源小学幸福一生。

一、学校的发展背景

随着城镇化进程的加快,学校学生由最初的600多人,锐减到现在的80人,班级人数最少只有10人,最多也仅有17人,今后可能还会越来越少。按照编制部门管理的规定,学校只能配置4个教师岗位,无法通过增加教师来解决学科结构不配套的问题。学校的发展该何去何从,学校班子陷入了沉思。

二、基于现状的突围之路

天然形成的小班额,具有落实教育个性化服务的强有力优势。一方面能立足学生的当下,给学生最及时的呵护。教师了解每一个学生的具体情况,能随时做到学习上的"一对一"辅导，生活上的"面对面"交心；生活老师能做到"妈妈式"照顾，让孩子感受到"家"的温暖和幸福。另一方面能立足学生的未来，给学生最长远的关照。因为老师与学生零距离的朝夕相处，更能发现孩子的特别之处，凭借全方位、深层次的关注，捕捉到孩子的潜能。

1. 设立全科教师，解决师资不足的问题。

由于编制的问题，学校教师缺科无法避免，无法保证国家课程开齐上足，学校毅然决定设立全科教师，经过再三考量，决定让陈树全老师做"第一个吃螃蟹"的人。陈老师充分利用各种资源，多次向县教研室王莹菊、李明东老师请教，向书本、网络、全国各地乃至欧美国家全科教学的先行者学习。就这样，陈老师边培训，边上岗，逐步成为学校第一位"全科教师"。

经过一年的实践，陈老师的全科教学取得了良好的成效，让学校看到了改革的曙光。经验交流时，陈老师讲到在结合语文要素"给文章做批注"进行四年级上册语文《牛和鹅》教学时，学生提出了"为什么牛看人大，鹅看人小"的问题。语文课堂的教学要求和时间却不允许就此问题展开来说，陈老师灵机一动，把这个问题放在了科学课上来解决。科学课上，陈老师从生物解剖的角度出发，带领学生从光学的角度去研究，解决了学生心中"为什么牛看人大，鹅看人小"的疑惑。这个案例显示，陈老师不仅教给了学生发现问题、研究问题和解决问题的方法，而且还激发了学生的探索精神，培养了学生的学习兴趣。

在陈老师的示范引领下，学校先后有李琳老师在语文、英语和道德与法治，牟冬梅老师在语文、数学和科学，向波老师在语文、数学、道德与法治和科学等学科尝试全科教学。目前，学校探索形成了"1＋1"和"1＋X"全科教师设置模式。"1＋1"为语文＋数学等学科全科，"1＋X"为数学＋科学＋英语等多学科，或语文＋道德与法治＋英语等多学科全科，音乐、美术和体育学科的专职教学。课程开齐了，上足了，学生的学业进步有了基本保证。

2. 打破传统教学空间，让学习更有温度。

小班教学，要让学习空间更有温度。为了让教师更好地实施小班教学，让学生充分感受到温馨和幸福，学校将教室划分为学习区、展示区和办公区。教室四面分区域布置"荣誉、梦想、活动和制度"四大文化板块，增强班级的文化自信。师生书写的书法标语、制作的窗帘和隔帘等，尽力凸显"班家文化"的温馨。学生课桌椅排列，根据教学内容由原来的"秧田式"排列变为"餐桌型""C形""口字形"等多种排列模式，让生生之间、师生之间更加亲密，更加幸福。教师在教室后办公，打破了空间距离，学生享受"教师全天候""生在师在"如影随形的陪护，满满的幸福感。

3. 打破内容一贯性，让学习更有情趣。

小班教学，要让内容更有情趣。小班教学内容能满足学生多样化学习的需要，教师不必严格按照课程表进行教学，通过对教学内容的适当整合，可集中，可分散，有课堂内的活动，也有走出课堂的实践活动，将课堂教学延伸到阳光下、操场上，让学生在校园的每个角落，融入自然、观察、学习、欣赏、感悟。这种轻松、有趣、健康的课堂教学，学生的兴趣浓，效果好。例如，陈树全老师在教学《变废为宝有妙招》后，建议可以在学校开设"环保美化课"，这一建议得到了校领导的充分肯定。在学校的支持下，陈老师编写了《环保小卫士》校本教材，将废旧塑料瓶重新制作成各式各样的花瓶，变废为宝，每名学生种植、养护一盆中草药，成了全校学生十分喜爱的劳动实践活动。为了培养学生解决问题的能力，陈老师还带领学生走进小镇，走进社区，让他们自己发现问题，并寻找解决问题的办法。这些活动逐步成为学校的特色。

三、教学改革成果初显

学生层面：从他们灵动的眼神和专注的神情中，感受到了学生学习生活的快乐与愉悦，感受到生命成长的美好与幸福。

教师层面：教师有更多的时间去研究教材、研究课堂、研究学生，善待差异。也有更多的时间去学习提升，教师的自信和幸福感溢于言表。

学校层面：学校的办学水平得到了各级领导的高度认可。学生参加各级各类比赛，多人次获奖；调研年级教学质量大幅提升，稳居全县前列。学校对社区的影响大为增强，琅琅书声成为小镇里最美的风景。

学校办学品质和社会满意度越来越高，一个个孩子影响着一个个家庭，共同用行动构筑未来乡村的美好蓝图！

第六节　相信儿童　自主探究
——大邑县潘家街幼儿园幼儿"探究课程"实施案例与反思

长期以来，幼儿园的"教师中心"的教学模式，致使儿童的学习处于"被动状态"，抹杀了儿童学习与发展的自主性，剥夺了儿童主动思考探索解决问题的机会。近年来，大邑县潘家街幼儿园以"在游戏和生活中探究"为课程实施理念，试图对以教师为中心的"高结构"课程模式进行纠偏，走上了一条"让每一个幼儿都拥有探究的权利"的课程改革之路。

案例一：沙池里的自主探究

沙，是一种天然的"玩具"。孩子哪怕是仅有一把铲子在手，他们的玩沙游戏也并不会觉得单调乏味。在潘家街幼儿园，每天上午和下午时段，沙池都会迎来不同班级的孩子。他们穿戴好玩沙游戏服（水裤、雨鞋），伴着欢快的笑声，开始了精彩的活动。

瞧，大一班的李羽彤推来小推车，忙碌地挖沙、装沙、运沙，幻想着自己是一个"运沙工人"，边走还边吆喝着"让一让！谁要沙子？"突然，他又停了下来，蹲下来在仔细察看什么。原来，他发现了车轮在沙地里留下的神奇的花纹印记。于是，他又用力将小车往前推一把，马上又蹲下来看看车轮留下的新印记。他就这样"推车——停下来看印记"反复玩着。

下午，沙池迎来了中三班的一群孩子，他们三五成群用纸盒、锥形桶、塑料瓶玩起了"装沙填塞—倒扣—塑形"的游戏，一座尖尖的城堡"拔地而起"；有的孩子跑到旁边的小树林捡来许多树叶和花瓣，他们开始用树叶和花瓣点缀"生日蛋糕"。琪琪把树叶用"围合"的方式装饰"蛋糕"，欢欢随意地把花瓣散落在"蛋糕"上面，然后用4根小树枝插在"蛋糕"上，高兴地说："今天我4岁了！"接着，大家围着"蛋糕"高兴地拍手唱起了生日歌；一些孩子正忙着挖沟渠，他们的坑洞越挖越深，他们的力量也越挖越强大。

每个孩子都能在沙池里找到自得其乐的游戏方式，不被打扰，沉浸其中。而记录以上精彩的正是在沙池里来回走动观察的老师。沙池上，每天都上演着这一幕：孩子自得其乐地玩耍着，老师充满欣喜地观察着、拍摄着……

反思：

沙池里孩子们的自主探究传递着幼儿园对学前教育课程的深刻认识——以游戏为基本活动，在游戏中保障自主、支持探究。整个玩沙活动，教师似乎没有指导，然而他们却默默发挥着教育支持的作用。一方面，教师为幼儿提供了丰富的玩沙材料和环境，允许幼儿到任何地点取用材料，大到三轮车、小到一片树叶，这样的放手与信任本身就是对儿童主动探究的最好支持。另一方面，整个活动过程，教师没有固定幼儿的玩法，而是放手让幼儿自己决定和谁玩、用什么玩、怎么玩。教师不再焦虑于思考如何分配人员、如何教他们玩，一个个游戏在教师"敢于放手"的行动下自然生长、精彩绽放……教与学的边界并不是那么清晰，教师不再是"教"的使者，教学成了师幼共构的过程。教师也在观察与理解中，走进了一个个孩子心里，他们看到了一个个了不起的幼儿和他们精彩的探究行为。

案例二：教室里的"玩具超市"

教室区域里，高高悬挂的、精美的吊饰不见了，往日教师一手打造的"娃娃家""医院"不见了，取而代之的是一排排整齐有序的玩具。这些玩具被放置在不同的"家"里，比如贝壳、松果、芦苇等，它们有一个共同的家——自然材料柜；纸盒、牙刷、饮料瓶等，它们也有一个共同的家——生活材料柜。就这样，很多个柜子形成了一个"玩具超市"。

婷婷早上第一个进班级，她做完"植物区"观察任务后，蹦蹦跳跳地来到了"玩具超市"，她在"自然材料柜"里捡了几个开心果，再去"工具柜"里找来纸、笔和胶棒，最后坐到了一张桌子上，开始了她的美术创作。她把开心果一个个粘贴在纸上，做出了一把小伞的图案，然后又来到"生活材料柜"旁，挑选了红色和黄色的纽扣，回到桌边用纽扣开始装饰伞面，她的美术创作持续进行着……

绘画活动后，先画完的小朋友开始玩耍起来。他们三五成群，有的到"玩具超市"找来石子开始下棋，有的搬来地垫，一张张铺起来，他们想玩打滚的游戏……起床后，先整理好的小朋友又开始玩起来，他们有的到"玩具超市"搬了一筐桌面插塑玩具玩起来，有的去书柜挑选绘本看起来……小朋友在一天里有很多时间和机会去"玩具超市"找东西玩，"玩具超市"成了他们最喜爱的游戏"百宝箱"。

反思：

室内是幼儿每日活动的主要场所，其环境与材料都应诱发儿童自主探究，产生积极的教育价值。老师们通过反思，意识到从前那些精美的"取款机""冰箱""进区卡"等对孩子探究主题的限制；反思严苛的"看病流程"对孩子探究行为的约束。他们大胆地进行改革，将玩法单一的高结构材料进行了"拆卸"，并根据材料的性质、用途进行分类，使教室变成了一个丰富、开放的"玩具超市"。"玩具超市"激发了幼儿无限的探究兴趣，彻底改变了幼儿在室内学习探究的方向、内容和形式，一切变得更加"自由、开放"。

案例三：孩子们的"自助餐"

午点时间到了，孩子们开始享受快乐的"自助餐"时光。在悠扬的轻音乐中，先整理好的一个3岁左右的小班男孩去取餐了。他小心翼翼地提着老师早已准备好的小水壶走向自己的小组，水壶里盛着温热的牛奶。另一个同龄的女孩端着一个大餐盘，里面盛放的是他们小组今天的馒头，也向小组座位走去。其余小朋友则纷纷去取自己的餐盘和水杯。等他们放好餐具后，小组里的孩子有的伸手去取属于自己的馒头，有的提起水壶往自己的水杯里倒牛奶。喜欢吃哪个馒头、要喝多少牛奶都由孩子自己决定，他们表现得非常惬意。

反思：

放手让孩子在生活中自我服务，是珍视生活对孩子学习的独特价值。孩子可以在取餐、倒水中获得许多真实的体验，享受自我服务的乐趣和成功。每个孩子按照自己的节奏去完成，少了老师的催促包办，孩子们表现得更好了。

结语：

以上"探究课程"为我们生动展示了幼儿在充满探究的学习环境中，通过实际操作直接感知的学习方式，经历发现与感知、猜测与尝试、反思与分享的学习过程。正是由这一个个充满自主学习意蕴的活动案例建构起了幼儿探究课程。而其背后是教师儿童观、课程观、教育观的真实转变。

转变儿童观。"相信儿童"，放下成人的权威，不要试图去教授和安排儿童行动，而是信任儿童，营造充满自由的氛围，让儿童按自己的意愿和节奏自主抉择并负起责任。

转变课程观。创设开放的空间、提供丰富的材料，不轻易剥夺儿童自主活动的时间和机会，让儿童能在自由的情境中，天马行空地去自主选择，大胆尝试，获取智力上的、情感上的，和创造性、社会性、科学性等方面的丰沛体验与成长。

转变教育观。积极调整教学中教师与儿童的地位与关系，教师要向儿童学习，对他们的一言一行保持敬畏与好奇，学习理解他们的所思所想所感，在"教"与"学"的过程中实现情感交融。

三年来，幼儿探究课程的实践有效改善了以往课程实施出现的"教师中心""高结构"等典型问题，使儿童的自主性学习处处可见，儿童的学习空间能够变得开放、多元、生态、自然，儿童的兴趣能够成为活动确立和发展的重要依据，获得更多思考、质疑、操作、体验和表达的机会，充满了包容、共情、自由、探索、生长。

第七节　书香滋养心灵　阅读成就人生
——大邑县东街小学课改案例

"怎样才能促进孩子全面发展？""怎样才能培养孩子适应社会发展的必备品格和关键能力？""怎样才能为孩子的人生打底？"东街小学一直在学习、研究和探索。

课程是学校教育的核心，课堂是课程的核心，课堂转型的关键在教师。基于此，东街小学的课改方向一直致力于书香课程开发、书香课堂改革和书香教师培养。

一、"书香课程"的开发

"书香校园建设"行动之初，学校就开始了"儿童阅读课程"建设。最初，根据国内的一些儿童阅读理念，把小学阶段必读的36本童书引入语文课堂的推荐书目和班级分享中，每个年段有12本必读书，分两年读完。12本只是保底要求，上不封顶。这是学校第一次的儿童阅读课程尝试。

丁慈旷老师开发的国学经典类课程"小学对课"，把中国汉字中对对子这种独特的语言形式，通过课堂轻松、愉快地带给学生，既好玩又有文化传承的意义。受这门课程的启发，有的语文老师提出可以根据自身的兴趣和特长，在自己班上进行其他课程尝试。于是就有了后来的一些班本课程。

两年后，学校开始探索怎样的阅读课程才能构建丰富的阅读体验，于是开始做图画书阅读课程。三年级以后，随着学生识字量的增加，理解能力、阅读能力的提高，图画书阅读已经不能满足他们的阅读需要了，学校又开始设置整本书阅读课程。随着网络的发达，资讯越来越丰富，每个人都接触了微信、QQ、网站等平台上铺天盖地的文章。这就需要具备在短时间内快速阅读多篇文章的能力。于是，学校又开始了群文阅读课程的研究。

随着阅读课程越来越丰富，阅读课的实践和探索也成为我们的关注点。阅读课有哪些课型？阅读课应有的定位是什么？各种阅读课程怎样根据年段和时间来整合、选择？阅读教师需要具备怎样的素养？……在吸收其他学校好的做法基础上，学校开始设置专职的阅读教师。尝试打破阅读教师由语文教师兼任的局面，让儿童阅读"课程化"，但不是"语文化"。

基于以上思考与实践，2016年学校的"儿童阅读课程"建设的工作重心转向"大阅读书香课程"体系的构建与实施。以培养"文气、灵气、生气的书香少年"为目标，整合国家课程、地方课程、校本课程三级课程，形成校本化书香课程。课程分为三大板块：阅读与学科、阅读与艺术、阅读与生活。

二、"书香课堂"的改革

2012年，学校开始打造书香课堂，建构"书吧式"课堂教学模式。在模式的创建之初，实施途径是以线性的形式贯穿课堂（图3－1－1）。

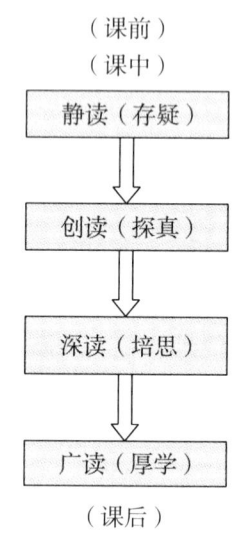

（课前）
（课中）

静读（存疑）
↓
创读（探真）
↓
深读（培思）
↓
广读（厚学）

（课后）

图3－1－1　"书吧式"课堂教学模式

后来，经过教研室专家们的指导，我们发现该模式的各环节的提法多以教师主导，学生学习主人的地位没有体现，经研究将"书吧式"课堂的教学模式改进为"自读静思、互读汇思、共读深思、拓读延思"四个环节。教师可根据课型进行自主的环节安排和时间分配。

随着社会的发展，学校发现"书吧式"课堂教学模式仅仅重视"读"，脚步滞后了。鉴于此，学校正式提出了"书吧式"课堂教学模式2.0版探索，聚焦课堂，优化课程，培养学生核心素养。（图3－1－2）

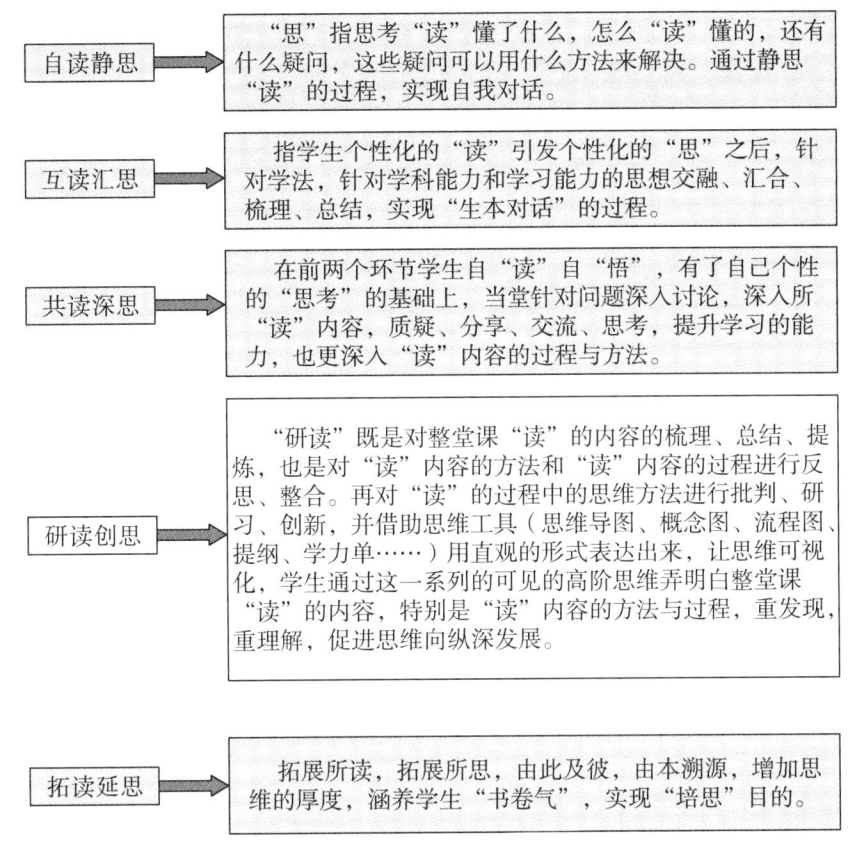

环节	说明
自读静思	"思"指思考"读"懂了什么，怎么"读"懂的，还有什么疑问，这些疑问可以用什么方法来解决。通过静思"读"的过程，实现自我对话。
互读汇思	指学生个性化的"读"引发个性化的"思"之后，针对学法，针对学科能力和学习能力的思想交融、汇合、梳理、总结，实现"生本对话"的过程。
共读深思	在前两个环节学生自"读"自"悟"，有了自己个性的"思考"的基础上，当堂针对问题深入讨论，深入所"读"内容，质疑、分享、交流、思考，提升学习的能力，也更深入"读"内容的过程与方法。
研读创思	"研读"既是对整堂课"读"的内容的梳理、总结、提炼，也是对"读"内容的方法和"读"内容的过程进行反思、整合。再对"读"的过程中的思维方法进行批判、研习、创新，并借助思维工具（思维导图、概念图、流程图、提纲、学力单……）用直观的形式表达出来，让思维可视化，学生通过这一系列的可见的高阶思维弄明白整堂课"读"的内容，特别是"读"内容的方法与过程，重发现，重理解，促进思维向纵深发展。
拓读延思	拓展所读，拓展所思，由此及彼，由本溯源，增加思维的厚度，涵养学生"书卷气"，实现"培思"目的。

图 3-1-2 "书吧式"课堂教学模式 2.0 版

其中，研读创思："研读"是指对整堂课"读"的内容，"读"的方法，"读"的过程进行反思、梳理、整合。"创思"是指对"读"的过程中的思维方法进行批判、研习、创新，并能通过思维导图、概念图、流程图、提纲、学力单等直观的形式表达出来，让思维可视化，学生通过这一系列的可见的高阶思维弄明白整堂课"读"内容的方法与过程并能将方法技能内化，创造性地进行实践，聚焦方法，促进思维向纵深发展。

这五个环节既可以依次递进，相辅相成，又能根据课堂教学的实际互相融合，改变次序，特别是"研读创思"这个环节可以单独放在其他任何一个环节之后，也可以融入其他任何一个环节之中，这五个环节不要求按照顺序，可根据实际组合使用。

课堂模式后来融入了线上教育，探索出了"书吧式课堂教学模式线上线下整合版"。真正让模式为教学所用，成为教学提质的有效手段。

三、"书香教师"的培养

教育是用生命影响生命，用生命温暖生命。要培养"书香学生"，必须先培养"书香教师"。学校在搭建了学生"基于大阅读理念下的书香课程"体系之后，将促进教师发展的"教师书香课程"也纳入学校的"大阅读书香课程"体系，力求让学生做"快乐读书人"的同时，让教师也成为博学广读、精神明亮之人。

2016年，东街小学成立了教师发展中心，既着力于教师发展，服务于书香工作，更致力于教师愉快工作，幸福生活。

1."点对面"，建名师工作室。

名师是学校教育、教学的宝贵资源，是推动学校发展的重要动力。名师的课堂是他们教学理念的体现、教学经验的凝结、教学智慧的展示，能够给其他教师思考和启迪，名师的成长历程也是一种有价值的宝贵资源，将其展示出来，对其他教师教学水平的提高有很大的借鉴意义。学校教师发展中心分别以"语文""数学""科学""英语""阅读""艺体"等学科名师为领头人，成立了六个"名师工作室"，将各学科中坚力量集合，促进各学科教师相携相伴，共同成长。

2."一带一"，建立师徒结对制度。

师徒结对是培养新教师的一种重要途径，师徒结对可以让新教师或是经验不足的教师，尽快熟悉教育教学业务，节省教师成长时间，少走弯路。"师徒结对"管理制度规定了师徒之间互相听课、随时交流，形成良性互动的研讨氛围。

3. 建立名师课堂开放制度。

市县名师、学科带头人及省市骨干教师课堂，两周一次开放日。让名师的课堂魅力得到更大范围的了解和敞开。

4. 成立教师发展中心。

"教师发展中心"以青霞幸福公社"再书房"，崇州白塔湖"碧落书舍"等为主要活动地点，采取学校组织和教师自由组合等灵活多样的活动方式，开展了一系列以体验"生活美学"的教师社团活动，摄影、徒步、体育健身、艺术欣赏、游学旅行、电影漫谈、社会义工等，形成了"教师课程"之"吧式生活"。全体教师在"吧式工作"与"吧式生活"的浸润中，提升自我能力，提高自身修养，成为热爱生活积极工作的"书香教师"，为东街小学建设"书香校园"创新"书香"课堂提供了源源不断的动力。

第二章 课程

第一节 "玩美安幼 健善真慧"
——大邑县安仁镇幼儿园游戏课程建设的实施与探究

让幼儿在游戏中学习、寓教育于游戏之中,这是幼儿园教育区别于中小学教育的重要标志。大邑县安仁镇幼儿园以"玩美安幼 健善真慧"为课程设计理念,以《幼儿园教育指导纲要》《3—6岁儿童学习与发展指南》为依据,对课程目标、课程内容、课程实施及课程评价等几个方面进行深入研究,逐渐形成了一套系统的、具有园本特色的"玩·美"自主游戏课程。该课程具有"追寻游戏精神、营造学习环境、重视游戏反思"三大特征。

一、"玩·美"游戏课程建设背景和过程

1."玩·美"游戏课程建设的背景。

安仁镇幼儿园创建于1950年,迄今已有70多年办园历史。现在的园区是2008年灾后重建的标准化幼儿园,共有12个教学班,占地近8000平方米。新建的教学楼面积少于总面积的1/2,室外环境充裕,这给孩子提供了广阔的活动空间,也给幼儿园户外游戏的开展提供了有利条件。

2014年,在大邑县教育局"创新创优"项目"幼儿园'低成本高质量'户外游戏环境创设"的带动下,安幼开始了户外游戏环境创设的研究。在不破坏幼儿园已有的自然环境,遵循"因园划区、因区设计、因幼而变"的基础上,捕捉幼儿兴趣、贴近幼儿生活、追随幼儿经验,打造了17个户外游戏区。每个区都有教育价值点、幼儿发展点和教师支持点,让幼儿在户外游戏中可以自主选择、大胆探索、多元发展。

2. "玩·美"课程建设的过程。

在课程组织形式方面，主要以"主题"和"非主题"的形式来进行。"主题"指课程的某一个单元、某个时段所要讨论的中心话题，一个完整的主题活动包括相应的教学活动、环境布置、角色游戏、区域游戏、家长参与活动以及日常活动等。教师和幼儿围绕一个大家有兴趣且本身有意义的活动话题进行思考、探究，可以帮助幼儿获得新的、整体的、相关联的系统经验。"非主题"的课程内容更侧重于幼儿一日生活中的偶发事件或各种游戏、冲突等，还包括节气、时令等其他非主题性的事件（图3－2－1）。

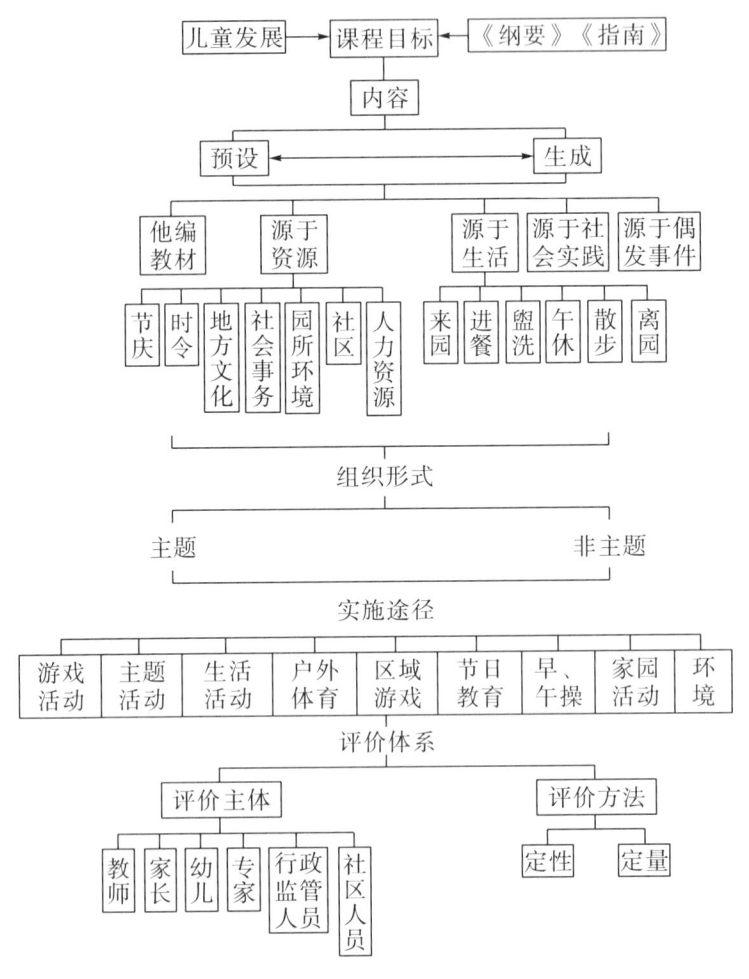

图3－2－1 "玩·美"游戏课程结构图

二、"玩·美"游戏课程目标

"玩·美"游戏课程以"幼儿园以游戏为基本活动"为指导思想，把游戏精神始终贯穿于课程的始终。真游戏就是真学习，自由自主的游戏是幼儿主要的学习途径与方式，幼儿在游戏和生活中获得对生命与世界的身心体验，获得人格、能力发展，形成对个人、集体与社会的理解与责任感。为此确立了幼儿园的儿童发展目标："将幼儿培养成身心健康、乐于交往、敢于探索、勇于表达、自主自信，并具有创造精神的儿童。"（图3－2－2）

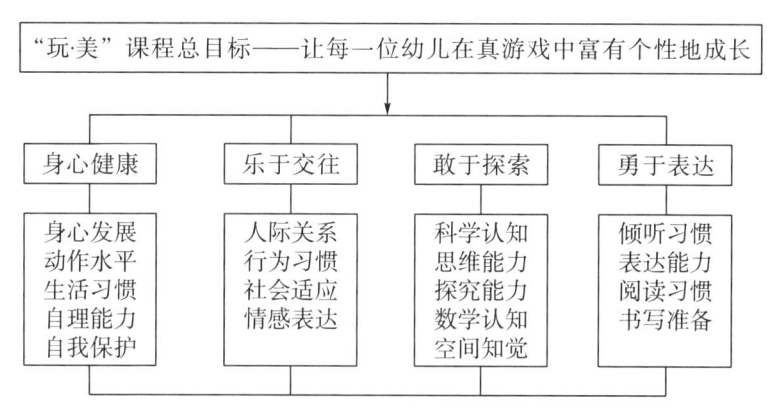

```
"玩·美"课程总目标——让每一位幼儿在真游戏中富有个性地成长
        │
  ┌─────┼─────┬─────┬─────┐
身心健康  乐于交往  敢于探索  勇于表达
  │       │       │       │
身心发展  人际关系  科学认知  倾听习惯
动作水平  行为习惯  思维能力  表达能力
生活习惯  社会适应  探究能力  阅读习惯
自理能力  情感表达  数学认知  书写准备
自我保护           空间知觉
```

图3－2－2 幼儿发展目标框架分析示意图

在制定幼儿园课程目标时，幼儿园为了能更好地促进幼儿在已有水平上得到更适宜的发展，齐集园内骨干教师，结合幼儿已有发展水平及园所地区资源，在专家的指导下对《3－6岁儿童学习与发展指南》原有目标进行细化与分解，并在细化过程中制定出更具挑战性且更符合我园幼儿发展水平的目标。在课程具体实施中，幼儿园以各年级组、教研组为单位，结合幼儿园课程总目标及《指南》细化后的儿童发展目标，审议各个主题目标，进一步明晰了课程目标。

三、"玩·美"游戏课程内容

"玩·美"游戏课程内容主要包括五大"玩·美"基础课程、两大"玩·美"拓展课程。

1. "玩·美"基础课程。

（1）环境课程。

在尊重和理解儿童的基础上，为儿童提供一个"有准备的环境"，让环境真正服务于儿童，并且能够满足不同年龄层次的需求，让儿童在这个学习的环境中有归属感。

（2）主题课程。

以玩与美为主线，注重领域之间、目标之间的相互渗透和整合，以"玩转水迷宫""九斗碗""巷道CS野战小能手"等为主题，开展活动。

（3）运动课程。

以早午操、户外体育活动为切入口，为幼儿提供形式多样的锻炼机会，提升幼儿走、跑、跳、攀、爬、平衡等多方面能力的发展。

（4）生活课程。

以良好行为为主线，结合幼儿的身心发展特点，抓住幼儿园一日生活的课程契机，让幼儿体会生活的美。

（5）游戏课程。

以玩与乐为主线，结合幼儿特点，根据育人目标要求，创设了八大游戏活动。

2. "玩·美"拓展课程。

（1）自主户外游戏课程。

自主户外游戏的内容来自幼儿的生活、主题活动中生成的热点和周围发生的事，主张玩在户外、玩中发展。幼儿在树荫下"过家家"，在沙水区"搭城堡"，在综合区玩打仗游戏……从主题产生到材料收集、情节发展，都是由幼儿自己去制作、推动，每个过程力求让幼儿成为游戏的主角。

（2）亲子户外游戏课程。

各班根据幼儿和家长的实际情况，依据本园户外游戏区域，开展亲子活动和家长观教活动。

四、"玩·美"游戏课程具体实施

课程实施主要包括实施时间和实施内容。课程实施中，幼儿园关注幼儿学习与发展的整体性，尊重幼儿的已有经验、发展兴趣与发展需求，尊重幼儿的学习与发展差异，尊重幼儿在活动中的无限想法，强调幼儿是活动的主体，是主动的学习与发展者，是有能力的学习与发展者。

1. 调整作息时间，保证游戏质量。

调整每天的作息时间表，保证一小时游戏时间。游戏时实行"五自主两固定"：实现幼儿自主选择玩伴、自主选择材料、自主选择玩法、自主管理和自主评价，确保固定活动时间和固定游戏区域轮换。做好三记录：记录幼儿自主游戏的玩法，以拓宽幼儿游戏的经验；记录幼儿游戏时遇到的困难，通过解决问题提高幼儿游戏水平；记录幼儿自主游戏的时间，有针对性地调整游戏材料。

2. 户外游戏主题活动，促进幼儿深度学习。

将教学主题与游戏相结合，不仅可以丰富游戏的内容，还能启发幼儿更多思考，激发幼儿在游戏中玩的趣味性，培养幼儿在游戏中学习的习惯。每学期每个班级会进行一个户外区域主题系列活动，内容由班级教师进行选择。主题的进行实行三性原则：一是序列性，搞好幼儿相关经验的前后传递；二是问题性，以问题启发幼儿进行游戏经验迁移并解决实际问题；三是整合性，强调幼儿获得完整的经验。如在水迷宫区域中，可以进行的话题有"哪里会有水""和水做游戏""小小水儿用处大"。形成的户外游戏相关资料有《跳房子教案集》《水迷宫教案集》《户外游戏教案集》《园内资源主题活动》《社区资源主题活动》等。

2018年，户外游戏活动《玩转水迷宫》获成都市户外活动展评二等奖，自创的户外游戏活动《百变竹竿》《玩水》获得县级优秀作品奖，户外主题活动《野战小能手》获县级一等奖。

3. 户外游戏家长开放日活动，家园协同助力幼儿成长。

安仁镇幼儿园每学期会进行1~2次户外游戏家长开放日活动，家长可从游戏主题教学观摩、浸入式亲子游戏、游戏大讲堂中进行自主选择，分区、分年级不定形式开展不同主题的游戏。户外游戏家长开放日活动，使幼儿家长由单一的活动观摩者转变成活动的策划者、组织者、研讨者、评价者，让家长从"套餐式"参与活动转变为"自助餐式"参与活动。97%以上的家长对开展的户外游戏活动满意，并愿意持续参加这样的活动。户外游戏家长开放日活动，很好地挖掘和利用了家长资源，使其在课程实施中发挥了独特的作用。

五、"玩·美"游戏课程实践效果

1. 教师的教育观念得到了转变和提升，儿童的游戏更加自主与快乐。

教师慢慢明白，幼儿园以前提倡的"让孩子参与环境的创设"，只是把孩子作为一个参与者，并非把孩子放在主体地位。"以幼儿为主"就要实现教师角色的转变，即变"游戏内容的创造者"为"幼儿游戏的欣赏者"，变"游戏计划的执行者"为"游戏材料的调整者"，变"游戏主题的指挥者"为"幼儿兴趣的追随者"。在实施课程过程中，通过和孩子一起创设并开展一系列的自主游戏，教师掌握了更多的观察方法，更懂得理解和尊重孩子，孩子多了欢笑。

2. 提升了幼儿园的社会影响力，办园特色得到彰显。

2014年7月至今，安仁镇幼儿园先后接待了来自贵州以及四川的宜宾、泸州、自贡、眉山等地的200多所幼儿园，共计上千人次参观、学习。

2020年10月，安仁镇幼儿园成为安吉游戏项目推广计划国家级实验区试点园之一。

课程建构是一个持续发展的动态过程，完善课程的同时，充分发挥教师在课程发展中的作用，调动教师的专业潜能，不断总结经验教训，让"玩美安幼，健善真慧"这个梦想的种子在安仁镇幼儿园的游戏园子里生根开花，结出硕果！

第二节　不同的我们　同样的精彩
——大邑县高山小学特色课程建设探索

大邑县高山小学地处大邑、邛崃交界的高山社区，距县城17公里。学生多为农村留守儿童，还有迁移到本地的少数民族学生，是一所典型的农村小微学校。

学校一直坚持"以人为本，以爱育人"的教育思想，把"立德树人"放在首位，结合多民族、爱的教育这两大基础，经过反复斟酌，确定了"和而不同，美美与共"的办学理念和价值追求。新的办学理念丰富和优化了学校文化理念，进一步明晰了学校办学方向。

立足农村小微学校的发展现状，学校清醒地认识到课程建设的重要意义。

朱永新教授曾说："未来将不是学校品牌的竞争，而是课程品牌的竞争，学校的优劣集中体现在课程的优劣。"因此，在"和美教育"理念的指导下，关注学生成长过程，开发并建设好"和美课程"，是落实课程改革的重要任务之一，也是建设特色学校文化的基础，更有利于促进学生全面发展，为实现美好人生奠基。

一、和美课程目标

1. 整体目标。

以课标为依据，以教材为载体，以学生为主体，以"和气和睦美心美行"为校训，营造"和谐发展美人美己"的校风，"和乐共进美益求美"的学风，以课堂教学为主阵地，以民族融合教育为特色，以养成教育为抓手，着力培养品行美、身心健、善学习、爱劳动、能创新、追求更美的"和美少年"，并以"和蔼润生德美艺精"为师德教风之目标，培养和影响一批有仁爱之心、业务精湛、品德高尚、传递正能量的"和美教师"，让学校成为一所人和校美、有爱有品的花园式精致学校。

2. 学校发展目标。

学校挖掘优势资源，增强课程的丰富性和多样性，为学生提供更多的选择空间。同时做好社区和家庭的沟通协调，有效利用相关资源，逐步提升学校课程的建设力、领导力，形成学校特色，不断完善和优化学校课程的建设，促进学校办学内涵的提升。

二、和美课程的内容

为实现学校办学目标和学生培养目标，积极探索课程改革，除了开齐、开足、上好"基础学科课程"之外，还以"大课程观"为指导思路，把民族教育、劳动教育、家庭教育、心理健康教育等纳入学校教育教学总体规划，不断充实和完善"和美课程"的内涵。

和美课程分为三大类，一是基础性课程，促进国家课程校本化。即以国家课程为基础的延伸、拓展课程，也就是规范标准的国家课程形态。二是拓展性课程，促进校本课程特色化。即由道德品行、人文科学、身心健康、艺术创造、生活技能、民族融合教育六大板块构成。三是综合性课程，促进特色课程精致化。即进一步通过学科整合、主题教育、专题教育、创意实践等方式把学校一些富有特色的校本课程打造成精品课程。跳绳、足球、竹竿舞、抖空竹、钉子绕线画、民族民间工艺等深受学生欢迎并开始在县级比赛中崭露头角。其中竹竿舞《高山里的竹韵》获得了大邑县中小学生艺术节特等奖,"童心向党"系列钉子绕线画获得大邑县中小学生艺术节一等奖。

下一阶段,学校将进一步打造这些特色课程,培养专业教师队伍,借助各级各类比赛、校际交流、社区互动等形式,提升课程质量,扩大课程影响,把这些课程打造成学校亮丽的名片。

三、和美课程的实施

1. 基础性课程参与全员化。

基础性课程是学生发展的基本,提高学科课堂质量是实现这一课程的最佳途径。重视课程改革,构建生态课堂,让学生自主学习、合作探究,培养创新精神、实践能力。通过行政管理、教学研讨、走出去、请进来等形式,以"学"定"教",构建学习共同体,将课堂真正还给学生,创设开放、民主、和谐、幸福的和美课堂文化。

2. 拓展性课程需求层次化。

拓展性课程根据内容分为"必选项"和"选择项"。必选项根据学科拓展内容由科任老师做好安排。"选择项"由学生根据自我需求进行选择,利用实践课程、社团活动、课间休息、放学后等时间开展,活动地点可在学校、家庭或社区,学校促进三者形成有效合力。如生活技能方面,以劳动教育为主要拓展内容,开展家庭劳动技能教育(学校出具《家庭劳动建议清单》,由家长进行评价和反馈,学校开展评比活动)、社区志愿者服务活动(与社区联系进行垃圾分类宣传、清扫街道、为孤寡老人表演、送祝福等)、学校劳动技能比赛(劳动绘本《植物的生长》创作评比、家务劳动比赛等)。学生是学习的主体,学校尊重差异、因材施教,围绕学生需求建构针对性强的教与学。

3. 综合性课程内容精品化。

综合性课程需要学生不断挑战自我,既是让学生横向拓展,更是让学生的创新力向纵深拓展。因此,让学有余力的学生不断挑战自我,突出特长,利用"普及+精英"模式,在社团活动时间和课后延时服务时间开展。每周五下午的一个半小时,有特长的、被选拔出来的同学就分组参加古筝、钉子绕线画、竹竿舞、空竹等特色课程的训练,剩下的同学根据需求做低阶的学习或参加其他的社团。下一步将加强对专业教师的培养,多方借助外力,努力打造精品课程，千方百计让特色课程走出校园，让社会、政府及主管部门给予关注和好评。

四、和美课程的评价

课程评价能发挥对课程的诊断、激励、调节等功能，和美课程的评价着眼于三个层面：一是对课程的建设做发展性评价（设计、实施、效果）；二是对教师成长的发展性评价，通过评价系统推动教师队伍的建设；三是对学生成才的发展性评价，通过评选"和美少年"等评价方式达到学生培养目标。

课程改变学校，课程文化是学校文化的核心。和美课程建设开好了局，起好了步，在今后的发展道路上，高山小学还将一如既往地把课程建设作为提升教育质量的关键，让农村学校的孩子享受更加公平、优质的教育，让不同的"我们"能有同样的精彩！

第三节　根植乡土的"新六艺"课程
——大邑县蔡场小学校本课程建设探索

蔡场小学是大邑县一所普通的农村单设小学，位于大邑县现代农业示范园区。2008年汶川地震后，新加坡"让爱川流不息"工作小组援建学校教学楼、食堂和操场。同时，在"世界童窗"组织的资助下，学校与新加坡养正小学结为友好学校，每年两校互派师生交流学习，推进教育国际交流活动有序进行。

这些年来，蔡场小学从行为习惯开始，把礼仪教育作为抓手，期望通过文明礼仪的纽带，营造温馨的校园氛围，和谐的师生关系，平等的伙伴情谊，给不同的孩子一个温暖的心灵家园。可以这么说，"礼仪教育"已经成为蔡场小学一大亮点。"礼仪教育"来源于伟大的教育家、思想家和儒家学派创始人孔子的"不学礼，无以立"教育思想。

在蔡场小学，学生是校园的灵魂。学生的立场、体验、收获是学校一切工作的出发点和落脚点，已经成为蔡场小学干部和教师团队一致认同并且遵守的共识。基于这样的理念，蔡场小学以现代教育演绎传统内容，结合陶行知生活教育理念和社会主义核心价值观，创新实施"新六艺"课程。

一、以"新六艺"诠释传统文化经典

"新六艺"的"新",主要体现在——"新目标、新内容、新实施、新评价"。

1. 课程目标与评价。

"新六艺"课程以培养全面发展的人为目标,核心为"人人六个一":"人人有一颗仁孝之心、人人都会一门乐器、人人能写一手好汉字、人人都有一项健体专长、人人参与一项实践探究活动、人人能读写一篇好文章"。在评价上,学校采用尊重学生个性差异的多元评价,围绕"五育"并举为目标,以定性或积分的方式评价学生的学习过程、学习能力、学习成果,开展"文明星、乐学星、健美星、才艺星和自理星"的评选,构建起了"礼仪之星"综合素质评价体系。

2. 课程体系。

蔡场小学基于"以礼育人,六艺修身"理念,初步建构了学校的"新六艺"课程体系。根据"面向全体、适应需求、张扬个性"的原则,蔡场小学将"新六艺"课程分为基础类、拓展类和主题类三类。在命名上,"新六艺"课程体现课程理念及课程目标,领域划分上依据学科属性,充分体现学科共有的价值取向。

基础类课程包括国家课程和地方课程,课程目标满足所有学生的根本需求,保证了学生的基本发展。

拓展类课程则是在基础课程之上拓展、延伸出来的课程,包括校本特色课程以及打破年级界限的社团选修课程,课程目标是满足大部分学生的选择性需求和选择性发展,促进学生多样发展。

主题类课程是基础类课程、拓展类课程的学习成果展示,同时又促进基础类课程、拓展类课程的学习,课程目标是激发学生兴趣,张扬学生个性。

3. 课程内容。

蔡场小学赋予"六艺"现代教育内涵,着眼于日常生活的文化熏陶和身心修养,开设属于国家课程以外的校本实践性、探究性和综合性的内容,课程内容为:"礼——行为规范和道德准则""书——文学知识""数——自然科学""乐——艺术修养""射——体育竞技""御——人际交往和组织能力"。

"新六艺"教育,实现了教育内容和资源对接,让学生在对美和文化的学习以及日常生活的涵养中,掌握传统"六艺"的精神。比如"御课程",

学校根据"交流合作"课程目标，设置了国际课程，做到文化的输出与接纳，在内容上分为接待课程和游学课程。接待课程的内容有：接待礼仪培训、接待仪式组织、大邑风土人情和中国传统文化体验活动。游学课程内容有：出访礼仪培训，新加坡国情和文化介绍、礼仪禁忌以及回国后的分享活动。

"只有民族的，才是世界的"。学校将篮球、太极拳、民族舞蹈、书法、川剧表演等文化内容扎根校园，并在交流互访中，让学生将中国传统文化精髓、家乡旅游美食等文化内涵推广。通过教育国际化的推进，蔡场小学学生感受到中国和新加坡两国文化的不同，从而尊重他人和别国文化，包容文化的差异性和多样性，把学校的"礼仪教育"深化到"国际交流"，拓宽了"礼仪教育"的内涵。

二、以"新六艺"推动蔡场小学换道加速

为了保障"新六艺"课程顺利实施，学校启动了六大工程创建：文明礼仪校园、健康阳光校园、激情艺术校园、书香魅力校园、交流协作校园、智慧创新校园。

1. 以凸显学校特质的环境建设为抓手。

为了发挥校园环境对学生潜移默化教育效应和彰显学校的办学特色，蔡场小学在美丽乡村学校建设中以"让课程意识在校园环境中自然流淌"为价值取向，因地制宜，取法自然，突出乡村乡韵，使校园成为学生爱观察、爱阅读、能体验的场所。通过"区化、净化、绿化、美化、文化、童化"等"六化"工作，使学生知识的学习和生命价值与生活建立起联系，形成了"礼仪教育区、校园书香区、生活体验区、阳光运动区和国际理解区"五大特色功能区，建立起一个基于生态环境的教育情景。比如，蔡场镇是大邑县"现代农业示范园区"，但园区围墙里的世界，学生一无所知。学校结合"农村"与"科技"特点，成立"科技种植小组"，让学生直观了解"传统农业""现代作物""高科技培育"的知识和科学技术发展进程。学校在蔡场镇党委政府的支持下，建立13.8亩的农事教育园，以农事活动为主线，将科普教育、农事体验、植物观赏、农耕文化展示有机结合，展示农业现代化、产业化、生态化的发展趋势，让学生知晓乡土民情，了解农耕文化，培养农事兴趣，珍惜劳动成果。

2. 以课程管理机制做保障。

为深化"新六艺"课程的实施，学校形成了"三课联动"管理机制，即

"课程、课题、课堂"。具体分工为"校长—课程设计—价值引领，分管行政—课题研究—规划督导，教师—课堂实践—实施评价"。"三课联动"机制的建立，不仅使学校的顶层设计思想与师生发展了关联，而且每一名行政领导负责实施一个领域的课程管理，既培养了学校干部的课程执行力和领导力，也推动了校本课程特色化实施。

3. 以学科课程学习为基点。

学校把"新六艺"的教学内容与国家课程规定的学科课程相融合：一是拓展，即学校和教师通过选择、整合、补充等方式，对国家课程和地方课程进行再加工、再创造，使之更符合学生、学校和社区的特点和需要。二是融合，把"新六艺"相关内容安排在国家课程设置的课时安排里进行教学。比如在美丽乡村学校建设中，学校丰富了"御课程—交流合作校园"的内容，不仅停留在与新加坡养正小学交流这个层面，而且还新开设了一门"童眼看世界"课程，内容有认识世界五大洲分布和世界各国国旗、介绍世界国际组织及重大活动、了解世界各地时区差和闻名世界的人文景观和标志性建筑，目的是"让世界走进校园，让学生放眼世界"。

4. 以学生社团组织为支撑。

"新六艺"课程以社团活动为主要实施渠道。学校根据学生需求，继承传统特色，将"新六艺"这六大课程进行细化分解，组建了"乡村学校少年宫"社团，给学生提供了9门自主选择的社团课程。社团活动被纳入学校课程表之中，具体安排在每天中午，时间1个小时。社团采取走班制，打破了班级与年级的限制，增强了学生学习的自主度，改变了参与形式，给学生提供具有多样性、选择性、丰富性的课程。

5. 以专业的教师团队建设为核心。

建设一支学高为师、身正为范的教师队伍，是实施"新六艺"课程的先决条件。一方面，坚持"专业的事由专业的人来做"的用人原则，组建了13名专职艺体教师团队；另一方面，以"一专多能"目标，培养"双师型"教师队伍，也就是一名文化学科教师，除掌握本学科教学技能外，还要掌握至少一项特色活动课程的教学方法。为此，学校提出"扬峰填谷"式培训策略。形成了"点、线、面"结合教师队伍梯队建设模式，提出"夯实一个面，重点一条线，突出几个点"的培训战略。

"新六艺"教育是传统文化的现代传承，是新的校园活动的探索和实践，是古老的优秀文化在现代精神中的彰显，既在社会中前进，也在文化教育中回归。

第四节　走进二十四节气　根植内心的精神家园
——大邑县青霞小学二十四节气课程建设实施案例

作为有几千年农耕文明血脉的中国，人的精神家园不可避免地要与乡土中国紧密相连，孩子记住乡愁、留住乡音，就会热爱、滋养他们成长的故土。节气文化是乡土中国的最佳载体，青霞小学以二十四节气课程建设、实施为抓手，用传统文化滋养学生的精神世界，让青霞小学的田园教育办学理念进一步"生根"。

田园教育是青霞小学的办学理念，其内涵核心为：应时、守宜、取则、和谐。而节气文化与其核心内涵有共同之处，是落地办学理念的载体。

开展节气课程是基于本地的优势：青霞小学地处农村，至今还保留着许多人文自然景观；在课程学习中，引导学生去体验家乡的乡土原貌、风土人情、良好生态，会给他们的童年打上家乡的烙印，留下家乡的味道。

一、课程介绍

1. 课程总目标。

"二十四节气"校本课程学习，使学生知道了有关二十四节气的基本知识，了解了与二十四节气相关的民俗和文化，感受了自然的变化，增加了学生亲近自然的机会，增强了学生热爱自然、热爱中华优秀传统文化的情感。开发校园实践基地，进一步优化学校课程结构，丰富课程资源，培养学生的实践能力，提高学生的综合素质。

2. 课程具体内容。

课程分为四个板块，分别是春的呼唤、夏的高歌、秋的絮语、冬的吟唱。每个板块以季节作为大主题，用一个个小节气进行串联，而每一个节气又包含节气概述、节气文化、节气习俗、节气实践。

二、课程实施

1. 节气课堂教学流程。
（1）探究节气字源。
（2）知晓节气（或传统节日）由来。
（3）了解节气三候。
（4）了解、体验节气（或传统节日）民俗活动。
（5）诵读节气谚语或节日童谣。
（6）吟诵节气（或传统节日）诗文。
2. 节气实践活动开展形式。

以亲近自然、祭拜先祖、缅怀圣贤、感受人文、游戏体验等方式，系统开展节气实践活动，为学生打开亲近自然的窗口。让学生在跟随季节的自然观察里体验岁月的流转与轮回，在岁时节令的饮食、游戏和习俗里，在清明放水、龙舟竞渡、月下团圆、贴春联、赏年画的活动里，体验节令生活的动人与多彩。

（1）跟着二十四节气学语文，感受时节之美。

从诗词里走出来的节气，一句诗词，一个节气；一个节气，一句诗词。

谷雨时节，学习诗歌《雨过山村》，让学生读花、读草、读树、读风，连带着对季节变换的轮回，体味着谷雨大地的丰腴。

立夏时节，气温升高，万物生长，欣欣向荣，在炙热的阳光中储备能量，迎接新的开始。

小满时节，百花凋落，麦子茁壮成长，伴着麦香，伴着莺鸣，是这般缤纷绚丽，灿烂着热情。

芒种开始，小麦颗粒归仓，稻田里即将忙着插秧火热的希望。《观刈麦》的前半部分，寥寥几十字，已经把农民芒种时节辛勤劳碌的情形有力地展现出来。

夏至，炎热的仲夏。荷花盛开，跟着李白一起去欣赏荷花。

绿树浓荫夏日长，小暑大暑，此时学生放暑假了，在家里也要品读诗词，在诗词的微风里，清凉一夏。

立秋是第十三个节气了，此时太阳到达黄经135度，一枕清凉一扇风。

处暑，蝉鸣闷完了夏天。初秋的傍晚里藏着无尽的温柔，这时可以读一读刘大白《秋晚的江上》。

白露时节，此时天高云淡，气爽风凉，可谓是一年中最可人的时节，读一读杜甫的"露从今夜白，月是故乡明"。

　　秋分，秋天过去一半了，天越来越凉了。唱一唱苏轼的《水调歌头》，好听的童音，带着感动人心的诗词，在校园里慢慢流淌。

　　寒露与重阳节接近，此时菊花盛开，跟着陶渊明一起"采菊东篱下，悠然见南山"，感受那怡然自得的闲淡之情。

　　霜降，在一个"秋风萧瑟天气凉，草木摇落露为霜"的早晨，师生一起到曹丕的《燕歌行》里，去感受那千古的孤独和寂寞。

　　立冬，万物进入休养、收藏状态。初冬，也给自己一抹暖阳。

　　小雪，和白居易一起去问刘十九，晚来天欲雪，能饮一杯无？

　　大雪，和学生一起读一读毛泽东的《沁园春·雪》，感受伟人的豪迈之情。

　　冬至日，和学生一起探寻冬季的风雪，走到田间地头，去看庄稼蔬菜草木。

　　冬至节一过，便进入一年最冷的时节大小寒，和学生一起温习《冬九九》这个古老的民谣。

　　一个学期课程下来，可举行一次诗词知识小测验，把诵读过的诗全部串联起来，和生活编织在一起，这是回顾，也是展望。

　　（2）跟着二十四节气学绘画、剪纸、雕刻，体会艺术之美。

　　结合学校美术课，依托节气诗词进行诗配画活动，开启知节气、观节气、绘节气的二十四节气绘画之旅。学生可以为节气诗词配一幅完整的画，也可以画一画诗中提到的花，在欣赏美、表现美的过程中了解节气文化。此时，可以举办二十四节气作品展评活动，并将优秀的作品张贴在学校楼道以及教室里。

　　（3）跟着节气学种植，体会"一分耕耘一分收获"。

　　根据主要节气进行农事种植实践活动，在种植中感悟二十四节气文化，培养学生的学知识、爱劳动的意识。学生在种植实践中获得了最直接的感知和技能，感受春播、夏耘、秋收、冬藏的过程，体会"一分耕耘一分收获"的道理。

　　（4）跟着节气学美食，感受人间的千滋百味。

　　二十四节气的气候变化，随时都在影响着人体的生理节律，因此人们需要顺应节气的变化，在不同的时间段注意身体不同脏器的保养，比如春天的时候要注意养肝，夏季的时候则要注意保养心脏。中国人养生离不开美食，为了更好地学习传统的二十四节气，教师从美食养生入手，让学生了解美食养生与二十四节气的关系。

谷雨时节，喝"谷雨茶"，吃香椿。小满节气，气温明显增高，所以饮食以清淡为主。遇上端午节，包粽子，吃粽子，做艾叶香袋乐趣多多。到了夏至离不开面。冬至，北方吃饺子，南方吃羊肉。同时给孩子们讲述节气食物的民俗故事，食物的美味加上故事，学生潜移默化地了解季节的规律，饮食与季节、健康之间的关联。

（5）跟着节气体验民俗活动，建立生活的仪式感。

学校鼓励学生走进节气民俗活动，去感受节气里的乡土中国。例如，唐场春分会，青霞花船会；清明祭祖扫墓、放纸鸢，看都江堰放水，到王泗镇参加风筝会；端午节参与鹤鸣的草药会，在门前挂艾草；冬至参加悦来镇的麻羊节。

学校希望借助《二十四节气课程》，让学生通过六年的时间，走进大自然，去感受随着节气的变化，大自然的华美变身，从动物、植物、花果、庄稼、天气、美食等领域慢慢获得二十四节气的相关知识以及各种节气民俗，体会二十四节气的文化魅力，徜徉在节气所带来的天时、地利与人和之中。

每个人心中都有一亩田，用它来种什么？青霞小学给出了自己的答案：用二十四节气文化在孩子们的心田播下种子，让他们留住绿水青山，记住乡愁。

第三章 学生发展

第一节 "绳"采飞扬 律动人生
——大邑县元兴小学特色跳绳课程探索

元兴小学地处大邑县安仁镇元兴社区。作为一所农村小学,留守儿童多,教师年龄结构不均衡,教育设备、设施老旧……怎样在有限的条件下探索出一条适合学校发展的特色之路,激活师生的内在动力,让元兴小学绽放出新的生机和活力,成为元兴小学教育人亟待研究的课题。

一、选择

斯普朗格说:"教育的最终目的不是传授已有的东西,而是要把人的创造力量诱导出来,将生命感、价值感唤醒。"基于学生的终身发展,学校通过多种途径展开调研,发现学生们普遍对体育运动,尤其跳绳项目非常感兴趣。跳绳作为我国一项传统体育项目,具有较强的文化价值和锻炼价值,是提高青少年身体素质的有效载体。跳绳不仅花样繁多、方法各异、富有情趣,还能有效地提高学生心肺功能、弹跳力,增强学生的耐力、协调性、灵敏度等身体素质。开展花样跳绳更能够激发学生的创新思维,提高他们的艺术修养。同时,跳绳运动对场地、设备要求较低,易于推广。由此,跳绳运动成为学校的特色课程。

二、探索

一根跳绳,一块空地,简单的运动就能给同学们带来无限的快乐和健康。将跳绳作为学校特色课程的思路确立后,学校迅速组织体育骨干教师就跳绳课程的开发与实施设计了具体方案,开设特色跳绳课程,构建学校的跳绳体育特色。

1. 纳入学校工作计划,夯实基础,稳步推进。

学校教导处就课时、课程内容等进行了协调整合,充分利用体育课、大课间、社团活动课程时间,在全校所有班级进行跳绳基础教学。分年段设置难易不同的教学内容,制定不同的教学目标:一年级的教学目标是学生学会跳绳、喜欢跳绳,并能达到一定的数量要求;二、三年级的教学目标是在熟练跳绳的基础上初步掌握花样跳绳和竞技跳绳的技巧;四、五、六年级的教学目标是学生在花样跳绳和竞技跳绳方面达到一定的水平。围绕由易到难,由单一到多元,由点到面,全员参与的原则开展跳绳教学。

2. 整合跳绳课程资源,合作教学,提高质效。

一是进行课时整合,调整地方课程和校本课程,保障每班每周4节体育课和1节跳绳课。基于花样跳绳创新的需要,体育教师和音乐教师间周共上一堂跳绳课,相辅相成,保证花样跳绳规范化起步,专业化发展。二是进行师资整合,在花样跳绳的开展中整合音乐与体育两学科优势,加强体育、音乐教师的跳绳教练和裁判的培训、教研。两学科教师共学共研,共同探讨跳绳运动的运动特点和教学模式,充分发挥、整合体育教师、音乐教师的专业和技能优势。

3. 提供参赛展示平台,提升学生参与兴趣。

通过在校内开展跳绳比赛、展示活动,激发学生的学习兴趣,增强参与性,是提高学生跳绳水平的重要方式。另外,通过普及练习、梯队提高、常规训练、赛前集训等方式和教学过程,给不同年龄段、不同跳绳水平的学生提供展示自我的机会和舞台,让他们都能积极参与到省、市、县、校、班级的各级各类跳绳比赛中。

4. 创意编排花样跳绳,发挥学生主体作用。

学校特色跳绳课程,坚持采用模块化教学,让学生在课程学习中完整体验动脑—演示—体验—创新四个环节,引导学生对跳绳运动进行个性化创新、创造,充分发挥了学生学习的主体作用,取得了良好的效果。学生在花样跳绳中融合体育活动与音乐律动,创造性地编排、展示,极大地提升了他们动作的节奏性、协调性及表现力,培养了他们善于动脑、敢于创新、大胆实践的优秀品质。

三、转变

跳绳不仅是一项运动，更是一种教育方式！

学校始终围绕提升学生综合素养这一目标，依托校本课程，开展特色跳绳运动，不仅使学生的身心得到放松，身体素质得到提升，更重要的是培养了学生不怕困难、坚持不懈、刻苦学习的精神。

1. 跳绳提升综合素养。

特色跳绳的开展，提高了学生的身体素质，为学生的健康成长打下坚实的基础。元兴小学学生每年健康体质检测均全面达标，学生近视率一直处于较低水平。跳绳课程的开展促进了学生的习惯养成，培养了学生持之以恒的学习毅力，提升了学习素养。跳绳运动的多样性，需要同伴之间的相互合作、共同探究的特点，潜移默化地改变了枯燥的课堂教学方式，培养了学生互帮互助的优良品质。

2. 跳绳培养创新精神。

随着参与跳绳的学生越来越多，跳绳的花样也层出不穷。学生在运动中掌握了花样跳绳的各种动作方法，也掌握了锻炼身体的科学原则。学生兴致勃勃地主动参与到花样跳绳的学习与创编中来。元兴小学师生已探索出基础跳法20多种，花样跳、合作跳和创新跳等多达40余种。

3. 跳绳提升亲子关系。

元兴小学校所处的社区，家长对子女综合素质的重要性认识不足、重视不够，对孩子全面发展缺乏必要的信念支持和监督引导。学校的跳绳课程从校内向校外延伸，开展了一系列亲子跳绳活动，带动家长和孩子一起跳绳，增进了亲子间的感情，家长的观念也发生了改变，不再一味追求考试成绩，开始关注并重视孩子的全面发展，更加理解与支持学校的各项教育教学工作。

四、成效

学校参加省、市、县各级跳绳比赛均获得了优异成绩：获四川省第三、四届跳绳锦标比赛团体二等奖，四川省第五届跳绳锦标赛团体一等奖，四川省首届线上跳绳挑战赛团体二等奖；连续参加"运动成都"成都市全民健身运动会跳绳比赛，获总决赛团体一、二等奖；参加"爱成都 迎大运"2020年成都市中小学生线上跳绳比赛获团体一等奖；获成都市青少年体育俱乐部跳绳联赛分区赛团体一等奖；2021年成都市青少年（学生）运动会跳绳比赛一等奖；参加大邑县中小学跳绳比赛均荣获一等奖。学校被评为四川省跳绳运动推广先进集体、成都市青少年运动会跳绳比赛体育道德风尚奖运动队、成都市体育传统项目校（跳绳）。何燚、周琳琳、陈静三名教师分别被四川省跳绳协会、成都市教育局评为优秀教练员，周琳琳被评为四川省跳绳协会先进推广个人。

小小一根跳绳，联结师生的心，舞出学生的精彩，提升学生的综合素养，照亮了学生的成长之路，带动了学校的综合发展。元兴小学继续以"特色跳绳"课程为依托，让校园特色文化浸润师生的心灵，让"绳"彩飞扬，绽放学生生命的花朵。

第二节　为童心筑就红色梦想
——大邑县三岔小学红色教育

新时代赋予学校教育"立德树人"的新时代内涵，大邑县三岔小学充分依托学校的红色教育办学特色，在"美丽而有温度的大邑教育"品牌学校创建中，努力营建一所"匠心红房子"，锻造教师队伍的工匠精神；营建一所"童心红房子"，启蒙学生的道德情感，为童心铸就红色梦想。

一、红色历史，带来初心的长久浸润

三岔小学红色教育土壤深厚，红色历史厚重，在这片沃土上孕育了一大批革命烈士，其中就包括三岔小学第一任校长田载重。田载重参加中共地下组织领导的"二五减租"等革命斗争活动，后被国民党杀害，牺牲时年仅29岁。他的一生，是革命的一生，奉献的一生。他心系学生，心系教师，更心系人民。在"风雨如磐暗故园"的黑暗时代，田载重用革命的曙光照亮三岔的每一陇土地。

在新时代，三岔小学坚持以红色精神引领办学方向、教师发展和学生成长，将红色文化融入校园文化、思政教育和学校课程。学校结合这一段红色历史，建成了红色教育纪念馆、红星小剧场、长征纪念角、星火创想角等红色育人阵地，教学楼层也紧紧围绕"走进红色历史、感悟红色情怀、向往红色人生"三大主题进行建设，营造出浓郁的红色育人氛围。

正是在这种红色精神的感召下,学校品牌、教师素养、学生素养和教育质量均得到很大提升。在这样的环境下,学生成长的每一天都有学校红色历史带来的初心浸润。在学校,做团结友爱、互帮互助、尊重他人、善于合作的"小伙伴";在社会,做热爱祖国、文明礼貌、诚实守信、遵纪守法的"小标兵"。六年级孩子徐彬翔说:"俗话说饮水思源,我们今天的'泉水'来自革命烈士的'源泉',我们今天的幸福生活是他们用草根和树皮换来的,是他们用生命、用'为理想信念而奋斗,为他人得幸福而奉献'的红色精神换来的。我们如果不做有信仰、有追求、讲奉献、对党忠诚、热爱祖国的社会主义建设者和接班人,怎么对得起先烈呢?"

二、红色课程,启蒙孩子的道德情感

在深入推进素质教育的新形势下,学校结合红色教育这一办学特色,坚持将德育活动课程化,将德育活动的落脚点以课程的方式落实在课堂,落实在日常的教育工作中。学校根据学生年龄段特点,开展系列红色课程教育活动,启蒙孩子的道德情感。

1. 田载重故事我知晓。

在每年新生一年级的入学课程里,都有一门必修课"感悟红色情怀——田载重故事我知晓"。新生入学的第一天,就会由各班班主任和副班主任带领学生一起参观"红色教育纪念馆"。学生耳濡目染,观看馆内珍藏,聆听小小解说员和老师们的介绍,初步感悟三岔永铭青史的红色革命史,播种具有红色情怀的种子。

2. 田载重故事我来讲。

在一年一度的"红色文化艺术周"上,二、三年级的学生有一个固定的比赛节目——"讲红色故事",参赛故事范围包括校本教材《田载重的故事》《三岔小学的历史》《二五减租斗争》《高山战役》《童桥战役》等关于田载重的历史故事,并评选出"故事大王"。

为让学生能讲好"田载重"故事,每周四各班的晨会的主题定为"红色故事"。此外,学校还成立"经典诵读社"社团,学生自己阅读《红色楼道文化手册》《红色教育纪念馆图册》《红色教育读本之红色人物故事》等校刊书籍。利用班会课分享红色故事,利用国旗下的讲话宣讲红色故事,回到家中和家人朋友分享红色故事,走近社区,开展讲故事比赛,向社区居民讲述红色故事。学生也会自己收集身边的正能量故事,向自己的小伙伴讲述。

学校通过开展"红色故事"系列活动，引导师生宣讲红色历史故事，帮助师生了解红色精神的内涵，了解三岔小学的历史文化，了解田载重革命烈士的精神，增强学生民族自豪感，培养学生爱党、爱国、爱人民的真挚情感。

3. 田载重精神我传承。

"红色经典写作社"和"美术社团"也承担着传承"田载重精神"的重担，分别开展了"写经典"和"画经典"的活动。"写经典"主要以硬笔、软笔书法形式开展；而"画经典"则把自己感悟的"红色精神"用绘画的方式表达出来。两类活动都会在一年一度的"红色文化艺术周"中展示，优秀作品会在学校微信公众号上向全校师生、家长、社区居民进行展示，激励学生参与，体验成功的喜悦，从而实现"教育好一个学生，影响一个家庭，造福一方人民"的教育理想。

4. 田载重戏剧我表演。

学校将革命传统教育研究与校本课程的研发和应用结合起来，组织全校教师积极探索和开发以红色教育为主题的戏剧表演课程《田载重》，以传扬红色革命精神。为了做到人人会演田载重，人人演好田载重，学校专门成立了"田载重戏剧社"，由本校师生出演，聘请专业戏剧团人员教授表演知识。六年级的学生则利用三岔小学得天独厚的场地资源"红星小剧场"，以"戏剧表演"的方式来诠释革命烈士田载重。对于农村的孩子来讲，要演好《田载重》这部戏剧是很不容易的，社团负责老师则通过让学生到"红星小剧场"观看丰富的经典红色影片，感受革命先辈精神的熏陶，再接受专业人士的指导，按最高标准演绎戏剧《田载重》。

除了戏剧的表演方式，学校还成立了"红色歌舞社"，由专业的音乐教师和舞蹈教师教授红歌红舞。学校共同原创编排的红色经典歌伴舞节目《红色三小》，获得了成都市艺术节一等奖。通过这样的活动，让师生感悟并亲身体验红色情怀，进而升华自己的红色情感。

5. 田载重英烈我祭奠。

田载重烈士在任职校长期间，白天教书，夜晚积极参与各项革命运动，为了革命的胜利，尽管他很累，但从未放弃。他勇于担当、不怕困难的精神值得学习和祭奠。

每年，在田载重烈士的诞辰日，学校都会组织全校师生进行自发的捐款，以补充"田载重爱心基金"。每年4月的清明节，德育处也要组织全校学生在红色教育纪念馆田载重烈士的塑像前举行"田载重烈士祭奠"活动。学生身着干净整洁的校服，佩戴鲜艳的红领巾，手捧鲜花，向田载重烈士致敬默哀。同期开展制作"清明祭英烈"手抄报,绘制"英雄在我心中"人物绘画,"田载重故事我来讲""诵红色诗词"等活动。通过开展活动培养学生礼敬先烈先辈,热爱祖国的情感。此外,每年的建队节,少先队员在入队时,必须在田载重烈士塑像前宣誓,时刻提醒少先队员现在的幸福生活来之不易,要铭记红色革命精神。

这一系列红色德育活动课程都植于学校红色土壤,紧紧贴近学生的学习和生活,使学生看得见、摸得着、感受得到,以学生喜闻乐见的形式,变枯乏的说教为切身体验,让学生耳濡目染,躬身力行感知红色精神,形成崇高信念,最终收获更直接、更生动的育人效果。这一系列红色育人课程活动的开展,促进了学生思想道德建设工作化"虚"为"实";让"向革命先烈学习,发扬长征精神,勤奋学习,自强不息,从小树立为共产主义事业奋斗的远大理想"变成自觉的行为;在红色教育的浸润之中,熏陶了一颗颗向善向美的童心。

三、党建课题,铸就少年的红色梦想

为了把红色教育深入规范开展,铸就孩子广阔的红色梦想,学校党建成功申报了市级课题《用好用活红色教育资源推进学校党员教育实效研究》,主要的研究落脚点在于"用好用活"红色教育资源,促进学生健康成长,让学校思政教育更科学有效,为学生营建一座"童心红房子"。

一是开展市级课题研究,让学校的愿景变成大家的价值认同,让"核心素养"一以贯之,"立德树人"才能无所偏移,"五育并举"才能落地生根。

二是以校长为组长的科研管理团队引领示范,率先将校训"比昨天更明亮"列为微课题来研究。研究的过程就是一种自我激励。每一天,任何发生在生活中的事情,都是对成长的邀请;每一天,任何不曾联袂而舞的日子,都是对生命的辜负。教育的使命呼唤每一个人。

从此刻开始:我们勤修德行,未来就会更明亮!

从此刻开始:我们学会学习,未来就会更明亮!

从此刻开始:我们强健身心,未来就会更明亮!

从此刻开始:我们向美而行,未来就会更明亮!

从此刻开始:我们耕耘梦想,未来就会更明亮!

第三节　一体两翼　从心出发
——大邑县银都小学学生身心健康发展策略

银都小学位于雪山下的公园城市大邑县，地处大邑新城中心。学校现有47个教学班，学生2425人。

一、学生现状——生生向上，身心两健

近年来，学校以"一体两翼　从心出发"为办学策略，致力于每一个生命的身心两健，学校学生人数呈现逐年递增的趋势，学生发展势头越来越足。

越来越多的学生爱上了"智慧阅读"，良好的阅读习惯促进了课堂教学的百花齐放：探究式课堂平等愉悦，体验式课堂情感丰盈，整合型课堂知识殷实，研读型课堂书声琅琅。越来越多的学生爱上"智慧健体"。在以网球为特色的银都小学，每一位学生都是网球爱好者，每一位学生都在"智慧健体"中为自己的身体素质守底线。

二、实践活动——生尽其能，自主发展

1. "智慧阅读"为学生的人生打底色、强底蕴。

"智慧阅读"旨在通过组织、引导学生参与阅读，让学生学会阅读，掌握阅读方法，培养阅读兴趣，养成阅读习惯，爱上阅读，为终身阅读作引领。学校主要通过以下四个主题活动推进、深化、延伸"智慧阅读"。

（1）沙龙引领师生阅读。

学校教师定期召开"向着梦想那方""与经典同行"两个主题的读书沙龙，到"新场3+2读书荟"总部开展"全民阅读"主题分享活动；组成阅读志愿者，利用休息时间义务指导学生阅读；全校教师坚持每天在《慧根》上做阅读笔记，并参加学校的阅读评比活动；全校青年教师家庭垂范开展亲子阅读，争创校级和县级书香家庭，继而引领班级学生家长开展亲子阅读，争创班级书香家庭。

学校还在全校语文教师中开展"朗读者"和"我们一起领读吧"课文范读大赛，引领学生一起"智慧阅读"，师生一起在《文字与生命的遇见》里成长。

（2）朝会展示班级阅读。

学校依托朝会为根的萌芽阅读有两种形式。一是大声朗读，全校书声琅琅。二是由班主任或者科任教师组织开展系列主题阅读活动。学生或吟诵经典和古诗词，或好书推介，或参加读书手抄小报比赛，或分享读书故事。学校的大朝会，就是班级阅读风采展示的平台。全班学生在班主任或者阅读教师的指导下，精心准备，在每周一升旗仪式结束后，轮流为全校师生展示经典阅读或主题阅读。

（3）课堂推动主题阅读。

班级图书，室内"悦"读。学校教室后的图书柜书架上琳琅满目地摆放着学生与大家分享的各类书籍，方便阅读的同时也分享着爱心和志趣。梦想教室的图书深受学生喜欢，随到随借。与学生心理和认知切合的绘本、励志书目，简直让学生爱不释手。《爱的书库》书籍由图书室借回来后，分班落户，学生同读一本书的乐趣，让分享和交流更有力量。有了书的陪伴，学生常常足不出"户"在教室里看书。班主任或阅读教师在鼓励学生多看书的同时，也积极提倡看好书，由兴趣指引向内容延伸发展，再作重点转移，让学生逐渐提升自己的阅读能力。

阅读课堂，放飞梦想。专职阅读教师和语文（阅读）教师在语文（阅读）课上的校本教材中指导学生阅读，通过学校校本教材《智慧阅读》指导学生阅读；依托梦想课程中的绘本教材和《爱的书库》漂流书籍指导学生阅读。师生在各类阅读中放飞梦想。每个班级的晨吟、午读，放学路队的晚诵，更让银都校园书声琅琅！

同伴共进，师生同读。师生同读，同伴共进的师生互助式阅读，则更体现了校园阅读的整体性、广泛性和互助性。很多原本读书很被动的学生，在老师一帮一的辅导下，产生了对阅读的浓厚兴趣，每次与老师交流时都特别激动。

（4）公益分享大爱阅读。

学校阅读种子教师何静、唐天霖、卿春被"3+2读书荟"聘请为讲师。他们和"3+2读书荟"一起开展"全民阅读进社区"和"好书伴我行　成长不孤单"关爱留守儿童的主题阅读活动。阅读种子教师推广阅读的公益足迹走过了邛崃、温江、都江堰、蒲江、雅安、成都和大邑县的红光、安仁、董场、新场、邮江等地。阅读推广内容有绘本阅读、国学经典、亲子阅读、祖孙阅读和阅读讲座等。

学校承办了大邑县2016年世界读书日"爱与分享　智慧循环"大型阅读主题活动推进会和2019年成都市教师读书沙龙"再读苏轼"主题活动。推进会上，学校展示了教师沙龙阅读、全校朝会课阅读、班级主题阅读、班级整本书阅读以及亲子共读的分享交流等特色活动。

2."智慧健体"为学生的身体素质守底线。

学校结合"每班每天一节体育课"和体艺"2＋1"——两项体育基本技能和一项艺术特长的要求，以"校园网球""校园足球"和"艺术体操"为主要内容的"智慧健体"，让国家课程校本化。

一、二年级为队列队形、形体训练。在训练中发现苗子，组成体操校队。

三年级为网球。通过学习网球基本规则，网球进课堂，人人会打网球。发现苗子，组建校队、县业余网球队。

四年级为足球。学习足球基本规则，足球进课堂，人人会踢足球。发现苗子，组建足球校队。

五年级为篮球、乒乓球、羽毛球。学生自主选择，学生选什么，教师就教什么，实现体育课走班制。

六年级为总结整理。学校为学生搭建各项比赛的平台，让学生自主发展。

学生锻炼了身体、增强了体质，更发现了自己的兴趣，培养了特长，陶冶了情操，也让学校的"智慧健体"成为学校品牌建设中的一张亮丽的名片。

三、成绩成效——生生不凡，优质发展

学校在市"阅读"专项调研中，成绩突出。学生阅读习惯良好，带动家长阅读的占85％。学生身体素质提升大，每学期学生体质健康测试合格率达100％，近视率大幅度下降。

学生的优秀带来的是学校的优质。近年来，学校先后被评为全国梦想课程示范校、四川省文明校园、四川省少先队优秀集体、四川省对口帮扶先进集体、成都市新优质学校、蓉城先锋·基层示范党组织、成都市教育系统先进党组织、成都市少先队优秀集体、成都市校舍规范化管理示范校、成都市环境友好型学校、成都市阳光体育示范校、成都市心理健康实验校、成都市文明校园、大邑县文明单位、大邑县校风示范校、大邑县绿色学校、大邑县文明校园、大邑县心理健康教育示范校。

第四节 "混"出快乐 "玩"出精彩
——大邑县蜀望路幼儿园户外混龄游戏实践

在教育实践过程中，大邑县蜀望幼儿园发现"4+2+1"的家庭组合模式，使部分"独二代"更加孤独、自私、不善与人交往，甚至自闭现象表现突出。基于此，大邑县蜀望路幼儿园（以下简称该园）结合"自然而然，让生命自然繁盛"的办园理念，在有限的户外空间改变活动模式，打破原来同龄编班的组织形式，建构户外混龄游戏模式，将体育游戏、传统民间游戏和自主游戏相融合，使其成为儿童自主、自愿、自创的"真"游戏。

一、现状解析，精准把握问题导向

1. 幼儿游戏场地规划缺乏合理性。

该园的户外场地主要为塑胶操场和环形水泥地。大片的塑胶场地和一些固定的器械使户外游戏受到很大局限，且在进行户外游戏环境创设时，部分教师总偏好于将原生态的环境改造成现代化的视觉艺术空间，过分注重美观与秩序，忽视了自然环境的可意向性，让儿童失去了自由、自主、创造、愉悦的游戏精神。

2. 幼儿游戏材料提供缺乏科学性。

材料的投放和器械建设以教师为主导，属于教师意志下的产物，未能基于儿童需求和发展水平，材料结构高、自然属性少，不能实现儿童天性的满足。

3. 幼儿游戏形式单一缺乏参与性。

儿童户外游戏活动多以体育游戏为主，主要集中在滑滑梯、平衡木、攀爬网、投掷墙等，依赖固定化器械的低水平重复练习游戏。这类活动相对远离自然，不利于儿童进行充分的探索和挑战，导致儿童失去现有的游戏兴趣，参与性不高。

二、路径优化，科学探索实施策略

1. 合理安排，引领环境规划与创设。

（1）利用有限空间，创建多元环境。

以《3—6岁儿童学习发展指南》和《幼儿园教育指导纲要》作为户外混龄游戏环境创设的依据，从儿童自然天性出发，创设开放、支持、多元的游戏环境。创建了体能拓展区、自主游戏区、表演游戏区、建构游戏区、涂鸦写生区、沙水游戏区等。每个区域相对划分又相互交叉，实现了活动材料的集中与共享。

（2）投放适宜材料，引发主动游戏。

起初在户外混龄游戏的开展过程中，一些游戏区域相对固定，教师为了方便幼儿拿取材料而将游戏材料投放在各区域内，一旦幼儿将材料拿出区域就会被提醒送回。这就导致了部分幼儿会由于能力发展水平不高、活动经验少、对教师的依赖性较高而出现游戏参与程度不高的现象。经过观察、分析、研讨后，该园采用教师"预设"和儿童"生成"的课程形式。前期由教师依据儿童的兴趣、学习需要及已有经验，有目的、有计划设计投放材料。随着活动的不断推进，捕捉儿童游戏中的热点、需求和隐含的教育关键点，再次投放广阔、多元、自然属性强的材料，实现儿童天性满足，使教师和儿童都成为游戏中的主动建构者，引发儿童主动探索和交往，满足其自主活动、自主学习的需要。

2. 创新模式，生动开展户外混龄游戏。

（1）创新"3＋1＋1"游戏模式。

混龄游戏改变以班级为单位的户外游戏形式，以"游学"的方式实现全园儿童游戏共享。采用"3＋1＋1"模式推进游戏的开展。

"3"指本班游戏——每周一到周三是各班儿童对户外游戏区的认识期，熟悉与以往户外游戏的不同点，为儿童提供充分的时间来适应。

"1"指同龄混班——每周四，不同班级的同龄的儿童进行结伴游戏，促进同龄陌生儿童交往能力的发展。

"1"指全混龄——当儿童对户外各区域游戏有了充分的认识与探索后，每周五，以"大带小"的模式进行全园混龄游戏。

这样的游戏模式中，教师发现年龄较大的幼儿会以哥哥姐姐的身份自居，他们会从弟弟妹妹崇拜的目光中萌生出自豪感，并愿意主动照顾年龄较小的幼儿，从而提升责任感。年龄较小的幼儿不断观察哥哥姐姐的游戏行为，会模仿哥哥姐姐的行为，从而提升自己各方面的能力。

（2）"一固定、二自主"开展游戏。

固定点位、有效追踪——固定各游戏区域教师，便于教师把握本区域儿童的年龄特点、有效投放材料、行为解读游戏。

自主选择、自由结伴——儿童依据自己的意愿、兴趣选择区域、材料、玩伴，凸显儿童主体地位。

游戏中，教师发现年龄较大的幼儿言语表达更强，而年龄较小的幼儿常常要结合肢体动作、表情等表达自己的想法，在混龄游戏中，会不自觉地模仿年龄较大的幼儿，从他们的表达中学习新的词汇，快速提升语言交流和表达能力。

自主管理，自信评价——孩子在户外混龄游戏活动中，他们可以是"哥哥姐姐"，也可以是"弟弟妹妹"，还可以是同龄人的伙伴，这种复杂的角色变化，能促使幼儿初步学习建立人际关系的技巧。游戏过后教师引导儿童开展自我评价，从而丰富他们的情感体验，有利于幼儿综合素质的提高，促进他们的全面发展。

三、提升成效，激发幼儿生命张力

通过一年的实践，户外混龄游戏因为它的自主性、开放性、操作性受到了幼儿的一致追捧。户外混龄游戏不仅提高了幼儿的身体素质，同时促进了幼儿多方面的发展。

1. 扩展幼儿的交往范围。

通过"大带小"的方式，幼儿可以结交新的朋友，他们可以自由交往、自主合作、习得经验，不会盲目地游戏，而是能主动选择伙伴进行交往、合作，激发小班幼儿交往的主动性，提升交往的自信心。

2. 户外混龄游戏促进幼儿习惯养成。

在混龄游戏过程中，幼儿为完成游戏任务和解决游戏问题，会采取各类具体的行为，而年龄较大的幼儿会下意识对年龄较小幼儿的不恰当行为进行纠正，还会督促年龄较小的幼儿遵守游戏规则，能在潜移默化中增强规则意识。比如体能游戏区，中小班部分幼儿存在不遵守游戏规则的问题，通过混龄大带小游戏活动，大班幼儿就会去指导这一部分幼儿遵守游戏规则，让小班幼儿形成规则意识。

3. 户外混龄游戏发展幼儿学习能力。

幼儿具有喜爱模仿的天性，混龄游戏为不同年龄的幼儿提供了相互接触的机会。在模仿学习中提高自身的表达和解决问题的能力，并在潜意识中对自身的行为进行约束。而中大班幼儿在指导纠正小班幼儿语言行为的过程中，能有效提高其自身的语言行为能力。

沙水游戏是幼儿非常喜欢的活动。游戏中，小班幼儿只是重复铲沙，形式单一；教师在混龄游戏区域中观察、发现幼儿的兴趣和需要，引导中大班的幼儿带领小班幼儿一起进行交流讨论、探索，根据幼儿的兴趣在沙水区生成了"寻宝游戏""河道探秘"等活动。在这个过程中，中小班幼儿能积累大班幼儿思考问题和解决问题的经验，并能有效锻炼、增强自己的思维能力，进而有效增强幼儿思考和解决问题的能力。

4. 户外混龄游戏让幼儿社会情感得到发展。

很多幼儿是独生子女，而混龄游戏能提供异龄同伴交往的平台，打破年龄局限，让幼儿在一个类似家庭的生活环境中游戏、探索，在一定程度上缓解了独生子女成长中同伴较少的孤独感。

幼儿在与比自己年龄大的孩子交往时，可以学到他们的技能、知识和比自己丰富的经验，体会到大哥哥、大姐姐对自己的爱；而在与比自己年龄较小的孩子交往时，年龄大的幼儿可以做出榜样，体验帮助小弟弟、小妹妹的快乐，逐步培养责任感、组织能力，同时在给低龄幼儿教授游戏的玩法和技能时也巩固了自己的已有经验。例如，在一次玩骑自行车的游戏中，一个小班的幼儿不小心和车子一起倒了下去。旁边大班的幼儿赶快扶起了他，嘴里还不停地安慰着"没事，揉一揉就好了"。幼儿们在混龄活动中体验到了类似于"家人"般的关爱和帮助。

户外混龄游戏，让幼儿"混"出了快乐，"玩"出了精彩。幼儿园将继续践行在自然中生长、在生活中学习、在游戏中探究的课程精神，积极构建"一园、一廊、多区域"的户外环境，将"幼儿—教师—环境—游戏—课程"看作有机整体，让幼儿真正投入和享受游戏过程，健康成长。

第五节 "全收获"理念下幼儿种植活动的实践探索
——大邑县邮江幼儿园种植课程案例

种植活动是幼儿接触大自然的一种有效方式，也是幼儿园常见的一种活动形式。大邑县邮幼儿园根据《3—6岁儿童学习与发展指南》，将"全收获"理念作为园本化种植课程活动，确立了以幼儿发展为主的"全收获"理念来支撑和引领本园的种植课程建设，充分依托园所环境，挖掘多种资源，开展各种具有操作性的种植活动。

一、基于种植活动初建下的理念转变

在大邑县教育局的支持下，幼儿园为幼儿的种植活动建了一个农场——"梅香农场"，开设幼儿种植课程。课程的开展首先是教师教育理念的转变。为了顺利开展种植活动，教师借助各类培训、外出学习、教学研讨以及主动翻阅相关书籍、上网查询、向当地的农民伯伯学习等途径，不断拓展扩充自己的知识，并通过与幼儿共同参与种植活动的全过程，提升自身的种植经验。并在"全收获"理念指导下，结合二十四节气，合理规划、订定种植计划。同时还创设了种子博物馆、农具屋、肥料坊、操作台、展示墙等与幼儿年龄相适应的环境。

二、"全收获"理念指导下的种植课程实践

1. 种什么

种植内容的选择既要考虑种类，又要考虑幼儿的发展和教育的需求。教师通过查找相关资料、向家长请教，选择容易成活且易于生长的植物开展种植。种植时与幼儿交流、协商，如"从哪里种""怎样种""种什么"。通过实地观看、亲身体验，让幼儿对不同的种子、种子的大小、颜色、重量等形成感性的认知，带领幼儿用手触碰种植所需要用的工具，知道每一种工具的名称与用途，帮助幼儿建立前期的种植经验。

2. 如何种

在"如何种"这一问题上，本着让每个幼儿回归自然，亲近自然的原则，

教师带领幼儿合理运用空间，开展亲子种植活动。幼儿园地处山区，家长大都是种植高手，在家长带领下共同进行种植就显得得心应手。幼儿在教师、家长的引导下去初探泥土，了解植物，学习各类植物的栽培方法，并小心翼翼地保护种子，这不仅是孩子亲近自然的过程，也是幼儿关爱生命的学习过程。

3. 怎么管

植物管理需要较长时间，需要持之以恒。从种子种下的那一刻开始，教师和幼儿都要随时观察，当种子长高时，幼儿会关注植物的叶子有多少张、高度有多高，会实地数数；当植物上有虫子出现时，幼儿会焦急地告诉老师和同伴，会捉虫去喂饲养区的小动物；当植物有黄叶子出现时，幼儿会去给植物浇水、去黄叶，通过观察实践，也能学会根据天气、季节决定浇水的时间和浇水的次数；当发现植物有的高有的矮时，幼儿会给植物施肥、除草等。看管植物中产生的疑惑、猜测，幼儿也会尽力想办法找出原因，找到应对的方法，如对植物进行浇水、施肥、拔草等。

4. 有何得

在农场里种的每一种植物，往往是一波三折。但是正因为有了这些波折，才造就了种植活动的价值，成就了幼儿的学习。例如案例《大蒜成长记》。

《大蒜成长记》是由大班幼儿对大蒜味道的讨论所引起的一场大蒜种植活动。大蒜应该怎么种呢？对于没有种植经验的幼儿来说有点难。教师先学习关于种大蒜的知识，为幼儿提供实物大蒜，让他们通过视觉、触觉、嗅觉充分感知，然后引导幼儿大胆操作、自由交流、分享结果，开启了对大蒜的探索之旅。

在种蒜的过程中，幼儿不断遭遇着麻烦和困难。比如挖土，幼儿选择了自己喜欢的挖土工具：铲子、小锄头、耙子，然后把大蒜小的那头朝上放在泥土里；好不容易种下蒜头，幼儿又担心自己种的大蒜不会发芽；大蒜发芽长叶了，幼儿又追问为什么蒜苗有的高有的矮……对幼儿在种植过程中产生的实际问题，教师没有直接将答案"传递"给幼儿，而是带领他们直接感知与亲身体验，寻找问题产生的原因，促使幼儿对大蒜的本身以及它的生长影响因素进行研究，引发真正的、有意义的学习。收获蒜薹时，幼儿通过实践发现使用牙签既省力又安全，还很容易操作；拔出蒜薹时，幼儿会疑惑"剩下的蒜薹会死掉吗？"这能启发他们对生命的思考；最后在品尝蒜薹的过程中，幼儿体验到了收获劳动成果的喜悦。

三、师生的收获

"全收获"理念下种植活动的实践和探索，取得了良好的成效。一是幼儿在教师及家长的支持下，体验捉虫的乐趣、拔草的艰辛，观察植物的变化，挥洒收获果实的汗水，品尝果实的甜蜜，探寻生命的奥秘……活动中，幼儿的逻辑思维、自我发展、合作协商、人际交往等能力得到提升，责任意识得到启蒙和发展。二是教师与幼儿也建立起和睦的师幼关系。教师学会蹲下身来了解幼儿、发现幼儿，发现并关注到幼儿的所思所想，根据幼儿的问题设计活动并不断调整、完善。教师转变观念，学会放手，相信幼儿，给予他们足够的成长时间和探究机会。

"全收获"理念指导下的种植课程实践，真正实现了幼儿、教师的全收获。

第六节 从冷冰冰的分到活生生的人

——大邑县龙凤小学学生评价改革实践

教育部在2014年发布的《关于加强和改进普通高中学生综合素质评价的意见》中指出"人才选拔应从只看'冷冰冰的分'到关注'活生生的人'，应促进学生德智体美全面发展、培养个性特长"。2017年，国务院印发的《关于深化教育体制机制改革的意见》中提出，"要促进人的全面发展，着力培养德智体美全面发展的社会主义建设者和接班人"。《国家中长期教育改革和发展规划纲要（2010—2020年）》中也指出，要"改进教育教学评价，根据人才目标和培养理念，建立科学、多样的评价标准，开展由政府、学校、家长及社会各方面参与的教育质量评价活动"。可以看出，评价是教育过程的重要环节之一，关注学生全面发展、终身发展，进行综合素质评价，已成为当今教育的热点。

大邑县龙凤小学是县内相对偏远的乡村小规模单设小学，学生很少。大部分学生的父母在外地打工，没有更多时间和精力来关注孩子。由于家庭教育的缺失，基础知识薄弱，这些孩子缺乏自信，性格内向、胆怯、自卑，一些学生很害怕考试……如何在关注学生学习成绩的同时关注学生身心健康，帮助学生认识自我、建立自信、树立团队意识、培养能力，从而为每一个学生打开一扇窗，感受到教育的温度呢？基于学生的发展和时代的要求，学校围绕学生评价作出了"三个改变"。

一是评价主体的改变。由原来单纯的教师测评转变为教师、家长、学生共同参与，评价角度更加多元。

二是评价内容的改变。由单纯的基础知识、技能测查变为对学生理解能力、动手能力、应用能力和创造能力的客观考核，进而了解与评估学生语言智能、人际关系智能、音乐智能、自我认识智能、身体运动智能、空间智能、逻辑数学智能等各方面的能力，最终落实到学生核心素养的培养。

三是评价形式的改变。从纸笔测试变为丰富多彩的闯关活动，让孩子在活动中练，在快乐里测。

具体来说，龙凤小学将传统的学业质量监测考试放在了操场上，分年级设置"考场"和"关口"，针对不同的年级从语文、数学、英语、科学、音乐、美术等各学科知识出题，让学生来闯关。这样的测试方式更加符合儿童心理状态，符合各个学科的特点，也更能衡量各学科的"学习结果"。这种经历了真实学习的过程而留下的必备品格和关键能力，往往是传统纸笔测试所难以达到的。

一、半期检测弃试卷改闯关

早在2018年春季，龙凤小学便制定了一套基于综合素质的"三结合"评价方式：学习过程记录＋半期通关检测＋期末试卷检测。它改变传统的"一张试卷定乾坤"的单一评价方式，既关注学生的学习过程，又将纸笔测试与孩子喜欢的活动相结合，让有温度的评价促进学生综合发展。"过程记录"和"试卷检测"很多学校都作为常态工作在抓，但作为评价改革重点的"半期通关检测"，龙凤小学又是怎样做的呢？

1. 充分精心的活动设计。

半期通关检测就是将各学科核心知识点分成不同板块，以闯关形式进行检测，涉及知识的应用、解决生活问题、与人交往、学科间融合等内容。每位学生手拿一张通关卡，每通过一关就会在卡上盖一个印章，表示通过此关，最后以学生通关情况作为成绩。

2018年春季开学伊始，学校便要求教师分学科组展开讨论：各学科有哪些核心知识点？要培养学生哪些学科素养、能力？并要求将其作为4月份的开心闯关活动考点，让教师对教什么、考什么、引导学生学什么做到心中有数。

接下来，从考察目的、考察内容、考察方式、评价标准四方面入手，分学科分年级设计闯关方案，如三年级语文学科围绕学科核心素养，设计了经典背诵、即兴情景剧、小小啄木鸟等现场考察环节，学生闯关时可以随机抽取教材中的韵文、古诗、儿歌等进行个体背诵，也可以三五人组队进行即兴情景剧表演，还可以在校园内标牌、宣传栏等处查找错别字或不规范用词（提前有意设置）等。方案拟好后，在指定时间交教导处逐一审核，反复多次修改，再请教研组长帮助分析教材共同设计完成情况，并安排专任教师负责带领学生制作闯关项目宣传海报。同时，学校根据各年级项目设计闯关卡，统一收集学生营养餐牛奶盒，加工打磨，制作成闯关箱子，给学生神秘感。

在教研组组织教师反复讨论后，确定测评现场设置"识字我最棒""诗文串串香""速算小精灵""成语大比拼""诵读百灵鸟""思维小博士""火柴人变身""心灵手巧""开心唱""钢琴节奏大师""萝卜塔""奇妙的盒子"等12个项目。每个项目通过整合教材知识和生活实际，着眼于学生学科核心素养的提升和发展而设计：语文学科重在考查学生的认读能力、诵读能力和表达能力；数学学科重在考查学生的运算能力，空间思维能力和解决问题的能力；科学学科重在考查学生动手、动脑能力及团队合作精神等。如数学"速算小精灵"，学生随机抽取口算题卡，每张题卡不超过3题，答题时间不超过2分钟。这样，在令人紧张、兴奋的环境中，检测的同时又提升了学生的计算与思维能力。又如"小小工程师"项目中，学生借助皮尺、纸笔等工具，现场测量校园内教室、水池、操场的面积、体积等。可以说，闯关现场就是学生的室外课堂。

此外，测评现场设语文裁判长、数学裁判长、综合裁判长来解决活动中有争议的问题；并设纪律监督员，负责学生安全、纪律维护等。

2. 有序高效的活动开展。

（1）各班积极宣传，向家长讲清楚活动目的意义，邀请家长以评委的身份参与活动，并在活动前就学科知识、评价要点等对家长进行培训。

（2）本着鼓励为主的理念，拓展学生思维，激发学生潜能，提高学生综合素质。对困难学生可以采取二次通关、团队合作等方法，帮助学生大胆自信地展示自我，获得成功体验。

（3）学生可以根据自己的喜好和关卡难易程度，自行选择通关的顺序。

二、改革反思：由此项评价改革拓展开去

龙凤小学开展的多元评价闯关活动新颖有趣，得到了孩子和家长的一致好评。此项针对基础教育难点、痛点的改革，也受到了多家媒体的关注。四川教

育新闻网、SCTV 科教频道、网易新闻频道、大邑县电视台新闻综合频道《教育关注》、四川网络教育电视台等多家媒体进行了专题报道。

1. 实实在在的改变。

孩子的心声

学生 1：今天很特别，校园处处洋溢着节日气氛，广场变成了好玩的游乐场，有那么多秘密等待着我们去游戏闯关解开，我玩得很开心、很痛快。

学生 2：我很喜欢这样的活动！我最喜欢玩"开心唱"了，我觉得自己很厉害！

教师的感受

教师 1：我们班孩子还是挺能干的！

教师 2：今年，美术学业水平测试与语文学科融合在一起开展综合测评，让学生的美术功底、审美能力、语言表达能力在活动中得到了提升，感觉他们一个个特别可爱。

家长的反应

1 年级家长：闯关活动给了我们家长一个难能可贵的平台去了解自己孩子以及同年龄孩子的学习状况。

2 年级家长：这次活动非常有意义，给予了每一个小朋友展示自己的机会，谢谢老师！

6 年级家长：我看到了自己孩子的表现，也清楚了作为家长应该怎样正确地去引导孩子，非常好。

半期通关检测让学生不再"谈考色变"，让检测成为他们学习、成长过程中一段开心的、值得期待的经历。

2. 由好效果引发的思考。

（1）在测评活动中发现的问题：

活动前，对测评教师、家长的培训不够精细，部分教师认为只是一次活动，缺乏主动反思再提高的热情；对此项活动最终效果的考核标准需进一步细化，活动具体效果的呈现没有量化，停留于比较模糊的"好""较好"层面；一些项目学科间的整合不够，特别是艺体学科与语文、数学、英语之间的整合，还需要充分挖掘教材知识点及不同学科知识点之间的联系；闯关项目能力测查趣味性还有待提升；通关后学生情况分析及评价结果的使用及后期应对措施还不明确。

（2）课堂教学的追问。

在闯关评价活动中发现的问题，引发了学校教师对课堂教学的思考：学生究竟需要怎样的课堂教学？如何能够真正让学生"按需而学"，将外在的学习要求转化为内在学习需求？如何丰富学生的学习方式，让每一个学生都用自己的方式获得成功？如何让学生从问题中来，到问题中去，带着问题进课堂，带着问题出课堂？这些问题都需要教师在今后的教学中不断思考、不停探索。只有不断优化教育教学方式，才能真正深层次地促进学生的多元成长。在今后工作中，学校将继续探索、实践，让综合素质评价系统更加完善，方式更加多样，成效更加显著。

第四章 家校社共育

第一节　共建、共创、共融
——大邑县南街幼儿园家、园、社深度合作

《幼儿园教育指导纲要》明确指出，家长是幼儿园教师的重要合作伙伴，教师应本着尊重、平等的原则，引导家长主动参与幼儿园的教育工作。社区也是幼儿园不可或缺的教育资源。大邑县南街幼儿园（以下简称南街幼儿园）充分发挥幼儿园、家庭、社区三方联动效能，开展新型亲子活动，既促进亲子之间的情感交流，帮助家长更新教育理念，又对社区群众形成有效辐射，让全社会都来关心和支持幼儿教育。

幼儿园对原有亲子活动进行了调研，发现如下问题。

1. 活动形式单一。南街幼儿园未能系统全面地设计亲子活动，内容陈旧，缺乏创新性。

2. 活动频次较低。亲子活动仅仅在重大节日开展，未能得到广泛的认可和运用。

3. 认识程度不够。家长普遍认为教育孩子是幼儿园的事情，参与活动被动应付、走形式的情况较多。

基于以上问题，南街幼儿园围绕"共建、共创、共融"三部曲组建亲子快乐联盟，开发亲子特色项目，分享亲子美好时光，提升亲子活动的参与性、互动性和实效性，助力家园深度合作，促进幼儿健康多元发展。

一、共建——组建亲子快乐联盟

亲子活动是一种三位一体的活动，即幼儿、教师和家长三方面的交流互动。经观察，发现有些幼儿园缺少家长与教师、家长与家长之间的互动合作，存在着单项式交流的现象。本着以幼儿为本的教育理念，积极开展便于家长参与的亲子活动，并通过"招、商、引、咨"四步策略来组建亲子快乐联盟，同时与社区工作人员合作，在亲子活动中充分利用社区的广场、体育场、商店、养老院等资源，将幼儿园的教育范围拓展到更宽广的空间，丰富亲子活动形式。

1. 招。开学初，教师利用家访时间与家长进行面对面互动交流，发放"家园合作问卷调查表""社区资源调查表"，了解家长对亲子活动的认识与需求，了解家长参与策划、组织亲子活动的兴趣，了解社区可利用的资源。根据调查结果建立了社区资源库，招募了亲子活动志愿者和指导者，成立了家长学校和家长委员会，组建了爸爸护卫队、妈妈艺术团等社团。"招贤纳士"的举措把自主权还给了家长，使他们成为亲子活动的参与者、策划者和引导者，让家长对幼儿园产生了归属感。

2. 商。好的亲子活动，家长必须要有"话语权"。在开展活动之前，南街幼儿园会把活动主题与教育目标向家长公布，集思广益，共同商议适合本班孩子的亲子活动内容，如社区广场上的"绘风筝亲自然"社会实践活动、"小手拉大手"社区义卖活动、"浓浓敬老情"敬老爱老活动等，都是由班上教师与家长商议后，利用社区资源库开展的。活动中，家长积极参与，各司其职。有的负责布置活动场地，有的负责准备活动材料，有的发挥特长为孩子精心编排和组织表演。这种以孩子当先、家长为主的商讨形式，恰到好处地促使了家长成为孩子活动的合作者、支持者和陪伴者。

3. 引。在亲子活动中，教师不仅是活动的号召者、互动者，更是家长和孩子的引领者。一方面，教师在活动前引领家长了解活动机制，从而有目的、有计划地安排家长志愿者进行幼儿园的教学或游戏活动；另一方面，教师会针对班级不同文化层次、不同性格特点的家长给予不同的指导建议。所以在参与活动的过程中，家长容易与教师产生共鸣，从而转变家长的教育观念，增强家园合作意识，提高合作的互动性。

4. 咨。南街幼儿园建有多种形式的咨询服务平台，如QQ群、微信群、公众平台、家园栏等。亲子活动进行时，幼儿园和教师利用这些平台聚焦家长的热点和难点问题，在教师与家长、家长与家长、幼儿与家长之间开展互动交流，共享教育信息，携手共同进步。

二、共创——开发亲子特色项目

幼儿园亲子特色项目的开发正是给孩子提供了展现自我的舞台，为家长创设近距离观察孩子的条件，给教师提供与家长面对面交流的时机，让家长从旁观者转化为合作者、参与者和实践者，从而发挥教育的最佳效果。

项目一：亲子伴读

九月开学季，为了缓解小班新生的入园焦虑，帮助他们更快适应幼儿园生活，南街幼儿园开发了亲子伴读特色活动。孩子在家长的陪伴下走进幼儿园，来到"娃娃家"，专心致志地喂娃娃吃饭；走到"搭建王国"，兴趣盎然地搭房子……通过"梯度适应"的亲子伴读活动，家长对孩子在园的一日活动有了全面了解，愿意与教师携手助推幼儿成长，同时在参与活动的过程中进一步深入了解和肯定了南街幼儿园的办园文化。

项目二：亲子社团

开展亲子活动的过程中，家长委员会提出了"亲子社团"的设想，并得到大多数家长的支持。基于家长与孩子的需求，南街幼儿园结合幼儿园的美育课程和班级实际情况，以班级为单位组建了三个社团，即主题活动组、户外运动组、艺术创作组。每组根据家长特长，民主推选出一名组长。亲子社团建立初期，以教师为主导，引导班里的家长和孩子自主选择并参与小组活动。

伴随活动的深入开展，幼儿园和家长一起，结合社区资源，制定了幼儿园亲子社团活动清单（表3-4-1）。多种样态的亲子活动，满足了家长、孩子的需要，增进了家园深入交流，加深了家长、孩子和教师的感情，有效地推进了家园深度合作。

表3-4-1 南幼"亲子联盟"社团活动清单

活动主题	活动时间	活动小组	活动地点	活动内容	参与人员
我爱妈妈	三八节	全园 主题组 创作组	教室 操场	1. 互动游戏 2. 幼儿表演 3. 制作礼物	孩子 妈妈 教师
风筝主题	春天	全园 主题组 运动组 创作组	公园	1. 制作风筝 2. 游戏：放风筝	孩子 家长 教师

续表

活动主题	活动时间	活动小组	活动地点	活动内容	参与人员
劳动最光荣	五一节	教研组 主题组 运动组 创作组	社区 教室 户外	1. 爱护环境人人参与 2. 制作或购买礼物 3. 慰问不同工作岗位的人	家长 孩子 教师
快乐六一	六一节	全园 运动组 创作组 主题组	表演场馆	1. 表演六一节目 2. 参与节日主题游戏 3. 参与制作六一艺术作品	家长 孩子 教师
月饼DIY	中秋节	全园 创作组 主题组	教室 操场	1. 中秋节游戏 2. 制作月饼	家长 孩子 教师
我爱祖国	国庆节	教研组 主题组 运动组 创作组	公园 广场	1. 绘图：中国地图 2. 运动：我是中国娃 3. 创意制作：绘制国旗	孩子 家长 教师
浓浓敬老情	重阳节	全园 主题组 创作组	教室 敬老院	1. 做礼物义卖筹款 2. 用善款为老人购买礼物 3. 表演节目 4. 为老人打扫卫生	孩子 家长 教师 老人
亲子趣味运动游戏	十月	全园 运动组 主题组	户外	1. 运动员入场 2. 热身操 3. 游戏：同心协力、虾兵蟹将、捕鱼大师	孩子 家长 教师
中国味中国年	元旦节	全园 主题组 创作组	教室	1. 制作新年艺术作品 2. 分班游戏 3. 表演节目 4. 包水饺	孩子 家长 教师

项目三：亲子游戏

亲子游戏不仅是孩子玩耍的一种形式，也是家长与孩子交往的一种重要途径。幼儿园有计划、有重点地列出全年亲子游戏清单，将每月月末的周五定为"亲子游戏日"。在游戏中，孩子体验了父母的辛劳，父母读懂了孩子的言行，在增进亲子感情的同时，家长的教育观念与行为也在逐步转变。

项目四：成长助教团

成长助教团强调互动与合作，教师和家长都是活动的发动者，家园共同策划活动、设计方案、实施内容。在一日活动中，各班教师在密切关注孩子的兴趣需求基础上，通过与家长交流沟通，共同商讨设计符合孩子年龄特点、成长规律的教学方案。一年来，依托成长助教团，幼儿园形成了一系列由家长志愿者执教的鲜活教育活动案例，如安全活动"走丢了怎么办"、音乐活动"有趣的音乐会"、美术活动"染纸"、音乐游戏"牙刷火车"、健康活动"水果蔬菜是我们的好朋友"、科学活动"小小围棋手"、社会活动"我要做小学生啦"等。

三、共融——分享亲子美好时光

每次亲子活动后，幼儿园会邀请家长聚集一堂，采用观看视频、问卷调查等多种形式，分享在活动中的感悟，激发家长、孩子和教师之间的情感共鸣，引领家长转变教育观念。如亲子共玩的自主游戏结束后，欢欢妈妈在欣赏视频的过程中流下了激动的泪水："以前还没发现她的坚持性这么好，谢谢老师记录的美好瞬间！"小右爸爸说："我就知道儿子是很勇敢的，木梯都能爬上去。"乐乐妈妈说道："最近一直在反思自己的教育方法，孩子的小手可以描绘爱、描绘梦想，关键是家长要学会放手。"悠悠妈妈既惭愧又骄傲地说："悠悠的爱心盆栽，让我这个妈妈都佩服得五体投地。所以，我们要学会放手，相信惊喜一定比惊讶多。"

如果说幼儿园、家庭、社区是儿童成长的三个不可或缺的"点位"，那么亲子活动就是连接这些"点位"的线。通过"共建、共创、共融"亲子活动三部曲，促进了幼儿园、家庭、社区的三方联动，形成了良好的协同育人机制，促进了孩子健康快乐且富有个性的成长。未来，幼儿园将继续加强对教师的专业培训，提升教师亲子教育的指导能力，总结家长教育策略方法，加强宣传引领，提高家长对亲子教育活动教育价值的再认识。同时，充分尊重幼儿的天性和身心特点，拓展亲子活动的内容与形式，构建科学化、游戏化、体系化的园本亲子活动课程体系，促进孩子全面、和谐发展。

第二节　家校社合力　共育鹤小好少年
——大邑县鹤鸣小学家校社共育案例

教育是三位一体的，家庭教育是根，学校教育是叶，社会教育是干。大邑县教育系统"以评促建"工作以来，鹤鸣小学在调查中发现，虽然有许多家长并未学过教育理论,也未在学校教过书或做过工作,但他们把孩子教育得很好,有一套教育子女的好经验。为此,学校结合以评促建评价量表,创设家、校、社同步的"合力"教育,调动社会各方面的力量,实现鹤鸣小学"文敏、童真、慧学、致远"的培养目标。

一、合力抗疫,停课不停学

家访,是与家长沟通、了解孩子在家学习和生活的桥梁,是实现家长与学校互动的重要方式。学校除了做好常规家访外,每一次家访最先拜访的是村和社区。一方面,向村社干部通报学校的相关工作,听取他们对学校工作的建议,争取他们对学校工作的支持;另一方面,从村社区干部那里了解并掌握该社区孩子的家庭、周边环境等情况,以便更好地开展工作。

2020年新冠疫情延期开学期间的几次特殊家访,更显示了家、校、社合作的强大力量。

1. 停课不停学,一个不能少。

延期开学初期,鹤鸣小学为了让每个孩子都能"宅"家不停学,要求班主任通过电话对每个孩子的线上学习情况进行全面了解。在电话访谈中,得知学校有一名随班就读学生,其父母都没有上过学,使用的不是智能手机,无法开展线上学习。鹤鸣小学支部获悉情况后,坚持"停课不停学,一个都不能少"的原则,立即安排由支部组织委员、副校长、学校资源教师杜毓春带队的党员志愿服务队,一路跋山涉水,为该生送去了教材,开展了送教上门服务。手把手指导家长和孩子学习收看线上课程的方法,鼓励孩子"宅"家要养成良好生活习惯和学习习惯。

2. 疫情隔不了爱,细雨阻不了行。

2020年4月3日,鹤鸣小学支部组织全体党员、学科教师分成三个组,冒着细雨走进社区和村组,和干部对疫情重灾区人员、境外返回人员以及14天内有无省外或境外旅行史,是否与确诊人员密切接触等几类人员再次进行认真、细致的摸排调查。此外,教师还走进家庭,对学生特别是一线防控人员的子女、随迁子女、留守儿童、学习困难的学生开展了宅家调查和学习指导等活动,为家长、学生送去了特别的关爱,为防控复学工作奠定了坚实的基础。

3. 困难面前有我们,我们面前无困难。

2020年4月10日,全体教师按年级分成了六个组,由赵飞校长亲自带队,带上干粮午餐,从早上9点到下午16点,或开车或步行,顶着烈日,深入鹤鸣镇十多个村落、社区，对全校 200 多名学生全部进行了家访。

三次不同层面的家访，教师更真实、全面地了解到了每一个学生的家庭状况、学习环境以及"宅"家表现，了解到了家长的教育方法和迫切需求，为学校及时调整、改进线上教学方法和复学准备工作提供了良好建议。同时，在学校、村社的共同努力下，不但给孩子送去了关爱，也给家长带去了信心。

附：赵飞校长的家访日记（选录）

幸福的家庭都是相似的，不幸的家庭各不相同。其实，在家庭教育中也可以这样描述：关注孩子成长的家庭都是相似的，忽视孩子发展的家庭各不相同。今天，鹤鸣小学全体教师分成六个组走进学生家庭解惑答疑。我和一年级的班主任、副班主任一起走访了十个家庭。

这十个家庭中，由父母自己带孩子的有一个家庭，父辈和祖辈共同带孩子的有四个家庭，全部由祖辈带孩子的有五个家庭。父亲今天在家的有两个家庭，家有两个孩子的有四个家庭。其中，有四个孩子的父母婚姻出现了危机。

在这次家访中，我看到有的孩子特有礼貌地向老师问好，有的孩子随时将自己的书桌收拾得整整齐齐，有的孩子帮着把家里的卫生打扫得干干净净，也有的孩子在院子里疯跑，完全不听大人招呼……

我也看到，有的家长一个人带两个孩子依然大小兼顾，有的家长利用多种学习资源辅导孩子，有的家长每天严格落实老师布置的观看、辅导、检查、纠错等学习任务。当然，也有的家长辅导孩子毫无方法，有的家长生活压力很大，管理孩子的学习明显力不从心，有的家长为孩子的成长掉下了心酸的眼泪……

我还看到老师手把手地教孩子，面对面地帮家长，还看到了老师"狠心"地教育孩子，毫不留情地"训"家长……这点点滴滴中，既有老师的菩萨心肠，也有老师的铁面无私，更有老师的父母心肠。在这次家访中，我不仅看到了学习的横竖撇捺，也看到了生活的加减乘除；我不仅看到了教育的困顿迷茫，也看到了教育的蓬勃希望！

二、整合资源，帮困助学

学校的发展和孩子的健康成长既离不开家、校、社的配合，也离不开社会爱心人士的帮助。鹤鸣小学在当地党委政府、大邑县教育局的牵线搭桥下，充分利用社区、社会的资源，帮助困难家庭，助力了学校文化建设。

1. 物资帮扶。

2020年5月，某汽车配件有限公司捐赠了书包、文具、体育器材，为教师捐赠了优盘等物品；2020年6月2日，中国人民解放军某部为学校10名品学兼优、家庭贫困的学生带来节日礼物；2020年9月，西部战区某部官兵一行，为学校23名品学兼优、家庭贫困的学子每人颁发了1000元的助学金；2020年10月，在镇政府的帮助下，四川省慈善总会的爱心专项基金对学校30名品学兼优、家庭贫困的学子带来了爱心捐助；2020年11月25日，某公司张董事长捐赠30000元，用于学校体育武术教室、书法教室和农耕盆景园的建设，助力学校"美丽而有温度的乡村教育"特色创建……

2. 思想引导。

在帮扶活动中，学校进一步引导了家长、学生正确的价值观、人生观和教育观。更重要的是，当地党委书记、镇长也会在抽出时间到校参加活动，分管副镇长和村社主任带着教师和爱心人士深入学生家庭了解情况，和家长交谈沟通，分享教育孩子的方法等，让学生和家长感受到了社会大家庭的温暖，对生活、对未来充满了希望。此外，学校还邀请了镇司法所、派出所人员对孩子进行了法治、安全等方面的教育；邀请了检察院同志给孩子讲宪法和未成年人保护法；邀请了农商银行大邑支行的志愿者给孩子讲长征的故事……

3. 实践体验。

学校充分利用大邑本土资源，带学生参观花溪谷、道源圣城、南山花溪、科技馆等地，让学生体验家乡的变化，感受祖国的强盛；带学生赴建川博物馆、安仁禁毒基地参观，让学生铭记历史，珍爱生命；还让学生走进社区，宣传垃圾分类，走进敬老院，学会尊老爱老……

三、主题教育，转变观念

1. 教育培训突出针对性。

传统的家长会不是把全校家长集中在一起，请专家或相关人员做个讲座，就是分班把家长集中在教室里，由班主任和科任教师给家长讲家庭教育、与家长交流孩子在校和在家的表现情况等。这样的家长会有他自身的优势，但是又凸显出了相对的弱势——全面开花，教育针对性不强。

在鹤鸣小学，个别家长或护短，认为自己的孩子就是对的；或认为孩子的教育就只是教师的事；或不懂感恩，认为孩子成绩好只是因为孩子聪明；

或大部分留守学生都是由爷爷奶奶监管，溺爱问题尤其严重……为此，鹤鸣小学成立了家校联系课程组，定期交流研讨家校联系中遇到的困难和解决的方法，定期组织各种类别的小型家长会。

例如，针对"护短、总是认为自己的孩子就是对的"这一问题，赵飞校长亲自给家长做了专题讲座——《最好的教育：家长不护短，老师不姑息，我们并肩努力》；针对"不知道怎么进行家庭教育"的家长，卿老师组织了主题家长会，通过"过河"游戏，和家长拉家常、聊天，卿老师和课程组的教师引导家长明白怎样更好地和学校、教师配合，教育好自己的"乖孙"……慢慢地，上课期间送零食到校的爷爷、奶奶少了，不断给老师打电话叮嘱老师要给"乖孙"做这样、做那样的情况少了，而"老师，你说咋做我们就咋做""老师，我们乖孙昨天的作业做完没有"的话语变多了。

2. 活动突出开放性。

为了进一步加强家长与学校的沟通，让家长亲身经历子女在校的学习和生活，鹤鸣小学邀请了全校 200 余名家长参加了两届"请家长检阅，让家长放心"的家长开放日活动。

家长开放日的活动内容丰富，有的家长参加学校升旗仪式；有的观摩大课间，有的走进教室和孩子同上一堂课；有的走进活动室和孩子一起参加社团活动；有的走进厨房、学生寝室感受孩子的生活；有的观看孩子的作业、书画作品、武术表演、劳动以及科技手工成果；有的和孩子的教师交流，了解孩子的在校表现；还有的请专家、教师传授家庭教育知识等。

这样的家长开放日活动无论是家长，教师，还是学校都受益匪浅。对家长而言，拉近了学校和家长之间的距离，让家长进一步了解了孩子在学校的学习、生活，加强了家长对学校、教师工作的理解和配合；对教师而言，提供了展示专业素养的机会，树立了教师的威信，也赢取了家长的尊重，彼此建立起信任；对于学校而言，展示了学校的育人风采，向家长传达了学校发展的理念和思路，可以听到家长对于学校发展的真知灼见。

一位资深老师曾说过："家长与学校配合得越好，教育越会成功。"在学生的成长过程中，家庭教育、学校教育和社会教育，这三者就像一条链子，应该彼此相连，相互支撑，不能脱节。只有构建学校、家庭、社会三位一体的教育体系，同心、同向、同力，才能共育出优秀好少年！

第三节　校企合作　共育共享

——大邑县王泗镇学校校企合作课程的开发与实践

一、他山之石，助力教育

1. 始，以行知为念。

办学理念，亦如载舟之水。学校自 2006 年建校以来，以陶行知先生的生活教育理论为指导，以课程建设为载体，让学生在参与课程学习的过程中形成个人终身发展所需要的必备品格、习惯和能力，着力提升教育质量和办学品质，做出了积极的探索和尝试。

陶行知先生主张"生活即教育""社会即学校""教学做合一"，讲求的是对学生在教育中实现"行知合一"，追寻的是"向美而行"。教育要依靠社会的力量，适应经济社会的需要。学校、家庭和社会是学生成长过程中最重要的三个着力点，学校应为学生搭建家庭教育和社会教育的桥梁，积极构建学校、家庭、社会"三位一体"的全方位、多渠道的和谐共育模式。

2. 合，以求实为风。

学校特色课程力求立足学校实际，贴近学生生活，充分利用地方优势资源，求实创新。学校从 2016 年开始，结合地方特色和办学实际，充分挖掘地方教育资源，着力建构了"生活教育"系列特色课程，从而践行陶行知先生的"生活教育"理念，力争培养具有家国情怀、创新精神与实践能力的人，并把特色课程建设作为学校每年的"创新创优"工作来抓，贯彻落实大邑县教育综合改革"1511"发展思路。

"生活教育"以生活贯穿对学生教育的始终，以体验式学习让学生获得知识，形成学生新的认知和学习成果。2016 年度，学校开发了"特色社团活动课程"，编写了"生活教育"校本教材《腾飞之梦》；2017 年度，学校开发了"养习修德"课程，落实学生行为习惯的养成教育，承办了大邑县教育局"十大好习惯"养成教育工作推进现场会；2018 年度，学校开发了小学一年级学生行为习惯"入格"训练课程，并编写了该课程的校本教材；2019 年度，学校在上一年度的基础上，编写了一年级"家校合作"课程，为学生扣好人生的第一粒扣子。

3. 借,以他石为器。

2020年,学校决定依托王泗本土优质社会资源,研发"校企合作"校本课程,把企业诸多教育因子有机整合起来,充分发挥好社会资源的育人功效。校企合作,是实现企业对学校精准帮扶、促进教育高质量发展的有效途径,也是企业培养未来高素质劳动者端口前移的战略举措。学校希望借助"校企合作"这块"他山之石",实现对王泗教育发展的有力助推。

二、校企合作,共育共享

为了更好地推进此项工作,学校成立了"校企合作"课程工作小组,由校长担任组长,在开学伊始就召开了"校企合作"课程工作研讨会。同时,学校还深入社区了解社会对学校教育的需要、对校企合作工作的看法,到合作企业了解企业的发展状况和企业文化,与企业领导共同研究商议,制定了"校企合作"课程的目标和"12345"工作思路。

"1"即实现一个目标:校企合作,共育共享。

"2"即落实两个结合:校园文化和企业文化相结合、学校教育和企业生产劳动教育相结合。

"3"即从三个层面推进:文化交流、管理交流、资源共享。

"4"即开展四项互动:文化互动、帮扶互动、管理互动、党建互动。

"5"即五条实施路径:管理对接、文化讲堂、爱心资助、研学实践、党建交流。

三、凭风借力,合作共建

1. 树共识,求发展。

学校立足于育人,企业立足于用人,好的教育要服务社会,服务于国家和社会的发展,而好的企业除了追求经济效益,还应当承担一定的社会责任。培育人与用好人是校企存在和发展的根本,在当前环境下,如何充分调动学校教师育人的积极性和主动性,优化育人环境,特别是提升乡村学校办学水平,均衡教育城乡资源的差距,除了政府的积极投入,推动企业与学校之间的合作,激发企业扶持教育发展并承担一定的社会责任,也是乡村学校一种重要的教育发展助力。王泗镇学校与结对帮扶企业在合作之初就形成了以下共识:一是聘请企业家进课堂为学生讲课,帮助学生树立正确的人生观和价值观;二是组织学生到企业实地参观考察，切身感受浓厚的企业文化氛围；三是把企业活动和学校活动有机结合起来，找到共同育人的契合点；四是企业资助优秀贫困学生、表彰优秀师生，体现企业服务教育、回报社会的价值追求。

2. 研学实践，行知合一。

陶行知说："行是知之始，知是行之成。"校企合作要走出"只给予学校资金"的简单帮扶，必须在合作方式上进行创新，充分挖掘其育人功效。学校在与某集团公司开展合作帮扶的过程中，认识到其独特的企业文化蕴藏企业的育人功能，因此在校企协调一致的情况下，积极组织师生到企业开展研学实践活动，倡导学生在做中学，在学与体验中增长知识。

学校通过与企业合作的方式开展学生的研学实践活动，既增强了学生对家乡特色酒文化的传承和了解，也提升了学生的自豪感。这种知行合一的体验式教学方式，让学生从感性认识上升到理性认识，实现了从单纯的知识获取到劳动技能掌握的转变。

3. 党建引领，育人育心。

一所学校的凝聚力来自学校领导班子的团结向上，来自党员干部的先锋模范带头作用。同样，一个企业要充满朝气、充满生命力，健康持续地发展，离不开党员在关键时刻、关键位置的引领和示范作用。在党建工作中，开展互借互鉴，有利于双方进行资源互补，实现共建共享。学校领导班子成员与企业管理层多次开展了集体学习会商，召开了党建工作专题座谈会，校企双方负责人分别做了专题汇报和交流。特别是2021年的党史学习教育中，双方党支部开展了"缅怀英烈，饮水思源，校企共建共享"党史学习教育主题的实践活动，使学校党员教师、党员职工受到了深刻的教育，增强了为人民服务的信心。

4. 校企合作，助力抗疫。

2020年4月，学校和某企业联合开展了首届学生征文活动。学校学生踊跃参加，纷纷投稿，经过评选，60多位同学的征文分获一、二、三等奖，集团的领导为获奖学生颁奖。在学校学生复学后，为保障学校防疫物资的充足，该企业还向学校捐赠了100千克医用酒精，用于校园的日常消毒。

5. 爱心向善，助学树人。

校企合作中，企业所具有的资金优势对乡村学校而言是宝贵的。合作的公司在合作中一直主动担当，把"为家乡青少年学生求学、为家乡学校的发展而出力"作为自己义不容辞的社会责任，多次向一大批品学兼优的学生和家庭经济困难的学生发放爱心助学金，积极为学校的各项活动捐款捐物。同时，为了激发学校教师的工作积极性，为乡村学校留住优秀教师，该公司拨出专项资金设立了"园丁奖",对学校优秀教师进行专项考核奖励。每年教师节时还举行优秀教师座谈会,言辞恳切,充分肯定了教师做出的成绩。

四、合作共赢,花开王泗（课程取得的成效）

"校企合作"课程,从单一的资金支持到合作中的多措并举,从企业的单向输出到校企的双向互动,真正实现了合作共赢。双方共同组织开展了研学实践、文化讲堂、帮困助学、激励先进和党建交流等形式多样、内容丰富的交流活动,让非遗文化走进课堂,走进师生的心里。活动中,不仅培育了学生热爱家乡的美好情怀,增加了学校的育人资源,拓宽了学校的育人渠道,也提高了企业的社会美誉度,赢得了社会及家长的高度赞扬。

"好风凭借力,送我上青云。"[①] 学校将坚守立德树人的初心,牢记为党育人、为国育才的使命,建立校企合作的长效运行机制,进一步拓宽育人渠道,丰富学校"生活教育"系列特色课程,促进学生"五育"融合发展,实现学校、企业更高质量的共享、共赢!

[①] ［清］曹雪芹:《临江山·柳絮》。

第四编

效 ■ 成果

第一章 理想与愿景

第一节　办美丽而有温度的乡村教育 促进城乡教育优质均衡发展

大邑县隶属四川省成都市，位于成都平原西部，是成都平原经济圈由平原地区向山区的过渡地带，截至 2023 年 6 月，管辖 3 个街道 8 个镇，总面积 1284 平方公里，户籍人口 50.77 万。了解大邑，只需记住两句话，一是"七山一水两分田"，二是"三山一泉两古镇"。前一句讲地理环境，山地多平地少；后一句讲人文风物，主要指以成都第一峰西岭雪山、道教发源地鹤鸣山、佛教南传第一站雾中山、天府奇汤花水湾温泉、中国博物馆小镇安仁古镇和中国历史文化名镇新场古镇等为代表的丰富的旅游资源。

一、乡村振兴中教育的责任与担当

"乡村兴则国家兴，乡村衰则国家衰。"一百年前，陶行知先生主张以教育救农村，倡导"乡村学校要做改造乡村的中心"。一百年后的今天，党中央提出"实施乡村振兴战略"，指出乡村振兴是建设现代化经济体系的重要基础，是建设美丽中国的关键举措，是传承中华优秀传统文化的有效途径，是健全现代社会治理格局的固本之策，是实现全体人民共同富裕的必然选择。中共中央、国务院印发的《关于实施乡村振兴战略的意见》以及在 2018 年印发的《乡村振兴战略规划 2018—2022 年》对实施"乡村振兴战略"进行了具体部署，进一步明确了教育在乡村振兴战略中的优先发展地位。

"望得见山，看得见水，记得住乡愁"，是我们的美丽乡村梦。"让每个孩子都能享有优质公平的教育",让校园"看得见笑脸,听得到欢歌,铭刻着成长"就是我们的美丽乡村教育梦。大邑县现有义务教育阶段学校33所,中小学生33391人,其中农村义务教育学校24所,学生18406人,分别占全县总数的72.7%和55.1%。无论是学校总数还是学生人数,在全县义务教育中都占有较大的比重。建设美丽乡村学校,就是要办美丽而有温度的乡村教育,让学习之美、陪伴之美、成长之美成为乡村学校最靓的风景。

二、美丽乡村学校建设的实践与行动

建设美丽乡村学校是大邑县推进教育综合改革,促进城乡教育优质均衡发展的一项系统性工程,强烈的责任感、使命感与紧迫感是整个创建工作的不变基调。

1. 统筹规划,精心布局。

(1) 以县域实际为依据,科学设定创建目标。什么样的学校才是美丽乡村学校,可能每个人心中都有自己的标准。2016年,大邑县教育局与四川省陶行知研究会合作,在全县实施"以评促建"学校办学水平评价改革,聘请第三方专业机构对全县义务教育学校办学情况进行了系统性诊断评估,摸清了家底。2017年,县教育局正式启动美丽乡村学校建设项目,"四特六微"10所试点学校投入建设。2018年,在完成试点学校建设的基础上,县教育局将试点学校建设经验推广到全县所有义务教育学校。针对大邑县实际,特别是农村学校存在的问题与短板,县教育局提出美丽的乡村学校不仅要有颜值,更要有品质;美丽的乡村教育既要有深度,更要有温度。将目光锁定在了"环境自然美、管理和谐美、育人身心美、文化特色美"等四个方面,确定了建设具有"四美"特质的"校美人和"的美丽乡村学校建设目标。

(2) 以优质均衡为追求,严格界定创建原则。教育是最大的民生,教育均衡是最大的社会公平,更是义务教育最大的责任与担当。2013年大邑县被国务院教育督导委员会认定为全国义务教育发展基本均衡县,建设美丽乡村学校就是要在"基本均衡"之上实现高位均衡、优质均衡。县教育局把"坚持教育公平"作为了创建工作的基本原则,在设施设备上对标城镇优质学校,在内涵发展上瞄准农村学校短板,确保乡村学校设施设备不低于城镇学校水平,乡村学校发展速度领先于城镇水平。

（3）以发展需求为导向，精准确定建设重点。全县农村义务教育学校各自办学水平不同、办学特色各异，达成"四美"目标的差距也不一致。县教育局把"优化育人环境，加强队伍建设，完善课程体系，推动资源共享，突出文化特色"作为全县美丽乡村学校建设的主要内容，但在具体到每一所学校时根据学校发展需求实行"一校一案"，不搞"一刀切"。比如斜源小学地处山区，全校六个年级的学生仅有 70 余人，离校远的学生全部住校，因此设施设备投入的关键在于营造良好学习和生活的环境，建设重点是完成学生宿舍与餐厅的改建扩建，内涵发展关键点在于将学校"幸福"教育理念落地，改革重点是小班教学与全科教师制。再比如蔡场小学从 2008 年与新加坡养正小学结对，连续十年均有师生互访游学，国际理解教育需求强烈，因此重点是建设东西方文化广场，增加学校东西方文化符号，开设"新六艺"课程，以便于开展国际交流，促进国际理解。

2. 加强指导，落实管理。

（1）加强专业指导，开展顶层设计。一是聘请第三方教育咨询机构对学校发展状况进行科学诊断与评估，为每所农村学校量身定制发展咨询报告；二是开展校长领导力培训，聘请专家对口指导学校科学编制中长期发展规划；三是聘请知名设计机构，与学校合作，高质量完成总体学校规划及重点建设项目的形象设计。

（2）编制操作要点，提供策略指导。根据创建目标和要求，大邑县教育局组织力量编制了《大邑县创建"美丽乡村学校"操作要点》，从理念愿景、和谐管理、多彩课程、教师风范、教学艺术、品格学业、社会口碑、校园环境等八个方面，对创建美丽乡村学校提出了 100 条具体指导意见，把美丽乡村学校的创建要求变成具体的办学策略建议，使创建工作有章可循。

（3）加强过程管理，确保建设质量。一是加强现场指导，落实过程管理。每月选择一所学校召开一次项目建设现场会，按"一月一专题""一题一现场"的要求，扎实推进创建工作落地；二是评建结合，落实过程管理。将学校发展规划细化为年度计划，分解为具体目标，聘请责任督学，驻点开展挂牌督导，及时评估、及时指导、及时整改；三是改革质量评价，为建设行动助力。对部分担任重要改革试点任务的学校，对照学校办学章程和现行制度规章列出"问题清单"，由学校实施自主评价，鼓励学校积极探索，努力破解发展难题。

3. 补齐短板，破解难题。

（1）抓队伍，破解人才短缺难题。"教师是改造乡村生活的灵魂。"建设一支稳定、优秀的教师队伍是目前建设美丽乡村学校的关键。一是提高待遇，确保队伍稳定。落实农村教师津贴，兴建农村教师周转房，切实提高农村教师待遇，让优秀教师"下得去""留得住"。二是加强培训，提高队伍素质。实施队伍建设"百千工程"，通过教师培训"雁行计划"、农村教师"跟岗实训""竞进拉练·校长听评课比赛"等一系列的素质能力提升培训，提升农村学校校长领导力和农村教师教育教学能力，保证农村学校"管得好""教得好"。三是促进交流，建立共享机制。以通过建立县域内人力资源共享机制，结合支教、交流，以"共享教师"的形式，解决农村学校特别是农村小微学校艺体学科专业教师不足和各学科引领型名师缺乏的问题。四是针对农村小微学校学生少、小班化等实际情况，推行"全科教师"制，解决小微学校教师结构性短缺的问题。

（2）抓课堂，破解课堂质量难题。学校美不美，教学质量很重要。制约农村学校教学质量提升的关键在于课堂。一是以规范托底。分学科制定《教师教学规范》和《学生学习规范》，通过建立县、校两级教学视导制度，从"入格"抓起。二是以改革提质。通过实施"以学定教"课堂教学改革抓高效课堂建设。从引进和移植各地先进课改经验做起，在消化吸收的基础上进行"本土化"改进，构建了以"121情趣课堂""三三学堂""书吧式课堂""双向四环""点式教学"等为代表的五大具有县域特色的课堂教学模式。三是针对大邑县农村小微学校班级少、班额小的情况，在斜源小学、敦义小学、高山小学开展农村小学小班课堂教学组织形式的研究与实验，为同类学校提供小班教学实践经验。

（3）建基地，破解资源不足难题。丰富的课程资源是提高农村学校办学品质，建设美丽乡村学校的重要条件。一是各学校因地制宜，利用区域内蕴藏的丰富、独特的资源开发校本课程，如利用安仁镇的文博资源开发"博艺"课程，立足邮江的红梅资源开发"梅园书香"课程，发掘鹤鸣的道教文化资源开发"书道"课程，以及利用花水湾的旅游资源开发"导游"课程，沙渠的工业区资源开发"科技创新"课程等；二是根据学校分布情况，全县投入资金1000余万元，集中力量建设共享资源，在蔡场小学、敦义小学、三岔小学、南街小学和北小西区建起了农事教育、陶艺手工、红色教育、创客空间、现代种植与艺术加工等五处区域共享资源中心，基本解决部分农村学校课程资源不足的问题，同时确保高投入资源的充分利用。三是合理利用社会资源，通过购买服务的形式，将万良菌业、山涯营拓展基地、普罗旺斯、花溪谷等作为全县学生的课外实践基地；通过引进公益基金，建设梦想中心，开设梦想课程，实现义务教育学校全覆盖。

（4）促合作，破解一体化发展难题。一是精选了十所各具优势的优质学校与农村学校结成帮扶对子，采用"需求菜单"的形式，由项目学校根据自身发展短板，提出具体的帮扶需求，实施精准帮扶；二是以"教育集团""课改共研体"等形式将城区优质学校和乡镇学校结成发展联盟，在学校发展方面开展深度合作；三是以跨区域合作的方式引进县域外优质学校托管农村薄弱学校，引进成都七中、北京一零一中、成都实验小学中的数字化资源，在农村中小学建设数字化网班。

三、回归乡村教育的美丽与温度

建设既有颜值又有品质的美丽乡村学校，办既有深度更有温度的美丽乡村学校是大邑县美丽乡村学校建设的总体目标。

1. 美丽而有温度的课程。

（1）给乡村孩子一份刻骨铭心的成长记忆。"顺木之天，以致其性"。美丽而有温度的课程，遵循规律，致力于生命自由成长的引导。全县每所乡村学校围绕国家课程校本化实施建立了涵盖生命课程、公民课程、艺术课程、智识课程及个性化课程在内的校本化课程体系，每个农村孩子有了自己喜欢的合唱团、舞蹈队、乐队、体操队、足球队、网球队、文学社、读书会、科学院，每所农村学校都有了艺术节、读书节、丰收节等自己的校园节日。这些成为送给乡村孩子的最美礼物，为他们的童年涂上幸福的色彩，给他们的成长留下珍贵的记忆。

（2）给乡村教师一份重新点燃的工作热情。美丽而有温度的课程，尊重教师的专业自主权，相信教师的专业能力，让教师真正成为课程开发的主体，将他们从"一本教材教一生"的倦怠中唤醒过来。通过培训、鼓励、引导与激发，在乡村教师的手中产生了诸如青霞小学的二十四节气课程、敦义小学的陶艺课程、韩场学校的木工课程、唐场小学的农事课程、斜源小学的五彩香囊手工课程、蔡场小学的蜡染课程、高山小学的钉子画课程、三岔小学的戏剧课程、南街小学的创客课程、北小西区的"如花在野"课程、子龙街小学的"境润"课程等精品课程，银都小学网球课程培养出的学校网球队不仅夺得了成都市"五连冠"，学校还被教育部评选为2018年全国"青少年校园网球特色学校"。校本课程的开发与实施，在课堂教学上也产生了积极的影响。从引进移植，到改进创新，安仁学校的"点式教学"，蔡场小学的"情理"教学，斜源小学的小班教学，三岔小学的"书吧式"课堂，敦义小学的"三三学堂"等，着眼学生核心素养，着力课堂效率提升，取得了显著的改革成效，使农村学校课堂教学质量明显提高。

（3）给乡村学校一批有乡土情怀的优秀教师。建设美丽乡村学校，需要培养造就一支"懂农村教育""爱农村学校""喜农村孩子"具有"三农情怀"的教师队伍。随着农村教师的工作热情与专业发展愿望被唤醒、点燃，更多的教师主动投身乡村教育。城区优秀教师积极参与"共享教师"计划，支教、交流报名踊跃，过去是"要我去""派我去"，现在变成了"我要去"和"抢着去"。农村教师也在乡村学校建设中不断成长，在斜源、敦义等小微学校推进"全科教师"改革试点中，广大农村教师克服年龄大、学习能力下降等困难，积极主动，大胆实践，取得了很好的改革成效、改革经验。近两年，大邑县农村教师中涌现出了一批四川省特级教师、四川省优秀教师、成都市特级教师、成都市学科带头人、成都市优秀青年教师等教艺精湛、师德高尚，愿意"向农民烧心香"的优秀乡村教育人才。

2. 美丽而有温度的文化。

（1）给师生一个温馨家园。一是完成了学生餐厅、宿舍的改建扩建，在董场、安仁、高山、王泗、晋原、邮江建设了500套农村教师周转房，师生生活条件大为改善；二是建设"留守儿童之家"，关心关怀留守儿童；三是建设乡村学校少年宫，丰富农村孩子的课余生活；四是校园环境创设中，在充分体现教育价值的基础上，大量运用乡村素材、乡土材料，呈现乡村生产生活场景，把乡村美景、农耕文化引进校园，使学校有了更多乡村元素，更具乡味乡韵；五是以文化管理、文化育人为追求，通过教师工作坊、名师工作室、教师读书会、诗社、乐队、合唱队等优秀团队，提升农村教师人文素养，让校园人际环境更加温馨和谐。

（2）给孩子一个快乐学园。一是对传统教室进行功能化改造，打造集教学活动室、图书阅览室、作品陈列室为一体的新型教室269间；二是改建和扩建功能室，打造团队活动室、音乐舞蹈室、美术室、图书阅览室以及学校特色项目专用功能室等136间；三是建设室内外阅读设施，让书籍走出阅览室，走进教室、楼道、宿舍，走到学生身边，使书籍成为学校最美的装饰，让阅读成为校园最美的风景。

3. 给学校一张文化名片。一是通过合理利用校园墙面、门厅、楼道、广场等空间，艺术化展示学校理念系统、标识系统及办学成果等，彰显学校文化符号；二是将乡土文化的传承与现代文明的追求结合起来，融入地域文化元素及学校办学传承，形成了以三岔小学的"红色"文化、唐场小学的"三读"文化、新场学校的"荷花"文化、南街小学的"健育"文化、东街小学的"书香"文化、北街小学的"情趣"教育、龙凤小学的"习美"教育、晋原初中的"养成"教育等为代表的各具特色的校园文化；三是校园活动主题化、序列化、系列化，每所学校均形成了诸如艺术节、读书节、科技节等自己的校园传统节日，学生校园生活丰富多彩。以校园文化引领学校特色发展，为每所学校烙上文化印记，使每一所乡村学校都成为最独特的一个。

3. 美丽而有温度的评价。

（1）相信每个生命都在成长。教育是生长，是唤醒，需要等待与陪伴，不能急功近利；教育是个性、是改变，而不是整齐划一。无论针对学生还是教师，评价都不能成为"爪其肤以验其生枯，摇其本以观其疏密"式的损伤。

大邑县教育局改革义务教育学校质量评价体系，将学业质量考核权重由过去的65%调整到50%，其中小学文化学科占30%，艺体学科占15%，初中文化学科占37%，艺体学科占8%，教学过程管理均为5%，通过质量考核为学校课程建设助力。同时鼓励学校进行学生综合素质评价改革，不以简单的学业测试评价学生的优劣。在龙凤小学，甚至把考场搬到操场，学生凭借掌握的知识技能，通过富有童趣的"通关"游戏即可在家长、老师、同伴面前展示自己的不同才干，一颗颗代表闯关成功的红星就是自己的成绩。通过评价方式的改变，让学校不再只盯着文化学科，教师不再只盯着学生分数，学生不再成天面对刷不完的习题。师生都不用再谈考色变，因"考"而淡的脉脉温情重新回到师生心田。

（2）相信每所学校都在走向卓越。学校发展评价上，每一所学校都在走向卓越，只是起点不同，步伐不一，但目标一致。大邑县与第三方专业机构合作，实施"以评促建"评价改革，在评价主体上，强调第三方与办学主体的密切合作，充分体现办学者自身的价值追求，被评价者处于积极主动的位置；在评价内容上，抓住学校发展的核心和根本，不追求大而全；在评价标准上，从已有成功学校办学经验出发，不过多强调学校发展共性和一般趋势，充分尊重学校"个体差异"和特色发展；在评价实施上，强调"评""建"融合，关注教育现场，重诊断咨询，轻考核结论。

这种评价机制下，学校不需要刻意准备大量的"资料"，只需要提供办学现场，评价结论不再是冷冰冰的分数，而是一份份学校发展咨询报告，提供的是学校的优势与短板分析以及发展建议。这种评价不是为了评判校长办学的优劣，而是在为校长办学提供帮助和咨询。在评价现场，更多的是双方的分享与讨论，而不再是单方面的汇报与总结，这种看起来很另类的方式，让教育评价也有了温情与温度。

（3）相信每个家庭都是发展乡村教育的重要力量。农村学生家长也是发展乡村教育的重要力量，虽然他们普遍学历不高，对教育的理解认识也比较朴素、简单，但这些都不会阻碍农村学生家长对教育的参与，因为所有的父母都希望孩子成为有用之才。

家长的深度参与的关键是要让他们获得对教育的"发言权"。大邑县教育局的做法就是让农村学生家长进入学校评价体系，参与评学、评教、评校。每季度的教育公共服务满意度测评，通过社区随访、推门调查、电话访问等形式，让家长的评价成为学校评价的重要量标；每周每所学校的家长开放日，请家长代表走进餐厅、走进课堂、走进学生活动现场，让家长的意见建议成为学校评价班级、教师、学生的重要依据和改进工作的重要参考；每学期末把家长请进考场，让他们在学生纸笔测试、综合素质测评中担任"考官"，现场感受孩子的成长；每次对学校的综合考评，包括年度责任目标、各类示范学校和优质学校的考评，县教育局都会邀请家长代表参与，倾听他们的声音，采纳他们的合理化建议。

通过这些活动，家长对学校办学行为，教师的教育教学，特别是孩子的学习成长有了更加深刻的认识、了解、理解，教育的合力正在形成并逐渐壮大。

随着一所所美丽乡村学校的不断涌现，家长对学校的满意度逐步提高。在2017年成都市公共服务满意度测评中，大邑县基础教育综合得分85.78分，在全县11个服务行业中排名第一。学校良好的社会口碑，提升了家长对学校的信任度。2018学年初统计数据显示，大邑县农村学校学生生源外流情况得到有效遏制，在招生政策未变的情况下，将近一半的农村学校出现学生"逆城镇化"回流的现象，辖区学生在本学区就学比率提升3%～6%。

创建美丽乡村学校，教育的美丽与温度回到校园。悠悠天宇旷，切切故乡情。乡村之美，美在能安放心灵；乡村教育之美，美在能润泽生命，只有美丽而有温度的教育才能担起生命成长之重。

杨文学

第二节　以评促建　办有质量的乡村温馨学校

2017年2月，大邑县出台《关于创建美丽而有温度的乡村学校实施方案》（大教办〔2017〕1号），针对乡村学校发展中的困难和问题，开始着手系统规划农村学校的发展。通过近四年来的持续发力，从最初的十所试点学校到全区域、全学段、满覆盖，农村学校面貌得到了极大改善，教育质量稳步提升。以"美丽而有温度"为特色的乡村学校"大邑样态"，和以"以评促建、以建育人、以人促发展"为基本建设方略的整体推进学校建设"大邑范式"，共同树起了"美丽而有温度的乡村教育"这一区域性的教育品牌。

大邑办"美丽而有温度"的乡村学校与大会提出的办"温馨而有质量"的乡村学校，站在提升农村学校办学品质、促进城乡教育优质均衡发展这一基本立场来说，有着同样的初心与价值追求，因此就"如何办好有质量的温馨乡村学校"这道8分钟命题作文，本书结合办学实践，从区域推进的层面来谈谈所谓"大邑范式"中的一点做法——"以评促建"，供大家参考。

一、为什么要以"评"促"建"

教育评价对于学校建设和发展有着非常重要的意义，教育行政部门自上而下也在力推评价改革。但一说起办学评价，大家脑子里很容易出现两个词语，一是"难"，二是"烦"。我们提出的"以评促建"，就是试图通过建立管理者、评价者与被评价者三者之间充分理解与信任的新型关系，找到三方的"最大公约数"，以改进和建设为目标，将评与建结合起来，从评价内容、评价方式的变革开始，化难为易、化繁为简、化虚为实，让学校发展评价不再那么难、那么烦。

二、如何实施"以评促建"

1. 编制工具。

一是采用座谈会、问卷、走访等形式，开展细致的调查研究，广泛收集来自校长、中层干部和广大教师的声音，了解学校诉求；二是开展学校发展案例的专项研究，对全国各地包括县域内具有代表性、影响力的"优质学校"进行专门的解剖研究，探寻高质量乡村学校发展的一般规律，形成对优质学校的核心竞争力和学校优质发展的一般规律的科学诠释；三是将管理者的意志、办学者的诉求和评价者的专业认知紧密结合起来，与受评学校校长、第三方专业机构共同合作编制学校办学评价工具，形成符合区域实际的"美丽而有温度的乡村学校"大邑标准。

2. 实施评价。

一是学校对照量表对多年的办学进行系统梳理，从办学人自身角度对学校当下发展状况进行详尽的盘点与检视，重新审视学校办学历程、办学行为、办学成果，形成《学校办学质量自评报告》；二是以购买服务的形式聘请第三方专业机构组织包括理论专家、一线知名校长、教育媒体人组成的专家组实施现场评估，诊断把脉，形成《学校办学质量专家咨询报告》。

3. 编制规划。

有了"评"的基础，"建"就有了方向和依据。编制规划分三步走：一是对标《建设标准》，参照《专家评估咨询报告》，结合学校发展实际，编制五年发展规划；二是与第三方专业机构合作，对学校发展规划进行可行性论证；三是聘请专业机构与学校合作，在充分尊重学校发展愿景的基础上，对学校发展规划中所涉及的建设项目开展可视化形象设计。

4. 规划管理。

一是将发展规划细化为年度计划，分解具体目标，实施目标管理；二是对规划的执行情况，实施以责任督学为主要责任的日常督导；三是对学校规划中的重大改革项目实施专项帮扶；四是对规划的编修开展专项审批。

三、"评"与"建"的成果

从评到建，从整体规划到分步实施，如此这般，积小成大，跬步千里，逐步累积出了大邑乡村学校发展新高度。

四年来，在大邑县农村学校的学生因学校质量差被迫离乡求学的现象基本消失，甚至在沙渠、斜源、蔡场、敦义、安仁、韩场等学校出现了生源逆城镇化回流。

四年来，通过评建结合的乡村学校办学实践，一支理解教育、热爱教育、善于办学的优秀乡村学校校长队伍逐步成长成熟起来，各种学术会议、期刊上经常能够看到他们的身影。全国优秀教师、省市特级教师、学科带头人也以远超城镇学校的频率在乡村学校不断涌现。乡村学校的学生也走出林盘、走出大山，在全国、省、市的各种团队竞赛、个人竞赛中频频获奖。即使是在学业考试这一块，无论小学还是初中，越来越多的乡村学校对城镇学校形成了竞争压力，连续三年中考都有两所乡镇中学进入全县前三名。

四年来，每年都有数以千计的来自全国各地的教育同行专门前来参观考察大邑乡村教育，称赞"姹紫嫣红"的大邑乡村教育已经开始步入3.0时代。

杨元彰

第三节　一场突围式的乡村教育改革行动
——美丽而有温度的乡村教育大邑实践

大邑县位于成都平原西部，是成都平原经济圈由平原地区向山区的过渡地带，北纬30°线穿境而过，孕育出了"七山一水两分田"的独特地貌结构和"三山一泉两古镇"的神奇人文风物。作为成都市近郊县，大邑正处于由传统农业大县迈向现代农业强县的发展阶段，农业人口占比较大，乡村教育发展仍然面临各种困难与挑战。

一、现实与困境：乡村教育该去向何处

2017年初该项目启动时，大邑县义务教育学校共33所，中小学生33391人，其中农村学校24所，学生18406人，分别占全县总数的72.7%和55.1%，仅从二者之间的反差就能折射出当时大邑教育所面临的"城挤、乡弱"的发展困境。乡村教育发展"空心化"，教育价值取向"城市化"，教育力量"薄弱化"，校园情感"荒漠化"等问题日益凸显。生存问题、发展问题、"乡村教育该往何处去"的困扰内心的焦虑问题，综合叠加，乡村校园少了人气，教师少了朝气，学生少了生气，学校更少了改革前进的心气和力气。

乡村教育路在何方？

筑梦与寻路：办美丽而有温度的乡村教育

杨文学说："我们办教育绝不能忘了广大农村，如果不能给农村孩子一个公平学习的机会，我们的良心会不安的。"本着学有良教的追求，大邑教育立足区域实际，抓住主要矛盾，有效整合资源，开启了一场突围式的乡村教育改革行动。

二、行动一：以区域发展理念统一办学认识

区域教育发展理念是学校管理和区域教育发展的认识基础和思想前提，是行动的先导。

大邑县提出办"美丽而有温度的乡村教育"，明确"美丽而有温度的乡村教育"就是以区域良好的乡村教育生态为基础，以学生的全面发展为目标，以优质均衡为导向，以环境温馨美、管理和谐美、教师风范美、文化特色美为基本特征的校美人和的高品质教育，是在崇高的教育信仰和乡村教育情怀支撑下的，能够时刻给予师生人文关怀、人性关爱、人本关照的教育。杨文学说："'美丽而有温度'就是我们大邑教育人发展乡村教育的基本理念，也是我们对乡村教育的根本价值追求。"区域发展理念的提出，统一了全县教育思想，使区域乡村教育发展有了共同的认识基础和话语体系，筑起了上下一心、齐抓共管的乡村教育发展生态基础。

三、行动二：以区域建设标准引领办学实践

对于区域教育整体发展而言，一个可以参照的指标体系，以及通过指标体系形成的对学校新样态的基本特征的详细描述，对学校办学实践更具指导意义。

为了编制好这一"标准"，教育管理部门领导、教育专家、优秀校长、名优教师汇聚一堂，研究义务教育学校建设相关标准和要求，找准政策依据，聘请第三方对县域乡村学校发展状况进行专业评估，找准现实依据，对全国各地优秀乡村学校发展案例进行深度剖析，寻找乡村学校高质量发展的一般规律。历时数月，数易其稿，最终形成了一套针对性强、"接地气"的区域"标准"——《大邑县美丽而有温度的乡村学校建设标准》，八大类目、一百条指导意见，构成了全县乡村学校的办学参考和纲要。

四、行动三：以区域发展模式优化办学方略

大邑县五年的乡村学校建设行动，以"五大工程"为核心形成了一套区域乡村学校建设的"大邑方案"。

1. 筑基工程：资源建设注重品质优质，夯实乡村学校之"基"。

实施乡村学校校舍改造和设施配备工程。通过改建扩建，让新型教室、音乐舞蹈室、美术室、图书预览室、团队活动室、梦想教室、留守儿童之家成为农村学校标配，在标配的基础上再根据学校发展需求进行个性化配置。地处大山深处的斜源小学全校仅6个班72位学生，大部分学生借宿学校。为了学校"幸福教育"理念落地，在生活区高标准配置了学生寝室和餐厅；休闲区配置电视室、图书阅览室，以及棋类、桌游等娱乐设备；对教室进行小班化设计，融学习室、作品室、教师办公室为一体，处处体现陪伴关怀。三岔小学开设戏剧表演课程，于是一座装备齐全的小剧场成了他们的个性化配置。敦义小学传承"大邑白瓷"，建起了一座全流程的陶艺中心。王泗学校传承非遗文化，建起了一个"玩、学、做、研"一体化的风筝学院。

实施乡村学校优质资源共享工程。精选县内优质学校与农村学校结成"教育集团""课改共研体"等各种形式的帮扶对子，实施精准帮扶；引进县域外优质学校领办、托管农村学校；引进数字化资源，在农村中小学建设了46个信息化课改资源教室；整合乡村学校现有资源，投资2000余万元建成了八大课程资源共享中心；建立教师共享机制，以共享教师解决乡村学校，特别是乡村小微学校结构性短缺问题。

实施乡村教师专业支持计划。在培训、使用、评优晋级等方面加大对乡村教师的资源供给，夯实乡村教育人才基础，一大批具有乡村情怀的优秀教师不断成长。安仁镇学校在10年之内就出了3位省特级教师。2018年，大邑县最年轻的省特级教师王小凤荣获"中国好教师"称号，在钓鱼台国宾馆参加了隆重的颁奖典礼。她扎根乡村学校18年，用她的教育情怀、责任担当、仁爱之心践行着"美丽而有温度的乡村教育"！

2. 塑形工程：环境建设突出乡味乡韵，塑好乡村学校之"形"。

在环境建设中，充分融入乡村元素，大量使用乡土材料，将乡村独特的自然生态、田园风光、民俗风情引入校园，让师生在乡村校园能够聆听四季声音，感受自然物语和浓浓乡味。

韩场学校地处大邑现代农业示范园区。学校以"万木争荣，各美其美"为育人理念，将"林木"作为学校文化符号，满园的高大乔木，满墙的绿萝蔷薇，以及校园中大量使用的学校"木工坊"师生作品饰件，成了校园独特的风景。

敦义小学建设"三宜"学堂，巨榕掩映下的品格园，是品格育人场所，陶然亭、百草园、陶艺馆、种养园则体现着自然风、童趣乐、劳动美。

3. 培根工程：课程建设立足本乡本土，深植乡村学校之"根"。

课程是教育的根本。大邑县乡村学校校本化课程体系建设立足本乡本土，基于劳动生活，形成了一系列的特色课程、精品课程。

蔡场小学与新加坡养正小学是友好学校，每年都有师生互访。曾经的欢送晚会上，看着养正小学的学生精彩的才艺表演和精美的手工礼物，蔡场小学李校长沉默了。第二天，他在学校行政会上表了态："无论如何必须把校本课程体系建设起来！"他们以民族舞蹈、手工制作、川剧表演、川菜美食等为基础，建起了学校"新六艺"课程。如今，学生在校本课程中学到了各种"绝活"，对外交往中的"尴尬"场景再也没有出现过。他们的木版画作品获得成都市第二届中小学"熊猫走世界"精品课程评选一等奖，并代表成都市参加了四川省第六届"一带一路"国际文化艺术周展览。

高山小学是偏远地区典型的一所农村小微学校。在这里，18 名教师携手汉藏彝三个民族共 98 名孩子，本着"和而不同，美美与共"的理念，用"达体舞""竹竿舞""踩高跷""抖空竹""民族之花"等反映不同民族文化的多彩课程，共同编织着美丽而有温度的乡村教育梦。

4. 铸魂工程：文化建设融入区域地域，铸造乡村学校之"魂"。

文化是学校建设的灵魂。在校园文化培育中，充分体现乡村学校独有的精神环境和文化氛围，在地域文化浸润之下，大邑乡村学校呈现出各具特色的文化魅力。

地处城乡结合部的潘家街小学，当地百姓有"门前一棵槐，家里出人才"之说。学校取"育美槐千树，成大方之家"之意，将槐树作为校园绿化主要树种；将槐花作为学校标识符号，建槐花书苑、槐花长廊，用槐花铭牌；将槐文化融入课程，歌槐、咏槐、写槐、画槐；让槐之寄托成为师生成长目标，做"槐"望少年，成槐香教师，建槐茂家园。1995 年 6 月，国家邮政总局发行了一套四枚的《中国皮影》特种邮票，四川大邑皮影邮票就是其中之一。潘家街小学也将大邑这一"非遗"项目用集戏剧表演、美术、音乐为一体的跨学科融合课程传承下来，在"家乡馆"建起了让师生兴味盎然、乐此不疲的皮影制作表演"皮影舞台"。

三岔小学是一所"红色学校"。田载重烈士，这位白天教书，夜晚参与革命运动的三岔小学首任校长，牺牲在了 1949 年 10 月，年仅 28 岁。为了传承这段红色历史，学校建成了"红色教育纪念馆""长征纪念园"，设立了"田载重奖学金"，并且以"红星小剧场"为依托，开设了一系列的红色课程，看红色电影、诵红色诗词、讲红色故事、唱红色歌曲、演红色戏剧成了校园最吸引人的文化活动。

5. 通脉工程：评价改革凸显生气朝气，畅通乡村学校之"脉"。

杨文学说："办好美丽而有温度的乡村教育，评价改革必须跟上，要把急功近利的、形式主义的、冰冷生硬的评价方式坚决剔除。"大邑教育利用评价这根杠杆，打通了由管理走向治理的乡村学校现代化建设之路。

相信每个生命都在成长。积极推进义务教育学校质量评价改革，降低学业质量考核权重，提升艺体学科考核占比，积极探索学生综合素质评价改革，不以简单的学业成绩评价学生的优劣。在龙凤小学，甚至把考场搬到操场，学生凭借掌握的知识技能，通过富有童趣的"通关"游戏即可在家长、教师、同伴面前展示自己的才干，一颗颗代表闯关成功的红星就是自己的成绩。

相信每所学校都在走向卓越。学校考核采用分类评价，让乡村学校也能争第一；对承担重大改革任务的乡村学校实施自主评价，留足成长发展的空间、时间；率先在乡村学校实施"以评促建"评价改革，强调"评""建"融合，重教育现场，轻资料堆积，重诊断咨询，轻考核结论。评价结论不再是冷冰冰的分数，而是学校发展咨询报告，是学校的优势与短板分析与发展建议。

相信每个家庭都是发展乡村教育的重要力量。在社区随访、推门调查、电话访问中，家长的评价成为评价学校的重要量标；请家长走进餐厅、走进课堂、走进学生活动现场，让他们的意见建议成为评价班级、教师、学生的重要依据和改进工作的重要参考；让家长坐进考场，请他们在学生纸笔测试、综合素质测评中担任"考官"，现场感受孩子的成长。家长在学校发展中拥有了越来越多的话语权。

五、成效与影响：赶赴一场场乡村教育的盛宴

2018年11月8日至11日，大邑县因为一场乡村教育盛会的召开而成为全国瞩目的焦点。全国26个省（自治区、直辖市）的1400余名教育专家、教育局长、校长和教师代表纷至沓来，赶赴中国陶行知研究会"四川大邑'美丽而有温度的乡村教育'全国推介会暨卓越课程研发高峰论坛"。会议期间，一份极具引领意义的乡村教育区域发展报告、一部区域乡村教育发展专题片、18所乡村学校的实地考察、24所乡村学校书画作品及手工坊展台、15所学校师生联袂呈现的文艺晚会，全面展示出大邑乡村教育的美丽多姿、生机盎然。中国陶行知研究会副会长、秘书长吕德雄评价称："大邑用评价、课程、文化这套关联互动的强力杠杆，撬动了一场突围式的农村教育改革与发展。大邑教育

之美，美在乡村的精彩复活，美在教育的姹紫嫣红；大邑教育之温度，在于心灵的恰切安放，在于生命的尽情怒放！"

乡村学校的"大邑样态"以其独特的魅力，引起了全国各地教育同行的广泛关注。其后的几年间，大邑县接待了全国各地慕名而来的教育同行5000多人次，包括中国教师报、行知纵横、教育新视界、四川教育在内的媒体记者也纷纷走进大邑乡村学校进行采访报道。

2019年5月，在四川省中小学后勤协会召开的四川省美丽校园建设工作推进会上，大邑县就乡村学校校园环境建设向全省各地市的500多位教育局局长、学校校长作专题经验介绍。中国教育装备行业协会学校后勤装备管理分会名誉理事长王良鸿评价："大邑的美丽校园建设，治理的是校园环境，塑造的是学校风貌，优化的是育人方式，提升的是育人质量和品位，彰显的是教书育人、管理育人、服务育人、环境育人、文化育人的理念，引领的是社会文明风尚的前进方向。"

2020年11月，四川省教育学会年会上，大邑教育就乡村学校课程建设作大会交流发言；2021年5月，四川省教育学会、四川省教科院在大邑召开理事会，专题考察大邑乡村教育；2021年6月，四川省教科院与重庆市教科院共同举办的成渝地区双城经济圈城乡教育一体化研讨会上，大邑作为四川省乡村教育的典型案例在大会上作经验交流。

六、展望与启示：拥抱乡村教育的3.0时代

"民族要复兴，乡村必振兴。"一百年前，陶行知先生主张以教育救农村，倡导"乡村学校要做改造乡村的中心"。一百年后的今天，我国农村教育走过了"有学上"的1.0版，以及把"上好学"简单等同于应试教育的2.0版，已经步入"公平而有质量"的3.0时代。党的十九大提出实施"乡村振兴战略"，一系列利好政策陆续出台，使我国乡村教育迎来了又一个春天。

据国务院发展研究中心的预计，中国城镇化可能在2035年达到75%左右的峰值，然后进入到一个相对稳定的状态。这意味着就总体规模而言，乡村教育在未来10到15年可能还会面临15%左右的"被压缩"空间。乡村教育该如何适应社会发展，回应时代要求，3.0版的乡村教育将以怎样一种样态存在，仍然值得深思。

乡村教育的"公平而有质量"，需要靠更新育人理念、优化育人环境、转变育人方式、提升育人质量等举措来实现。对于一个区域而言，决定其教育发

展水平的核心因素，不只是投入的程度和区位条件的优劣，更多来自思想认识的深度、发展理念的高度和改革创新的智慧与勇气。美丽而有温度的乡村教育大邑实践让我们看到了有着无限可能的乡村教育的美好明天。

李明东

第四节　为什么是大邑？

"其实我也不想走，其实我也想留，只是谁陪我娃好好度春秋"，便是不少乡村孩子家长的心声。

大邑乡村教育以其美丽而有温度，呈现出了应有的魅力与美好，绽放出了乡村教育独特而鲜活"大邑样态"的精彩。

纵观大邑乡村教育的发展与突围，首先，对乡村教育的情怀与情感是关键。一说到乡村教育的没落与荒芜，自然会归咎于城镇化的发展，归因于人口的迁徙与转移，大邑作为成都市的远郊，城镇化的进程有可能力度更大，速度更快，然而这里的乡村学校却没有因为城镇化而消失，乡村教育也没有因为城镇化而破败。相反，这里的乡村学校和乡村教育却在城镇化的进程中屹然挺立，充满活力，蕴含无限生机，一派欣欣向荣。

大邑教育能够站位高远，以对乡村朴素而深刻的情感，对乡村教育浓厚而深邃的情怀，认识到乡村是每个人的心灵故乡、精神家园，认识到乡村教育是乡村文化、文明的中心，是乡村的希望之所在，没有乡村教育的发展，就没有乡村孩子的美好未来，也就没有乡村的真正振兴，更就没有区域教育的公平与均衡。

其次，实现学校内涵发展是基础。如何让乡村学校办得有质量、有特色、有品位，能够吸引并留住乡村孩子，能够得到家长及社会的认可，大邑坚持走内涵发展之路，为乡村教育赋能，让乡村教育为此而彰显美丽。

大邑教育通过校园文化的营建，以文化人，以文育人，以文化浸润师生心灵，以文化点亮师生精神世界，以文化烛照校园的天空，以文化书写教育的感动与传奇。

大邑教育通过书香校园的创设，营造浓郁的读书氛围，用书香滋养乡村孩子的精神发育，用书香唤醒乡村孩子沉睡的潜能，用书香点燃乡村教师的职业热情，用书香改变乡村教育生态，成就乡村师生不一样的生活方式和生命状态。

大邑教育通过乡土课程的研发，引导孩子学习地方文化和地方知识，对孩子进行亲土地、亲家乡、亲亲情教育，让孩子和养育自己的这方土地与家乡建立精神联系，留下乡音，记住乡愁，澎湃乡绪，扎下乡根。

　　大邑教育通过开展富有乡村气息的社团活动，既丰富了校园生活，又张扬了孩子的个性天赋、兴趣爱好，既让孩子找到了同伴、玩伴、伙伴，又让孩子爱上了学校和学习，既让孩子获得了重新发现自己的机会，又让孩子感受到了成长的快乐与喜悦，既迸发了孩子的智慧与潜力，又让每个孩子阳光自信，都能在校园里抬得起头。

　　再者，找准定位，特色发展是前提。大邑县乡村教育在坚持内涵发展的同时，还鼓励学校"一校一案""一校一特色"，提倡"校校有看点""校校有亮点"，支持"人无我有""人有我新""人新我优""人优我特"，不人云亦云，不邯郸学步，不搞"一刀切"。

　　每所学校各尽所能，根据各自的发展需求和定位，充分利用本校优势，挖掘本土资源，都走出了适合自己的特色发展之路，都散发出了独特的气息与风采。

　　一所所学校的积极蜕变，体现着大邑教育向"特色、优质、公平"目标的大步迈进；每一所乡村学校的"美而不同""各美其美""美人之美"，助推着大邑教育走向"美美与共"，展现了大邑教育的光彩夺目、五彩缤纷、斑斓多姿。

　　同时，变革评价机制是保障。评价很重要，有什么样的评价，就有什么样的教育。大邑教育不以简单的学业成绩评价学生的优劣，积极探索学生综合素质评价改革；对学校进行分类评价，让乡村学校也能独领风骚；让发展中的乡村学校进行自主评价，给乡村学校留足空间和时间；在乡村学校实施"以评促建"，"评""建"同步，互为促进，有机融合；把评价权赋予家长，让家长在学校发展中拥有更多的"话语权"，构建家校共育"一家亲"。

　　大邑教育充分利用教育评价这根杠杆，从而有力地撬动了乡村教育的发展和整个教育生态的改良。

　　为什么是大邑，为什么大邑县的乡村教育如此美丽而有温度，这便是答案和密码！

汤　勇

第二章 行动方案

第一节　关于创建美丽乡村学校实施方案

按照党的十八大报告提出的努力建设"美丽中国"的任务和目标，根据大邑县委、县政府提出的"七城同创""美丽之城"建设要求，结合大邑教育综合改革"1511"发展思路，依据我县农村学校发展实际情况，特制定本实施方案。

一、指导思想

贯彻落实党的十八大精神，以城乡教育均衡发展为导向，以提升农村学校办学品质为核心，打造环境自然美、管理和谐美、育人身心美、文化特色美的"最美乡村学校"，搭建师生共同发展、共同成长的平台，促进大邑县教育事业发展再上新台阶，为美丽中国、美丽乡村、美丽大邑的建设添砖加瓦。

二、工作目标

加大乡村学校建设投入、科学规划、统筹安排，从设施设备、校园环境、文化特色、育人质量等方面入手，以乡镇学校，特别是农村"小微学校"改造升级为重点，合理配置资源，力争用两年左右的时间，打造"一新三特六微"[①] 共十所设施齐全、设备先进、环境优美、特色鲜明、质量一流的"最美

[①] "一新"指新建沙渠镇中学，"三特"指创建安仁镇学校、三岔镇小学、蔡场镇小学等三所特色学校，"六微"指打造斜源镇小学、安仁镇唐场小学、青霞镇小学、王泗镇敦义小学、三岔镇高山小学、董场镇龙凤小学等六所高品质小微学校。

乡村学校",全面提升大邑县农村学校办学水平。

三、工作原则

1. 坚持教育公平,统一标准。

以充分体现教育公平为基本原则,严格按照四川省教育厅《四川省义务教育学校办学条件基本标准(试行)》《成都市普通中小学校标准化建设指导意见》等文件精神,统一建设标准,确保乡村学校设施设备不低于城镇学校水平。

2. 坚持规划引领,统筹安排。

坚持规划先行的实施原则。小学以"以评促建"前期工作成果《学校五年发展规划》为依据,进一步优化设计;九年一贯制学校也要结合学校文化特色,先规划,后实施。根据先易后难、分步实施、稳妥推进的原则,规划成熟一所,建设一所。

3. 坚持因地制宜,突出特色。

立足乡村学校自然条件、资源禀赋、发展规模、课程文化,因地制宜、突出特色,有序推进最美乡村学校建设。尽可能在原有基础上进行完善,杜绝大拆大建,不搞形象工程,杜绝千校一面。

4. 坚持学校主体,多方参与。

充分尊重学校发展愿景,坚持学校主体、教育局主导和第三方参与相结合的方式,引导各方力量共同参与最美乡村学校建设。学校要在整体规划、科学推进上下功夫,教育局重点在资金项目上下功夫,引进第三方主要在规划设计、项目建设、专业支持、成果评估等方面发挥作用。

5. 坚持分工协作,统筹推进。

教育局各相关科室牵头,各学校积极配合,整合各方面资源,上下联动,建管并重,统筹推进最美乡村学校建设。

四、建设内容

优化校园环境,突出育人氛围。在学校已有基础上,因地制宜,通过适当的改建、扩建、升级,在育人功能开发、育人氛围营造上下功夫,完善校园景观,绿化美化校园环境。

改善办学条件,满足育人需求。在成都市实施的农村学校标准化建设和灾后重建基础上，以满足学校育人需求为原则，加快实施乡村学校校舍改造工程和教育设施配备工程。重点打造"六室"，即团队活动室、现代化教室、艺术教室、多功能活动室、图书阅览室、教师活动室，为乡村学校学生成长与教师发展创造良好的学习和工作环境。

加强文化建设，突出亮点特色。着力学校文化建设，在办学理念、校风、学风、制度规章、校园传统等方面，充分体现学校独有的精神环境和文化氛围。拓展校园文化活动，建设师生读书会、诗社、文学社、俱乐部等社团组织。合理利用校园外墙、门厅、楼道、广场，以大型雕塑、校园小品、山石廊坊、展墙展台、标识标牌等形式，展示学校理念、标识系统、校园总平图、校舍布局图、紧急疏散避险路线图、办事流程图以及办学成果等，强化学校文化符号。

丰富课程资源，促进内涵发展。以学校课程体系化建设为抓手，在国家课程最优化和校本课程特色化上下功夫。继续推进高效课堂建设，开齐开足上好音乐、体育、美术、综合实践等课程。深入推进一小时课外阅读（校内外结合）、一小时阳光体育锻炼、一节课外兴趣活动（含学科实践活动）的"三个一"工程。完善学校课程架构，补充添置特色课程设备，科学编制校本教材，完善校本课程评价，提升农村学校办学品质，促进农村学生全面发展。

加大帮扶力度，促进均衡发展。促进城乡教师合理交流，安排县城优秀教师到农村学校支教、走教。进一步完善对口帮扶工作，建立结对帮扶机制，在科研扶持、教研指导、课改联动、资源共享、教师培训、质量提升等方面，开展精准扶贫。

五、项目推进

1. 筹备阶段（2017年1月—2017年2月）。
阶段任务：完成项目总体规划，成立项目组，制定项目实施方案。
2. 规划阶段（2017年3月—2017年4月）。
阶段任务：学校制订发展规划和项目计划，项目组组织学校发展规划评估及建设项目论证，确定建设方案。
3. 项目设计（2017年4月—2017年6月）。
阶段任务：以学校为主体，依托专业机构完成项目形象设计。
4. 项目招标（2017年6月—2017年10月）。
阶段任务：按程序完成项目招标。

5. 建设阶段（2017年10月—2018年9月）。

阶段任务：按最美乡村学校建设目标，落实项目建设方案规定的各项建设内容，软件与硬件建设齐头并进，全力推动项目实施。

6. 项目评估（2017年12月、2018年12月）。

阶段任务：2017年3月制定"最美乡村学校"评估标准，2017年12月进行项目中期评估，2018年12月进行项目建设总体评估。

六、组织管理

为了加强项目管理，确保建设工作顺利推进，成立大邑县"最美乡村学校"建设项目领导小组，负责统筹协调项目建设各项工作。

组　　长：杨文学

副组长：包　蕾　顾剑波　文　辉　邹明宏　杨元彰

成　　员：何　伟　汪　伟　郭文莉　刘静尧　刘龙冰
　　　　　李华清　罗　素　李明东　项目学校校长

责任科室：人事科、计划基建财务审计科、教育科、中学教研室、小学教研室、德育艺体教研室、教仪站

成立"最美乡村学校"建设项目工作小组，负责落实项目建设具体工作。

组　　长：杨元彰

成　　员：郭文莉　刘静尧　刘龙冰　罗　素　李明东

七、工作要求

加强领导，提高认识。为了切实抓好最美乡村学校建设工作，各学校应成立以校长为组长的"最美乡村学校"建设领导小组，加强组织与领导。同时通过校园网、校园广播、宣传栏、黑板报、电子屏、倡议书、专题学习会等形式，提高师生、家长、社区对"最美乡村学校"建设的认识。

着眼发展，科学规划。最美乡村学校建设是一项长期性的工作，要在学校原有发展规划或发展思路的基础上统筹安排。在基础设施建设、文化符号固化等方面，要多方面征求意见，充分论证，科学设计，长远规划。

积极配合，督查落实。在项目建设过程中，学校要积极配合设计单位、建设单位工作，在项目组指导下确保建设顺利实施。同时，在建设质量、要求方面，要有主人翁责任感，要做好督查落实工作。

加强管理，确保安全。在建设工作期间，学校必须加强师生安全教育和管理，落实安全责任，确保师生安全。

（大邑县教育局《关于创建美丽乡村学校实施方案》大教办〔2017〕1号）

第二节　关于创建"美丽乡村学校"的实施方案

根据大邑县委、县政府提出的"生态宜居城，创意新大邑"建设要求，结合大邑教育综合改革"1511"发展思路，着眼大邑县农村学校发展实际需求，在前期工作的基础上特制定本实施方案。

一、指导思想

全面贯彻落实党的十九大精神，按照党的十九大报告提出的努力"建设美丽中国"的要求，以"科教兴国战略"和"乡村振兴战略"为导向，以城乡义务教育一体化发展为目标，紧紧围绕提升农村学校办学水平这一核心，打造环境自然美、管理和谐美、育人身心美、文化特色美的"美丽乡村学校"，努力让每个农村孩子都能享有公平优质的教育，促进大邑县教育事业发展再上新台阶，为美丽中国、美丽乡村、美丽大邑的建设添砖加瓦。

二、工作目标

加大乡村学校建设投入，科学规划、统筹安排，从设施设备、校园环境、文化特色、育人质量等方面入手，以乡镇学校，特别是农村"小微学校"改造升级为重点，合理配置资源，打造设施齐全、设备先进、环境优美、特色鲜明、质量一流的"美丽乡村学校"，全面提升大邑县乡村学校办学水平。

三、工作原则

1. 教育公平，统一标准。

严格按照四川省教育厅《四川省义务教育学校办学条件基本标准（试行）》《成都市普通中小学校标准化建设指导意见》等文件精神，统一建设标准，确保乡村学校设施设备不低于城镇学校水平。

2. 规划引领，统筹安排。

项目学校要将"美丽乡村学校"建设纳入学校整体发展规划，与学校文化建设相结合，统筹设计、分步实施、稳妥推进。

3. 因地制宜，突出特色。

立足乡村学校自然条件、资源禀赋、发展规模、文化传承、因地制宜，坚持一校一案、一校一例，突出乡味乡韵。

4. 学校主体，多方参与。

充分尊重学校发展愿景，坚持学校主体、教育局主导和第三方参与相结合的方式，引导各方力量共同参与。

5. 分工协作，统筹推进。

各相关科室牵头，项目学校积极配合，整合各方面资源，上下联动，建管并重，统筹推进美丽乡村学校建设。

四、创建内容

1. 改善办学条件，满足成长需求。

实施乡村学校校舍改造工程和教育设施配备工程，以团队活动室、现代化教室、音乐舞蹈美术室、多功能活动室、图书阅览室、卫生室、教师活动室等功能用房建设为重点，为乡村学校学生成长与教师发展创造良好的学习和工作条件。

2. 优化校园环境，营造育人氛围。

在学校已有基础上，因地制宜，通过对环境设施的适当改建、扩建、升级，从育人功能开发、育人氛围营造等方面，完善校园景观，绿化美化校园环境。

3. 着力文化建设，突出亮点特色。

着力学校文化建设，在办学理念、制度规章、校园传统、环境氛围等方面，将乡土文化的传承与现代文明的追求结合起来，充分体现农村学校独有的精神环境和文化氛围。拓展校园文化活动，建设师生社团组织。合理利用校园外墙、门厅、楼道、广场，以大型雕塑、校园小品、山石廊坊、展墙展台、标识标牌等形式，展示学校理念系统、标识系统、校园总平图、校舍布局图、避险路线图、办事流程图以及办学成果等，固化学校文化符号。

4. 加强队伍建设，提供人才保障。

以《关于全面深化新时代教师队伍建设改革的意见》《乡村教师支持计划

(2015—2020年)》文件精神为指导，依托大邑县教师队伍建设"百千工程"，采取有针对性的政策举措，定向发力，重视农村教师专业发展，加大资源供给，创新体制机制，优化队伍结构，以改革破解难题，努力造就一支政治过硬、品德高尚、业务精湛、治校有方的乡村学校校长队伍，一支有理想信念，有道德情操，有扎实学识，有仁爱之心的乡村学校教师队伍，为农村学校发展提供有力的人才保障。

5. 丰富课程资源，促进内涵发展。

加强项目学校校本化课程体系建设，充分利用乡村特有的丰富课程资源，优化学校课程结构，补充添置特色课程设备，科学编制校本教材，积极开展课程活动，努力完善课程评价。继续推进高效课堂建设，开齐开足上好音乐、体育、美术、综合实践等课程。深入推进一小时课外阅读（校内外结合）、一小时阳光体育锻炼、一节课外兴趣活动（含学科实践活动）的"三个一"工程，提升农村学校办学品质，促进农村学生全面发展。

6. 开展精准帮扶，推动一体化发展。

实施乡村学校支持计划，调动资金、项目、人才等各方面资源促进乡村学校发展。通过以城带乡、城乡互动，校对校、师对师，推动城乡教师互动交流，安排优秀教师到农村学校支教、走教，农村教师到优质学校跟岗实训等，进一步深化项目学校特别是农村"小微学校"对口帮扶工作，在科研扶持、教研指导、课改联动、资源共享、教师培训、质量提升等方面，对项目学校开展精准帮扶。

五、项目推进

1. 项目试点学校建设阶段（2018年1月—2018年6月）。

基建项目阶段任务：全面完成2017年确定的"四特六微"共十所试点学校基建项目，相关设备配置到位（"四特"指创建安仁镇学校、韩场镇学校、三岔镇小学、蔡场镇小学等四所特色学校，"六微"指打造斜源镇小学、安仁镇唐场小学、青霞镇小学、王泗镇敦义小学、三岔镇高山小学、董场镇龙凤小学等六所高品质小微学校）。

内涵发展阶段任务：根据《大邑县创建"美丽乡村学校"操作要点（试行）》要求，结合试点学校实际，从理念愿景、和谐管理、多彩课程、教师风范、教学水平、品格学业、社会口碑、校园环境等方面入手，抓住重点，补齐短板，突出特色，形成亮点。

2. 项目评估阶段（2018年6月—2018年7月）。

阶段任务：按照《2018年度创建"美丽乡村学校"项目评价量表（试行）》，对项目试点学校建设总体情况进行评估，总结形成工作经验。

3. 项目推广阶段（2018年8月—2019年1月）。

阶段任务：将"美丽乡村学校"建设推广到全县农村学校，整体提升大邑县农村义务教育发展水平。

六、项目管理

1. 成立创建工作领导小组，负责统筹协调项目建设各项工作。

组　长：杨文学

副组长：包　蕾　顾剑波　文　辉　邹明宏　杨元彰

成　员：何　伟　汪　伟　李华清　王　林　牟　滟
刘龙冰　罗　素　李明东及项目学校校长

2. 成立"美丽乡村学校"建设项目办公室，负责落实项目建设具体工作。

主　任：杨元彰

成　员：何　伟　汪　伟　李华清　王　林　牟　滟　刘龙冰　罗　素　李明东

3. 责任科室及人员分工。

人事科、进修校：责任人汪伟、彭志田，负责教师队伍建设，对应项目"教师风范"。

计划基建财务审计科：责任人何伟、罗素，负责管理协调基建项目、资金。

教育科：责任人李华清，负责管理指导项目学校常规建设，对应项目"目标愿景""和谐管理"。

中学教研室：责任人李华清，负责管理指导项目学校初中教学教研、科研、课改及质量提升工作，对应项目"多彩课程""教学艺术""品格学业"。

小学教研室：责任人王莹菊，负责管理指导项目学校小学教学教研、科研、课改及质量提升工作，对应项目"多彩课程""教学艺术""品格学业"。

德育艺体教研室：责任人牟滟，负责管理指导项目学校艺体学科教学教研、科研、课改及质量提升工作，对应项目"多彩课程""教学艺术""品格学业""校园环境"。

教仪站：责任人刘龙冰，负责管理指导项目学校设备配置使用。

督导室：责任人王林，负责项目督导评估，对应项目"社会口碑"。

七、工作要求

1. 加强领导，提高认识。

项目学校要成立以校长为组长的"美丽乡村学校"建设领导小组，统筹安排项目建设工作。同时通过各种形式的学习活动，让教职工认识到"美丽乡村学校"对于学校改革和发展的重大意义，明确肩上的义务与责任，积极投入到创建活动中，为创建工作尽心尽力尽责。

2. 强化宣传，扩大影响。

各相关科室及项目学校要加大创建工作宣传力度，利用各级各类媒体平台以及学校校园网、校园广播、宣传栏、黑板报、电子屏、家长会等加强项目宣传，扩大创建工作的社会影响。

3. 着眼发展，统筹安排。

美丽乡村学校创建重在内涵。项目学校要着眼学校发展，"软件"和"硬件"建设相结合，统筹安排。在内涵发展方面，要把创建"美丽乡村学校"与全面贯彻党的教育方针，落实立德树人根本任务结合起来，积极推进现代学校制度建设，深化课程改革，全面实施素质教育。在基础设施建设、文化符号固化等方面，要与学校发展规划结合起来，多方面征求意见，在充分论证的基础上，科学规划，精心设计，确保质量，避免盲目建设、重复建设。

4. 明确分工，落实责任。

在项目实施过程中，相关科室（站）要按照分工安排，主动作为，密切合作，将"美丽乡村学校"建设相关要求纳入日常工作安排。项目学校要积极配合设计、施工单位，确保基建项目顺利实施。同时，在建设质量、要求方面，要以主人翁责任感，做好督查落实工作。

（大邑县教育局《关于创建"美丽乡村学校"的实施方案》大教办〔2018〕10号）

第三节　推进"美丽而有温度的乡村教育"实施方案

为了进一步发展大邑县农村义务教育，提升乡村学校办学品质，打造乡村教育区域品牌，根据大邑教育综合改革"1511"发展思路及我县农村学校发展实际情况，制定本实施方案。

一、指导思想

全面贯彻落实党的十九大精神，以"科教兴国战略"和"乡村振兴战略"为导向，严格执行中共中央、国务院印发的《关于实施乡村振兴战略的意见》《乡村振兴战略规划2018—2022》等相关规定和要求，以2019年全国教育工作会议精神为指导，推动建立农村义务教育发展新机制，促进大邑县农村义务教育优质均衡发展，让每个乡村孩子都有能享有公平优质的教育，都能拥有人生出彩的机会。

二、工作目标

总结推广"美丽乡村学校"建设经验，深化拓展前期工作成果，从育人理念、育人环境、育人方式、育人质量等方面入手，以环境改造、资源开发、课程建设、文化培育、评价改革为重点，科学规划学校发展，有效整合优质资源，建设乡韵浓郁、乡愁绵长的"校美人和"的乡村学校，全力打造"美丽而有温度的乡村教育"这一区域教育品牌。

三、工作重点

1. 提高认识，端正育人理念。

美丽而有温度的乡村教育应该是公平的教育、均衡的教育、以立德树人为核心要义的教育。在乡村振兴的时代背景下，乡村教育所承载的不仅是一种社会担当，更是一种文化捍卫，因此也应该是传承农耕文明、保护民族文化根系的教育。办美丽而有温度的乡村教育必须立足公平，人人有机会；必须立足均衡，校校同发展；必须传承文化，处处蕴乡情。

2. 加大投入，优化育人环境。

提升乡村教育的美丽与温度要在优化育人环境上下功夫。一是实施乡村学校校舍改造和设施配备工程，以满足课改需求的现代化教室和功能室建设为重点，为乡村学校学生成长与教师发展创造良好的学习和工作条件；二是通过对环境设施的适当改建、扩建、升级，从育人功能开发，育人氛围营造等方面入手，将乡村独特的自然生态、田园风光、民俗风情等引入校园，让师生在校园能够聆听四季声音，感受自然物语；三是着力学校文化建设，在办学理念、制度规章、校园传统、文化氛围等方面，将乡土文化的传承与现代文明的追求结合起来，充分体现乡村学校独有的精神环境和文化氛围；四是营造和谐人文环境，通过建设师生社团组织，拓宽家校共建渠道，和谐学校与家庭、教师与学生、干部与群众关系，让温馨的人际关系成为校园主流。

3. 深化改革，转变育人方式。

美丽而有温度的乡村教育就是以人为本的教育。要关注乡村孩子身心发展需求，特别是对学校、教师的归属感、依恋感，以及生活、学习中的安全感、自尊感。重点要在育人方式上下功夫，让每个乡村孩子都有实现抱负与梦想的机会。一是以养成教育为重点，用"看得见的德育""带得走的成长"，改进德育的内容和方式；二是以"以学定教""基于互联网＋混合式学习"教学改革为重点，改进教与学的方式；三是以"小班教学"探索与实践为重点，变革乡村小微学校教学组织形式；四是以"素质教育＋"为核心，改革学生评价方式，重点关注学生品德修养、学业进步、个性特长、健康体质等方面，突出综合素养导向。

4. 建设队伍，关怀教师成长。

乡村的希望在教育，教育的关键在教师。办美丽而有温度的乡村教育需要一大批"懂农村教育""喜农村学校""爱农村孩子"的具有"三农情怀"的教师队伍。一是坚持生活留人。想方设法提高乡村教师待遇，继续建好、管好、用好教师周转房，改善乡村教师工作和生活条件，积极推动乡村教师读书会、诗社、文学社、乐队、合唱队等社团组织（协会）建设，丰富乡村教师业余生活。二是坚持事业留人。实施乡村教师支持计划，高度重视乡村教师专业发展，采取有针对性的政策举措，在培训、使用、评优晋级等方面加大针对乡村教师的资源供给。同时通过课程开发、全科教师队伍建设等为乡村教师专业发展提供更多的机会、更广的平台、更好的服务。要让广大乡村教师在岗位上有幸福感、事业上有成就感、社会上有荣誉感。

5. 创新机制，提高育人质量。

美丽而有温度的乡村教育就是高品质的教育。在以"公平而有质量"为特征的"乡村教育3.0版"时代，只有不断提高乡村学校育人质量才能实现真正的公平。因此必须把提高育人质量放在首位。一是贯彻社会主义核心价值观新要求，坚持立德树人大方向；二是探索高效课堂新常态，坚守素质教育主阵地；三是构建三级课程有机融合新体系，建设全面育人新平台；四是建立现代学校管理新机制，切实保障质量提升。

四、工作安排

本项目涉及学校共 24 所，包括小学 10 所、单设初中学校 2 所、九年一贯制学校 12 所。根据各学校前期建设情况，将项目学校分为两类，统一标准、分层要求、分步实施。

1. 学校类别划分。

第一类学校（10 所）：青霞小学、斜源小学、敦义小学、高山小学、三岔小学、唐场小学、蔡场小学、龙凤小学、安仁学校、韩场学校

第二类学校（14 所）：鹤鸣小学、元兴小学、蔡场中学、三岔中学、花水湾学校、邺江学校、悦来学校、金星学校、新场学校、王泗学校、苏家学校、上安学校、董场学校、沙渠学校

2. 分类推进安排。

（1）第一类学校阶段任务及成果形式。

建设任务：在前期建设的基础上实现学校品牌再提升，成为大邑县乡村教育的特色学校、品牌学校。

建设周期：1 年。

第一阶段（2019 年 2 月—2019 年 3 月）

阶段任务：对前期"美丽乡村学校建设"工作进行梳理总结，按照大邑县《美丽而有温度的乡村学校建设操作要点》要求，查找差距，制定进一步深化建设的具体工作方案和措施。

成果形式：《美丽乡村学校建设工作总结》《美丽而有温度的乡村特色学校建设工作方案》

第二阶段（2019 年 4 月—2019 年 11 月）

阶段任务：按照学校制定的具体工作方案，从育人理念、育人环境、育人方式、育人质量等方面着手，在文化培育、环境改造、资源开发、课程建设、评价改革、家校合作等方面形成特色，用办学实践和办学成果充分体现与诠释乡村教育的美丽与温度。

成果形式：美丽而有温度的乡村特色学校建设思考与行动。

第三阶段（2019 年 12 月）

阶段任务：对学校发展情况进行检视总结。

成果形式：《美丽而有温度的乡村特色学校建设总结》。

(2) 第二类学校阶段任务及成果形式。

建设任务：扎实发展基础，确定发展方向，提升办学品质，成为大邑县乡村教育的特色学校、品牌学校。

建设周期：2年。

第一阶段（2019年2月—2019年4月）

阶段任务：梳理学校办学历程，从办"美丽而有温度的乡村教育"的角度对学校当下发展状况进行盘点与检视，重新审视学校办学历程、办学行为、办学成果。

成果形式：《学校发展自查报告》。

第二阶段（2019年5月）

阶段任务：组织专家组对学校进行了现场评估，对学校办学思想、办学行为、办学成果进行诊断把脉，找准学校的发展优势与短板。

阶段成果：《学校发展咨询报告》。

第三阶段（2019年6月—2019年7月）

阶段任务：结合学校办学实际及专家咨询报告，完善学校理念系统，明确学校发展方向，编制学校发展规划。

成果形式：《建设美丽而有温度的乡村学校中长期发展规划》。

第四阶段（2019年8月）

阶段任务：对学校发展规划进行评估，在学校申报的基础上，优选6～8所学校作为首批建设重点，与第三方专业机构合作完成学校规划形象设计，并按每所学校50万元的投入标准实施项目建设（其余学校待规划成熟再实施）。

成果形式：《学校规划形象设计图》《学校建设项目书》。

第五阶段（2019年9月—2020年11月）

阶段任务：参照《美丽而有温度的乡村学校建设指导意见》实施学校形象提升工程和内涵发展工程，从育人理念、育人环境、育人方式、育人质量等方面着手，在文化培育、环境改造、资源开发、课程建设、评价改革、家校合作等方面形成特色，用办学实践和办学成果充分体现与诠释乡村教育的美丽与温度。

成果形式：美丽而有温度的乡村特色学校建设思考与行动。

第六阶段（2020年12月）

阶段任务：对学校发展情况进行检视总结。

成果形式：《美丽而有温度的乡村特色学校建设总结》。

3. 考核评价。

2019年12月及2020年12月，以《美丽而有温度的乡村学校建设操作要点》为参照，分两个批次开展美丽而有温度的乡村特色学校专项考核评估，根据学校考核结果，分别授予"美丽而有温度的乡村教育特色项目学校""美丽而有温度的乡村教育特色学校""美丽而有温度的乡村教育品牌学校"称号，同时以专项目标对项目学校进行责任目标考核，并采用以奖代补的形式对所有完成建设任务的学校给予表彰奖励。

五、工作要求

1. 加强领导，落实责任。

（1）成立领导小组。

教育局成立以局长为组长，分管局长为副组长，相关科室长和学校校长为成员的工作领导小组，负责统筹协调项目建设工作。项目成立以校长为组长，分管校长为副组长，相关领导为成员的专项工作领导小组，负责落实项目建设各校工作。

（2）责任科室及分工。

人事科、进修校：负责教师队伍建设及相关重点项目。

教育科：负责管理指导项目学校文化建设、内涵建设及相关重点项目。

中小学教研室：负责管理指导项目学校课程改革、课堂建设及相关重点项目。

德艺体室：负责管理指导项目学校团队建设、艺术体育工作及相关重点项目。

教仪站：负责管理指导项目学校设备配置使用。

督导室：负责项目督导评估。

办公室：负责项目外宣。

计财科：负责管理协调项目资金。

基建科：负责管理协调基建及相关重点项目。

2. 广泛宣传，扩大影响。

各相关科室及学校要加大工作宣传力度，利用各级各类媒体平台以及学校校园网、校园广播、宣传栏、黑板报、电子屏、家长会等加强项目宣传，扩大大邑县"美丽而有温度的乡村教育"的社会影响。同时要让广大教职工充分认识到办"美丽而有温度的乡村教育"对于学校改革和发展的重大意义，调动和激发他们参与学校建设的积极性和主动性,让师生成为学校的设计者和建设者。

3. 深化改革,确保质量。

学校要把落实"美丽而有温度的乡村教育"各项工作与推进现代学校制度建设,深化课程改革,全面实施素质教育结合起来,在学校文化建设上多下功夫,融合乡土文化与现代文明,体现乡味乡韵,留住乡情乡愁,引导科学、健康、文明的生活方式。同时在基础设施建设、文化符号强化等方面,要与学校发展规划结合起来,多方面征求意见,充分论证,科学规划,精心设计,确保质量。

为了更好地推动工作落实,项目将采用"一月一专题""一题一现场"的方式,每月选择一所学校召开一次工作推进现场会。

(大邑县教育局《推进"美丽而有温度的乡村教育"实施方案》

大教办〔2019〕8号)

第四节　推进"美丽而有温度的乡村教育"品牌建设实施方案

为进一步推进大邑县"美丽而有温度的乡村教育"实践,不断丰富和发展区域乡村教育品牌内涵,着力建设与未来乡村业态、生态、文态相适应的乡韵浓郁、乡愁绵长的美丽乡村学校,根据大邑教育综合改革"1511"发展思路以及我县农村教育发展实际情况,特制定本实施方案。

一、指导思想

以习近平新时代中国特色社会主义思想为指导,认真贯彻党的十九大精神,积极推进"科教兴国战略"和"乡村振兴战略",全面提高教育治理水平,推动建立农村教育发展新机制,大力促进农村教育优质均衡发展,让每个乡村孩子都能享有公平优质的教育。

二、工作目标

以资源为基、环境为形、课程为根、文化为魂、评价为脉,对"美丽而有温度的乡村教育"进行再认识、再实践、再出发，全区域、全学段、全方位推进乡村学校建设。项目建设涵盖普通高中1所、义务教育学校25所（含新建中学1所）、乡村教育特色学校（含幼儿园）20所，惠及农村中小学生和学前幼儿近3万人。

1. 深化认识，深入实践，建设乡村教育品牌学校。

巩固提升建设成果，深化"美丽而有温度的乡村教育"认识与实践，丰富学校品牌内涵，建设25所乡村教育品牌学校（含幼儿园）：蔡场小学、三岔小学、高山小学、龙凤小学、唐场小学、敦义小学、青霞小学、斜源小学、韩场学校、安仁学校、王泗学校、沙渠学校、安仁中学、安仁幼儿园、韩场中心幼儿园、三岔中心幼儿园、斜源中心幼儿园、邮江中心幼儿园、高山幼儿园、董场中心幼儿园、王泗中心幼儿园、唐场百联安爱心幼儿园、唐场幼儿园、元兴幼儿园、上安中心幼儿园。

2. 发挥优势，补齐短板，建设乡村教育特色学校。

客观评估学校发展，科学编制发展规划，一校一案、一校一品，扎实推进学校特色发展，建设20所乡村教育特色学校（幼儿园）：新场学校、悦来学校、花水湾学校、邮江学校、上安学校、金星学校、苏家学校、董场学校、三岔初级中学、蔡场初级中学、鹤鸣小学、元兴小学、安仁第二幼儿园、董场第二幼儿园、蔡场中心幼儿园、蔡场新福幼儿园、王泗第二幼儿园、沙渠第三幼儿园、悦来中心幼儿园、新场蜀新幼儿园。

3. 统筹规划，合理布局，优化乡村教育资源配置。

根据县域区划调整后乡镇产业聚集、承载人口、辐射区域等实际情况，优化调整乡村教育资源配置，完成韩场学校改扩建项目、大邑中学沙渠分校新建项目。

4. 整合资源，促进共享，建设乡村学校研学实践基地。

结合学校特色和资源布局，重点打造6大乡土课程资源共享基地，形成以学校为依托的区域高品质研学实践基地群：三岔小学红色教育基地、蔡场小学农事基地、敦义小学陶艺手工基地、韩场学校木工基地、王泗学校风筝文博基地、安仁学校博物文化基地。

三、工作重点

1. 优化资源配置，夯实美丽之"基"。

（1）加强基础设施建设。在前期建设的基础上按每间5～10万的标准完善项目学校特色功能室、功能区建设与配置，建好、管好、用好教师周转房、学生宿舍、餐厅，改善师生办公、学习、生活条件。重点完成大邑中学沙渠分校建设项目、韩场学校扩建项目，引进优质企业投资建设一所高品质 K12 学校。

（2）完善共享基地建设。重点建设三岔小学红色教育基地、蔡场小学农事基地、敦义小学陶艺手工基地、韩场学校木工基地、王泗学校风筝文博基地、安仁学校博物文化基地（书院文化基地）等，结合县城优质教育资源，形成以学校为中心的区域高品质中小学生研学实践基地群。

（3）落实共享机制建设。通过"共享教师"、小微学校发展联盟、成都市第一教育联盟发展共同体等，实现城乡互动、以城带乡；通过引进第三方专业机构、建设专家资源库等，构建较为完善的乡村学校发展智力资源支持系统。

（4）强化教师队伍建设。标准加紧实施乡村教师支持计划，培养造就一大批懂农村教育、喜农村学校、爱农村孩子的有理想信念、有道德情操、有扎实学识、有仁爱之心的优秀乡村教师，为"美丽而有温度的乡村教育"品牌建设提供坚实的人力资源保障。

2. 优化环境建设，塑好美丽之"形"。

（1）立足学校文化理念、办学传承、自然条件与资源禀赋，完善校园环境建设规划与形象设计，提升学校静态文化品位。

（2）结合乡村实际，用乡村素材、乡土材料，引进乡村美景，凸显乡村元素，突出乡味乡韵。

（3）增加校园室内外阅读设施，让书籍走进教室、楼道、宿舍，走到学生身边，建设书香校园。

（4）发挥师生在校园环境建设中的设计者、建设者作用，用师生的双手，共绘乡村校园之美。

3. 优化课程建设，深植美丽之"根"。

（1）积极推进以"以学定教""基于互联网＋混合式学习"、小班教学实验、全科教师试点等为重点的改革探索，改进教与学的方式，提高课堂教学质量。

（2）积极推进校本化课程体系建设，充分利用乡村丰富的课程资源，在确保国家课程落实落地的基础上，立足本乡本土，基于劳动生活，开发校本课程、乡土课程，形成校本化的特色课程、精品课程。

4. 优化文化建设，铸造美丽之"魂"。

（1）将乡土文化的传承与现代文明的追求结合起来，形成并完善学校理念系统。

（2）合理利用校园墙面、门厅、楼道、广场等场地，积极展示学校理念系统、办学成果等，彰显学校文化符号。

（3）结合办学传承，形成各具特色的校园文化，开展丰富多彩的校园文化活动。

（4）提升文化自觉，积极融入社区文化，传播先进文化，传承地域特色文化，增强文化自信。

5. 优化评价改革，畅通美丽之"脉"。

（1）继续实施部分农村义务教育学校教学质量自主评价，为承担重大改革试点任务的学校营造宽松的外部环境。

（2）继续推进"以评促建"第三方评价，促进学校特色发展。

（3）深入开展学生综合素质评价改革，从品德、学业、身心健康、兴趣特长等方面全面考查学生发展水平，促进学生全面发展、健康成长。

（4）建立完善乡村学校发展激励机制，评选"美丽乡村学校""美丽乡村教师"，激发工作热情。

四、工作措施

1. 加强领导，明确职责。

（1）大邑县教育局成立专项工作领导小组，全面统筹协调品牌建设推进工作。

组　　长：杨文学

常务副组长：杨元彰

副　组　长：顾剑波　罗　瑾　文　辉　文　毅　刘　刚

成　　员：相关科室（站）长和学校校长

领导小组下设办公室，办公室设在中小学教研室，具体负责品牌建设推进工作，联系协调相关科室（站）做好品牌建设推进工作。

（2）学校成立以校长为组长、分管副校长为副组长的"美丽而有温度的乡村教育"品牌建设工作小组，认真落实、扎实推进各项建设工作。

2. 改革管理，共治善治。

（1）积极调整优化教育部门、学校、社区、家长等在学校建设发展中的权责关系，依法保障学生的学习自主权、教师的教育自主权、学校的办学自主权、教育部门的管理主导权以及家长、社区的选择权、知情权、监督评价权，鼓励支持各类社会组织（行业协会、专业学会、专业机构等）作为第三方在学校建设发展中发挥积极作用，形成政府宏观管理、学校自主办学、社会广泛参与的乡村教育治理格局。

（2）着力完善学校内部治理结构，加强校委会、家委会、教代会、学生会等社团组织建设，构建学校、社区、家长、教师、学生表达利益诉求并行使参与权、监督权的新机制、新平台、新渠道。

（3）通过专题培训、专题研讨、专项活动，努力提升学校内部治理水平，用共建、共治、共享的有温度的管理，代替单向的、强制的、刚性的管理，逐步形成"自主管理、自主发展、自我约束、社会监督"的学校主动发展、特色发展格局，提高办学水平和教育质量。

3. 强力推进，抓好落实。

为更好地推动工作落实、项目落地，项目学校要将办学规划分解落实到年度计划，明确具体的建设任务目标、时间节点和人员分工。项目建设实行月报、月评，学校每月报送建设情况，教育局每月通报工作情况，并以专题现场会的形式定期召开交流分享会，项目学校汇报建设工作经验与做法。

4. 加大宣传，提高认识。

大邑县教育局相关科室（站）、学校要切实加大"美丽而有温度的乡村教育"品牌建设宣传力度，利用各级各类媒体平台以及校园网、校园广播、宣传栏、黑板报、电子屏、家长会等，扩大大邑县"美丽而有温度的乡村教育"品牌建设的知晓度和社会影响。同时，要让广大教职工充分认识到"美丽而有温度的乡村教育"品牌建设对于学校改革和发展的重大意义，调动和激发教职工参与学校建设的积极性、主动性和创造性。

5. 加强考核，表彰先进。

大邑县教育局将"美丽而有温度的乡村"品牌建设纳入学校年度责任目标，以专项目标对项目学校进行考评，对考评为优秀的学校授予"大邑县美丽而有温度的乡村学校"荣誉称号，并采用以奖代补的形式对完成所有建设任务的学校给予奖励，设立大邑美丽而有温度的乡村教育杰出贡献奖，表彰奖励优秀乡村教育工作者。

（大邑县教育局《推进"美丽而有温度的乡村教育"品牌建设实施方案》大教办〔2020〕16号）

第五节 推进"美丽而有温度的大邑教育"品牌建设实施方案

美丽而有温度的大邑教育是以区域良好的教育生态为基础，以学生的全面发展为目标，以优质均衡为导向，以环境温馨美、管理和谐美、教师风范美、文化特色美为基本特征的"校美人和"的高品质教育，是在崇高的教育信仰和教育情怀支撑下的，能够时刻给予师生人文关怀、人性关爱、人本关照的教育。为了总结推广大邑县以办"美丽而有温度的乡村教育"为代表的一系列改革创新经验，进一步深化大邑县教育改革，不断扩大区域教育品牌影响力，根据大邑县教育事业发展第十四个五年规划和大邑教育综合改革"1511"发展思路以及大邑县教育发展实际，特制定本实施方案。

一、指导思想

以习近平新时代中国特色社会主义思想为指导，认真落实县委县政府关于教育改革发展的一系列决策部署，立足新发展阶段，贯彻新发展理念，构建新发展格局，以推动高质量发展为主题，以改革创新为根本动力，全面贯彻党的教育方针，落实立德树人根本任务，努力办好人民满意的教育。

二、工作目标

总结推广大邑县区域推进教育改革经验，巩固学校建设成果，进一步深化认识、优化实践，探索以推动高质量发展为主题的区域教育发展"大邑方案"，建设以"环境温馨美、管理和谐美、教师风范美、文化特色美"为基本特征的"校美人和"的高品质学校，打造"美丽而有温度"的区域教育"大邑品牌"。项目涵盖县域内中小学、幼儿园、职业院校和特殊教育学校（以下统称"学校"），"十四五"期间，重点完成如下发展目标。

1. 建设"一个系统"。

以推进教育治理体系和治理能力现代化为抓手，充分体现政府、学校、家庭、社会多元主体责任，构建全员、全程、全方位育人系统，营造"党以重教为先、政以兴教为本、民以助教为荣、师以优教为责"的良好育人生态，凝聚强大育人合力。

2. 建好"三类学校"。

一是以省级示范性普通高中、成都市高品质职业院校、成都市新优质学校、成都市高品质幼儿园、示范性特殊教育学校为代表的省内外知名的"美丽而有温度的大邑教育"品牌学校；二是依托学校自身优势资源，在环境建设、课程建设、治理体系建设、综合评价改革、校园文化培育等方面形成独特、稳定、优质办学风格与优秀办学成果的特色鲜明、市县知名的"美丽而有温度的大邑教育"特色学校；三是以"公办初中强校"工程和小学教育质量"脱贫"工程为依托，以优质均衡为目标，通过制度创新、政策支持和评价导向，办学质量、办学水平明显提高，师资力量明显增强，家长满意度明显提升的"家门口的好学校"。

3. 打造"一个基地"。

建设一批依托学校现有资源，课程内容涵盖社会实践、专题教育、劳动实践、科技工艺实践、素质拓展、非遗文化传承等领域，辐射中小学生的区域高品质研学实践基地。

4. 培养"两支队伍"。

一支以省市特级教师、学科带头人为代表的有情怀、有学养、善育人的高素质教师队伍；一支以特级校长、领航校长为代表的有思想、有担当、善管理的优秀校（园）长队伍。

5. 推出"一批成果"。

总结形成一批集中反映"美丽而有温度的大邑教育"的认识成果、实践成果、建设成果，扩大品牌影响力。

三、重点任务

1. 加大投入，优化育人环境。

一是要继续加大校园环境建设投入力度，立足学校文化理念、办学传承、自然条件与资源禀赋，着眼师生工作、学习、生活需求，完善校园环境建设规划与形象设计，提升校园静态文化品位，挖掘育人功能，突出一校一品，美丽温馨的特点；二是要积极推进以智慧教育为重点的教育新基建，用现代信息技术扩大优质资源覆盖面，积极探索信息技术条件下的新理念、新方式和新规律，充分发挥新基建的教育效益；三是着力学校文化建设，在办学理念、制度规章、校园传统、文化氛围等方面，将优秀传统文化的传承与现代文明的追求结合起来，充分体现学校独有的精神环境和文化氛围；四是着力营造和谐人文环境，通过建设师生社团组织，拓宽家、校、社共育渠道，和谐学校与家庭（社区）、教师与学生、干部与群众关系，让温馨的人际关系成为校园主流。

2. 深化改革，转变育人方式。

一是以养成教育为重点，改进德育的内容和方式；二是以"以学定教""基于互联网＋混合式学习"教学改革为重点，改进教与学的方式；三是以"全科教学""学段衔接""教康结合""产教融合""安吉游戏"的探索与实践为重点，变革学校教学形式与内容；四是以校本化课程体系建设为重点，在保证实施国家课程的基础上，立足本乡本土，基于劳动生活，开发校本课程，形成校本化的特色课程、精品课程；五是以体育、美育、劳动教育为突破口，完善"五育"并举的育人体系；六是以"素质教育＋"为核心，改革学生评价方式，重点关注学生品德修养、学业进步、个性特长、健康身心，突出能力导向。

3. 建设队伍，厚植育人情怀。

一是坚持党建引领，统一思想认识，让学校基层党组织成为凝聚党员群众的"主心骨"，让党员干部成为教育改革发展的"领头羊"，让热心教育的各界力量成为参与学校建设的"生力军"；二是贯彻落实《中小学教师职业道德规范》，进一步加强师德涵养，开展好师德传统教育、师德榜样教育和职业理想教育、职业情怀教育，完善教师荣誉表彰制度体系，营造尊师重教氛围；三是创新教师培养内容和形式，拓展培训渠道，提升职业技能，提高科学文化素养、专业能力素养和身心健康水平，争做学生最喜爱、家长最放心、同行最佩服、社会最敬重的好教师；四是关心关怀每一位教师，不断完善教师工作条件、生活条件、学习条件，让广大教师在岗位上有幸福感、事业上有成就感、社会上有荣誉感。

4. 创新机制，提高育人质量。

一是贯彻社会主义核心价值观新要求，坚持立德树人大方向；二是探索高效课堂新常态，坚守素质教育主阵地；三是构建三级课程有机融合新体系，建设全面育人新平台；四是健全质量监测体系和考核评价新机制，创造教育质量提升新高度。

5. 改革管理，提高治理水平。

一是积极调整优化教育部门、学校、社区、家庭等在学校建设发展中的权责关系，依法保障学生的学习自主权、教师的教育自主权、学校的办学自主权、教育部门的管理主导权以及家长、社区的知情权、监督评价权，鼓励支持各类社会组织（行业协会、专业学会、专业机构等）在学校建设发展中发挥积极作用，形成政府宏观管理、学校自主办学、社会广泛参与的教育治理格局；二是着力完善学校内部治理结构，加强校委会、家委会、教代会、学术委员会、学生会等群团组织建设，构建学校、社区、家长、教师、学生表达利益诉求并行使参与权、监督权的新机制、新平台、新渠道；三是着力提升学校治理能力，通过专题培训、专题研讨、专项活动，努力提升学校内部治理水平，用共建、共治、共享的有温度的管理，代替单向的、强制的、刚性的管理，逐步形成学校主动发展、特色发展新格局，整体提高区域办学水平和教育质量。

四、主要举措

1. 立足均衡，确保教育公平。

一是继续加大农村学校投入力度和薄弱学校帮扶力度，继续保留和办好必要的农村小规模学校，进一步缩小城乡差距、校际差距，为每个孩子的成功提供适合的教育、公平的教育、优质的教育；二是着力增加城镇学位供给，扩大优质教育资源，鼓励不同学校利用自身优势，实现差异发展、特色发展；三是根据新型城镇化发展和人口流动变化，结合县域区划调整后乡镇产业聚集、承载人口、辐射区域等实际情况，进一步调整学校布局，优化资源配置。

2. 统筹安排，加强顶层设计。

一是追根溯源，梳理学校办学传承，完善学校理念系统，确立学校特色发展方向；二是以评促建，"评"与"建"有机结合，以改进和建设为目标，通过科学评估，找准学校优势与短板，促进学校建设和发展；三是统揽全局，科学编制学校中长期发展规划与年度实施计划，谋定而后动。

3. 突出特色，坚持因地制宜。

一是立足学校基本定位与发展目标，根据自然条件、资源禀赋、发展规模，因地制宜，循序渐进推进学校建设；二是立足学校办学传承与文化特色，坚持特色发展、差异发展，追求"一校一品"，防止"千校一面"；三是立足育人需求，与校本化课程体系建设有机结合，注重育人功能的挖掘开发，不搞形象工程。

4. 共同参与，突出学校主体。

一是充分尊重学校发展愿景，坚持学校主体、教育局主导和第三方参与相结合，引导各方力量共同参与学校建设；二是学校要在整体规划、科学推进上下功夫，教育局重点在资金项目上下功夫，引进第三方主要在规划设计、项目建设、专业支持、成果评估等方面发挥作用；三是充分发挥师生在校园文化环境建设中的设计者、建设者的作用，用师生的双手，共绘校园之美。

5. 上下联动，坚持分工协作。

各相关科室牵头，各学校积极配合，整合各方面资源，上下联动，建管并重，统筹推进"美丽而有温度的大邑教育"品牌建设。

五、组织管理

1. 加强领导，明确职责。

成立局长任组长、副局长任副组长、相关科室（站）长和校（园）长为成员的工作领导小组，统筹协调品牌建设工作。领导小组下设办公室，办公室设在中小学教研室，具体负责品牌建设各项工作，联系协调局机关相关科室（站）。学校成立以校（园）长为组长、分管副校长为副组长的品牌建设工作小组，认真落实、扎实推进建设工作。

2. 加大宣传，提高认识。

切实加大"美丽而有温度的大邑教育"品牌宣传力度，提升品牌的知晓度、美誉度，扩大社会影响。同时，要让广大教职工充分认识到品牌建设对于学校改革和发展的重大意义，调动和激发教职工参与学校建设的积极性、主动性和创造性。

3. 加强督导，抓好落实。

项目学校要将办学规划分解落实到年度计划，明确具体的建设任务目标、时间节点和人员分工。加强专项检查督导，把品牌建设工作作为责任督学挂牌督导的重要内容，项目建设实行月报、月评。加强专题指导，并以专题现场会的形式定期分享建设工作经验与做法。

4. 加强考核，表彰先进。

将"美丽而有温度的大邑教育"品牌建设纳入学校年度责任目标，以专项目标对项目学校进行年度考评，表彰先进。

（大邑县教育局《推进"美丽而有温度的大邑教育"
品牌建设实施方案》大教办〔2021〕13号）

第三章 建设标准

第一节 大邑"美丽而有温度的大邑教育"学校建设标准（试行）

一级指标	二级指标	三级指标	内容要点
理念愿景	办学方向正确办学理念先进	正确的办学方向	1. 坚持党对一切工作的领导，全面贯彻落实党的教育方针，坚守教育理想与追求，有目标愿景，有法治精神与服务意识。 2. 以立德树人为第一要务，大力弘扬社会主义核心价值观，全面实施素质教育。
		扎实的办学理论	3. 具有坚实的教育、教学、管理理论支撑，能够规划学校发展、营造育人文化、领导课程教学、引领师生成长。 4. 善于总结经验，并能够运用集体经验服务办学。
		丰厚的文化传承	5. 重视学校的历史积淀，学校办学历程清晰完整，能够与时俱进地继承和发展。 6. 重视学校的内涵建设，提高文化自觉，使文化建设具有群众性和持久性，为教师发展、学生成长服务。 7. 依据区域自然地理、民俗风情、政治经济等实际，融入优秀地域文化，校园文化建设特色鲜明。
		远虑的办学决策	8. 依据社情、教情、学情及区域经济社会发展，科学制定学校发展规划；办学规划的执行与编修机制完善。
		不懈的质量追求	9. 具有正确的质量观，在适度的学习负担下保持较高的教学质量水平，并对质量提升保持不懈的追求，行业内有较好的口碑。 10. 有切合学校培养目标的教育质量规划、组织实施体系及考核评价体系，质量管理有规制、有方法、有成效。

续表

一级指标	二级指标	三级指标	内容要点
科学治理	体系完整 治理有效 环境温馨	优良的班子作风	11. 坚持党的领导，坚持理想追求，牢记使命，不忘初心。 12. 勤政廉洁、配合协调、勇于担当、敢于创新，服务意识强，能主动反映和沟通群众意见。 13. 坚持民主集中，科学决策，处事公平，办事高效，执行力强。
		完善的治理体系	14. 依法保障学校、社区（家庭）、教师、学生作为治理主体表达利益诉求，建立行使参与权、决策权、监督权的治理机制。 15. 完善以党支部、校委会、家委会、教代会、学术委员会、学生会等群团组织为核心的自主管理、自主发展、自我约束、社会监督的学校内部治理结构。 16. 制度设计以人为本，能有效引领和规范师生行为，增强师生归属感、安全感和成就感，体现共建、共治、共享、共赢的"美丽而有温度"的治理理念。
		高效的管理过程	17. 整合各方力量参与学校共治共管，参与面广，参与度高，主动性、积极性得到有效发挥。 18. 管理目标明确，措施有效，调控有力，评估正确，激励人心，重大决策、工作、活动等流程清晰、准确、规范，仪式感强。 19. 工作安排、监督检查、反馈处理有专人、专责、专岗、专规，有序高效。 20. 合理配置资源，人尽其才，物尽其用。
		和谐的人际环境	21. 教职工的身心、才能、成绩、经验、特长能够得到尊重并发挥，成就感高。 22. 了解、关心、互动、分享、信任成为校园交往的准则，愉悦度高。 23. 关心教职工生活状态，为教职工排忧解难，增强个人和家庭的幸福感，消除教职工的后顾之忧。 24. 职业倦怠能够控制在合理范围且能得到舒缓和缓解。 25. 干群、同事之间，师生、生生之间，家校之间相互尊重信任。

续表

一级指标	二级指标	三级指标	内容要点
教师风范	品格高尚 学养丰厚	合理的 人才结构	26. 分析、整合人力资源，优化人才结构，发挥团队效能。 27. 有系统的人才培养计划及相应的办法措施，促进教师专业发展。
		高尚的 师德修养	28. 以塑造灵魂、塑造生命为己任，懂教育、爱学校、爱学生，争做有理想信念、有道德情操、有扎实学识、有仁爱之心的"四有"好教师。
		严谨的 治学风气	29. 恪守学术道德，维护学术诚信。 30. 有强烈的学习愿望与学习热情，乐于读书、乐于思考、乐于动笔。
		多元的 校本培训	31. 有成熟的教师生涯设计及对应的管理与激励措施。 32. 校本培训紧贴教师专业成长与学校发展需求，目标明确，针对性强。 33. 校本培训内容丰富、形式多样、讲求实效，努力实现培训课程化。
		浓厚的 学术氛围	34. 有全员参与的研修氛围，乐于交流、乐于分享。 35. 有求真求实、开放共享、全员参与的教研文化。
多彩课程	体系完整 活动丰富	先进的 育人理念	36. 以"五育"并举，立德树人为根本，坚持全面育人、全员育人、全科育人、全程育人。
		完善的 课程体系	37. 建立完善国家课程、地方课程、校本课程三级课程融通的校本化课程体系。 38. 立足本乡本土，基于劳动生活，开发校本课程。课程开发实施与学校办学目标、文化特色、地域实际紧密结合。
		多彩的 课程活动	39. 结合学校地域实际，开展丰富的课程活动，课程活动具有地域特色、校本特色。 40. 课程活动主体化、系列化、序列化程度高。
		规范的 课程实施	41. 制定评价标准、评价办法，严格实施课程评价。 42. 遵循课改要求，严格执行课程标准，有切实保障国家课程最优化，校本课程特色化的措施和办法。 43. 有基本满足课程实施需要的一专多能、多才多艺的专业化程度较高的教师队伍。
		丰富的 课程成果	44. 教师、学生、学校在课程活动中得到有效发展。 45. 有"固化"的技术成果，形成可借鉴的课程经验。

续表

一级指标	二级指标	三级指标	内容要点
高效课堂	理念先进 目标明晰 过程严谨 方法多样 兴味盎然	先进的 教学理念	46. 立足学科核心素养，着眼学生全面发展。 47. 有正确的教学观、学生观和质量观。 48. 追求教学效率最优化、效益最大化。
		严格的 教学规范	49. 有校本化的教师教学规范和学生学习规范，对教与学有明确的规定性要求。 50. 对教、学规范的执行有相应的检查督查与激励措施。
		高效的 课堂教学	51. 教学准备充分，设施设备及主体活力、兴奋程度能满足课堂需要。 52. 教学目标明确，教学内容安排恰当，教学流程清晰，逻辑性强，教学方法灵活多样，教学组织严密，调控得当，张弛有度。教学活动符合参与者的年龄特征，符合认知规律。 53. 深入理解学科特点、知识结构、思想方法，把握学生认知规律，注重保护学生好奇心、想象力、求知欲，激发学习兴趣，提高学习能力。 54. 以学生良好学习习惯的养成和学习能力的提升作为教学的重点，课堂教学优质高效。 55. 教与学关系和谐，浑然一体，趣味充沛，共享课堂。
		积极的 学习状态	56. 学生学习准备充分，精神饱满。 57. 学生主体充分发挥，学习空间时间足，学习过程实，注意力集中，参与面广，主动性强。 58. 学生学习热情浓厚，保持良好的情绪状态和交往状态，投入度高，思维受到深度锻炼。 59. 不怕困难，敢于挑战，有竞争意识。 60. 整体上呈现自主建构、互动激发、高效生成、愉悦共享的积极状态，能够进行学习方法、策略的适应性调整。

续表

一级指标	二级指标	三级指标	内容要点
品格学业	品学兼优德艺双馨	良好的行为习惯	61. 能够理解并努力践行社会主义核心价值观。 62. 行为有规范，举止有教养，心中有他人，肩上有责任。 63. 树立生命至上、健康第一的生活理念，根据不同学段发展目标，培养学生良好的卫生习惯、锻炼习惯、劳动习惯与审美情趣。 64. 有阅读的习惯，能够熟练选书、借书、读书、谈书，习惯记读书笔记。 65. 能够保持学习的专注度，学会自我管理，生活学习保持适当节奏。 66. 乐于交流，乐于分享，自信开朗，悦纳他人。
		浓厚的兴趣热情	67. 积极参与校事，愿意对学校、班级事务出心出力。 68. 主动积极参与学习活动，乐于沟通交流，乐于帮助别人，不拒绝别人的帮助。 69. 胜不骄，败不馁，能够努力释放自己的才能、潜能。 70. 积极参与社会实践活动、艺术体育活动、科技创新活动，关心时政。 71. 热爱家乡，热爱生活，热爱自然，积极探索，保持对新鲜事物的敏感性，有创新实践能力。
		优秀的学业才能	72. 学生学习自信心增强，学习能力不断提升。 73. 学生能够完成相应的学习任务，学业达标。 74. 学生有持续学习的强烈愿望和一定的知识技能储备。 75. 学生在广泛的兴趣基础上，有自己的特长。
社会口碑	服务社区家校和谐	强烈的服务意识	76. 有服务家庭、服务社区的组织规划。 77. 有相关的制度要求。 78. 有学校反哺社区及社区参与教育的服务机制。 79. 有序开放学校资源为社区精神文明建设服务。
		畅通的交流渠道	80. 有家庭（社区）参与学校教育的共治机制。 81. 有运行良好的学校信息发布平台及开放的社区、公众、家长参与渠道。

续表

一级指标	二级指标	三级指标	内容要点
社会口碑	服务社区 家校和谐	和谐的 家校关系	82. 学校与家庭（社区）之间有制度性沟通。 83. 成立家长学校，培训、指导、校正家庭教育。 84. 推进家庭生态建设，关心关爱留守儿童，促进亲子、亲情关系健康和谐。 85. 帮助学生家庭提高文明水平和养成习惯，指导广大学生家庭开展亲子活动，提高家庭育人的能力。 86. 尊重学生家长，增进理解沟通，不对家长提出不合理要求。 87. 学校的知晓度、知名度、美誉度高。
校园环境	整洁优美 环境育人	科学的 布局规划	90. 学校教学区、生活区、活动区、展示区区划清晰。 91. 教室、功能室布局合理，管理使用方便。
		规范的 标识系统	90. 有符合学校文化特色的室内外标识、导向、指示系统。 91. 有校训、校旗、校徽、校歌等校园文化形象标识系统。 92. 有物化办学成果展示平台。
		优美的 育人环境	93. 校园环境体现地域特点，有随处可见、随手可取的课外阅读设施和及时更新的阅读材料，校园书香弥漫。 94. 环境建设有"学生视野"，符合学生年龄特点，互动性、参与性强，功能性、审美性、育人性完美结合。
		完善的 设施设备	95. 设施齐全，功能完备，为学生的成长与教师的专业发展创造良好的学习和工作环境。 96. 设施设备保养、维护有力，能满足教育教学活动需要。
		丰富的 校园生活	97. 有师生积极参与的社团组织。 98. 有系列化的校园文化活动。 99. 校内外实践活动丰富多彩。 100. 教师闲暇生活丰富，富有情趣，在学校能够得到适度的休闲、休息、休整。

第二节 大邑"美丽而有温度的大邑教育"幼儿园建设标准（试行）

一级指标	二级指标	三级指标	内容要点
理念愿景	办园方向正确办园理念先进	正确的办园方向	1. 坚持党对一切工作的领导，全面贯彻落实党的教育方针，严格执行国家和地方的教育法律、法规和有关政策、规制。 2. 坚持普惠优质的办园方向，坚守以幼儿发展为本、科学保教、家园共育的办园理念和办园目标。
		扎实的办园理论	3. 具有坚实的幼儿教育理论支撑，善于总结经验，并能够运用集体经验服务办园。 4. 有科学的儿童观、教育观，把促进幼儿快乐健康成长作为幼儿园工作的出发点和落脚点。
		丰厚的文化传承	5. 重视幼儿园的历史积淀，能立足幼儿园实际与时俱进地继承和发展。 6. 重视幼儿园文化建设，把文化育人作为办园的重要内容与途径，为教师发展、幼儿成长服务。 7. 将优秀地域文化融入幼儿园文化建设，本土化特色鲜明。
		远虑的办园决策	8. 把握幼儿园发展历史与现实，分析幼儿园发展面临的问题和挑战，科学编制幼儿园的发展规划。 9. 发展规划的执行与编修机制完善，程序民主规范，体现办园目标，具有办园特色，认同度高。
		不懈的质量追求	10. 具有正确的质量观，保教并重，以适合幼儿身心特点的发展方式，促进幼儿情感、态度、能力、知识、技能等富有个性地发展，行业内有较好的口碑。 11. 建立切合幼儿园培养目标的保教质量规划、组织实施体系及考核评价体系，质量管理有规制、有方法、有成效。

续表

一级指标	二级指标	三级指标	内容要点
科学治理	体系完整治理有效关系和谐	优良的班子作风	12. 坚持党的领导，坚持理想追求，牢记使命，不忘初心。 13. 勤政廉洁、配合协调、勇于担当、敢于创新，服务意识强，能主动反映和沟通群众意见。 14. 坚持民主集中，科学决策，处事公平，办事高效，执行力强。
		完善的治理体系	15. 依法保障幼儿园、社区（家庭）、教师、幼儿作为治理主体表达利益诉求，建立行使参与权、决策权、监督权的治理机制。 16. 完善以党支部、园务会、家委会、教代会等群团组织为核心的自主管理、自主发展、自我约束、社会监督的学校内部治理结构。 17. 有能激发教职工积极性、保证幼儿园各项工作正常运转和质量提升的完善的制度体系，制度设计以人为本，能有效引领和规范师幼行为，增强师幼归属感、安全感和成就感，体现共建、共治、共享、共赢的美丽而有温度的治理理念。
		高效的管理过程	18. 管理目标明确，措施有效，调控有力，评估正确，激励人心，重大决策、工作、活动等流程清晰、准确、规范，仪式感强。 19. 工作安排、监督检查、反馈处理有专人、专责、专岗、专规，有序高效。 20. 合理配置资源，人尽其才，物尽其用。
科学治理	体系完整治理有效关系和谐	和谐的人际环境	21. 教职工的身心、才能、成绩、经验、特长能够得到尊重并发挥，成就感高。 22. 了解、关心、互动、分享、信任成为园所交往的准则，愉悦度高。 23. 关心教职工生活状态，为教职工排忧解难，增强个人和家庭的幸福感，消除教职工的后顾之忧。 24. 职业倦怠能够控制在合理范围且能得到舒缓和缓解。 25. 干群之间、同事之间，师幼之间、家园之间相互尊重信任。

续表

一级指标	二级指标	三级指标	内容要点
教师风范	品格高尚学养丰厚	合理的人才结构	26. 按国家相关规定，配足配齐教职工；各岗位人员具有规定学历、资格证书、岗位培训证书和健康合格证等，任职资格合格率达100%。 27. 有系统的人才培养计划，措施有效，能促进教师专业发展。
		高尚的师德修养	28. 以塑造灵魂、塑造生命为己任，做有理想信念、有道德情操、有扎实学识、有仁爱之心的"四有"好教师。 29. 理解幼儿园保教工作的意义，热爱学前教育事业，热爱每一个孩子，具有职业理想、敬业精神和幼教情怀。
		系统的专业知识	30. 认同幼儿园教师的专业性和独特性，注重自身专业发展。 31. 掌握各年龄阶段幼儿身心发展特点、规律和促进幼儿全面发展的专业知识。
		多元的园本研修	32. 注重园本培训，研培制度健全，教职工队伍发展规划符合本园实际，研培活动形式多样、有实效。 33. 园本培训紧贴教师专业成长与幼儿发展需求，目标明确，针对性强。 34. 园本培训内容丰富、形式多样、讲求实效，努力实现每个教师的专业发展。
		浓厚的学术氛围	35. 有全员参与的研修氛围，乐于交流，乐于分享。 36. 有求真求实、开放共享、全员参与的教研文化。
课程建设	体系完整实施规范	先进的育人理念	37. 以促进幼儿健康快乐成长为目标，面向全体幼儿，关注个体差异，坚持以游戏为基本活动，保教结合，寓教于乐。
		完善的课程体系	38. 与幼儿园办园目标、文化特色、社区实际紧密结合，充分尊重幼儿的发展水平、经验和需要，科学确定课程目标、内容，逐步构建完整、适宜、可持续的园本课程体系（课程规划与课程实施方案）。 39. 立足本乡本土，基于劳动生活，贴近幼儿感兴趣的事物和问题，挖掘拓展课程资源，充实课程内容。
		多彩的课程活动	40. 结合幼儿园地域实际，开展丰富的课程活动，课程活动具有地域特色、园本特色。 41. 课程活动贴近幼儿实际、社区实际，注重生活化、游戏化，促进幼儿全面和谐发展。

续表

一级指标	二级指标	三级指标	内容要点
课程建设	体系完整实施规范	规范的课程实施	42. 园本课程管理规范，目标明确、计划周详、实施规范、评价科学。 43. 有基本满足课程实施需要的专业化程度较高的教师队伍。
		丰富的课程成果	44. 幼儿在课程活动中得到有效发展，活动成果丰富。 45. 有"固化"的技术成果，形成可借鉴的课程经验。
保教活动	理念先进目标明晰方法多样兴味盎然	先进的育人理念	46. 树立科学的儿童观、教育观、课程观，立足幼儿各个学习与发展领域的合理发展期望和目标，着眼幼儿身心全面和谐发展。 47. 尊重幼儿的发展规律和学习特点，坚持保教并重，关注个别差异，促进幼儿生动、活泼发展。
		良好的育人氛围	48. 幼儿园的空间、设施、活动材料和常规要求等有利于引发、支持幼儿开展游戏和各种探索活动。 49. 营造健康、丰富、互动的生活和活动环境，营造尊重、接纳、关爱的育人氛围，建立良好的同伴和师幼关系。
		规范的保教活动	50. 合理安排一日作息时间，生活活动、学习活动、游戏活动、锻炼活动及自主活动等温馨、安全、有序。 51. 坚持以游戏为基本活动，提供丰富、适宜的游戏材料，鼓励幼儿自主选择游戏。 52. 教育活动的目标、内容、组织形式适宜，注重引导幼儿直接感知、动手操作和亲身体验。 53. 不提前教授小学学习内容，无"小学化"倾向。 54. 教师在生活、游戏、活动中观察、研究、评价幼儿，通过多种方式回应、指导幼儿。 55. 有健康教育计划并纳入课程内容，培养幼儿良好的生活卫生习惯。
		积极的活动状态	56. 对活动感兴趣，有发自内心的喜悦。 57. 活动专注度高，保持时间长，受外界变化影响小。 58. 做事有目的，能主动寻求解决问题的办法，乐于想象与创造。 59. 活动中能用各种感觉器官进行观察与体验，尝试多种方法进行探究，遇到问题能主动寻求帮助。

续表

一级指标	二级指标	三级指标	内容要点
幼儿成长	身心健康 认知发展 自信大方 阳光快乐	健康的 生理心理	60. 喜欢运动，身体发育和身体素质良好，动作协调灵敏。 61. 情绪安定愉快，有一定的适应能力。 62. 有基本的生活自理能力，以及基本的安全知识和自我防护能力。 63. 生活、卫生、学习习惯良好。
		良好的 交往适应	64. 乐于为自己、他人服务。 65. 愿意与人交往，关心尊重他人，具有自尊、自信、自主表现。 66. 喜欢并适应群体，遵守基本的行为规范，具有初步的归属感。
		全面的 认知能力	67. 有良好的语言行为习惯；乐于与人交谈，并能比较清楚地表达自己的想法和感受。 68. 喜欢听故事，看图书，并有一定的书面表达愿望。 69. 好奇心强，喜欢探究，并具有初步的探究能力。 70. 有初步的数学认知，并运用到日常生活中。 71. 热爱家乡，热爱生活，热爱自然，保持对新鲜事物的敏感性，有创新实践能力。
		丰富的 艺术审美	72. 喜欢、欣赏自然界和生活中的美好事物以及多种多样的艺术形式和作品。 73. 能用自己喜欢的方式进行艺术活动并大胆表现、创造。 74. 喜欢参加各种艺术活动，能够大胆表达自己的情感和感受。 75. 乐于展示分享自己的作品，能真诚地赞美和欣赏同伴的作品。
社会口碑	服务社区 家校和谐	强烈的 服务意识	76. 有服务家庭、服务社区的组织规划。 77. 有相关的制度要求。 78. 有幼儿反哺社区及社区参与教育的服务机制。 79. 有序开放幼儿园资源为社区精神文明建设服务。
		畅通的 交流渠道	80. 有家庭（社区）参与幼儿园教育的共治机制。 81. 有运行良好的幼儿园信息发布平台及开放的社区、公众、家长参与渠道。

续表

一级指标	二级指标	三级指标	内容要点
社会口碑	服务社区家校和谐	和谐的家园关系	82. 幼儿园与家庭（社区）之间有制度性沟通。 83. 成立家长学校，培训、指导、校正家庭教育。 84. 推进家庭生态建设，关心关爱留守儿童，促进亲子、亲情关系健康和谐。 85. 帮助幼儿家庭逐步提高文明水平和养成……习惯，指导广大幼儿家庭开展亲子活动，提高家庭育人能力。 86. 尊重幼儿家长，增进理解沟通，不对家长提出不合理要求。 87. 幼儿园在社区的知晓度、知名度、美誉度高。
环境创设	整洁优美环境育人	科学的布局规划	88. 室内外场地布局合理，功能齐全，使用充分。 89. 创设健康、丰富、开放的生活和活动环境，提供适宜的活动材料，满足幼儿多方面发展的需要。
		安全的活动环境	90. 有符合幼儿园文化特色的室内外标识、导向、指示系统。 91. 幼儿园的活动以及幼儿所需的设施和设备、玩耍辅助教材应符合安全标准。 92. 有专门的安全检查员负责定期检查和维护，防止出现安全问题。
		完善的设施设备	93. 设施齐全，功能完备，充分考虑幼儿特点，便捷、安全。 94. 设施设备互动性、参与性强，功能性、审美性、育人性完美结合。 95. 设施设备保养维护有力，活动材料充足，能满足保教活动需求。
		优美的育人环境	96. 环境创设坚持幼儿视野，符合幼儿特点。 97. 室内外环境体现地域特点，本土材料、本乡元素得到充分的使用与体现。 98. 充分体现幼儿教师和幼儿在环境创设中的主体地位，共同创建美好成长环境。
		丰富的校园生活	99. 有丰富多彩的校园文化活动，能够带给幼儿更多的社会、情感体验。 100. 教师闲暇生活丰富，富有情趣，在学校能够得到适度的休闲、休息、休整。